AF444080

DÍAS DE SUMISIÓN

Cómo el sistema democrático venezolano perdió la batalla contra Fidel

Tercera edición

ORLANDO AVENDAÑO

DÍAS DE SUMISIÓN
Cómo el sistema democrático venezolano perdió la batalla contra Fidel
Tercera edición
© Orlando Avendaño, 2021
© Corporación Ígneo, SAC, 2021
Lima | Caracas

www.grupoigneo.com
Correo electrónico: contacto@grupoigneo.com
Facebook: Grupo Ígneo | Twitter: @editorialigneo | Instagram: @grupoigneo

Diseño de portada: Virginia Palomo
Ilustración de la portada: Oscar Hernández (@srpeek)

Colección: Papeles Salvajes
ISBN: 978-980-7641-92-0
Depósito legal: DC2020001169

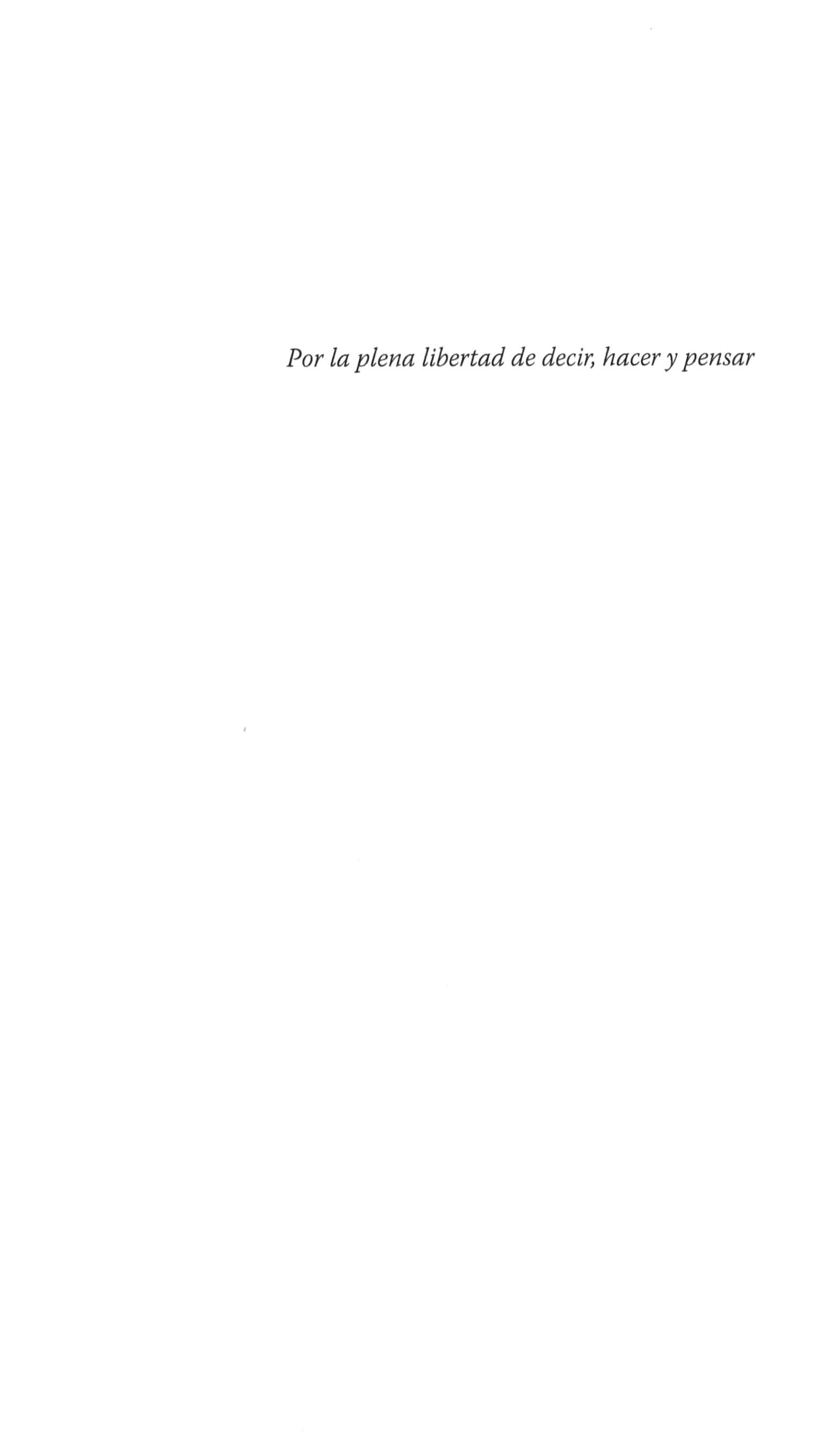

Por la plena libertad de decir, hacer y pensar

—¿Quería Fidel Castro aprovecharse de la riqueza venezolana desde un principio?

—Por supuesto. Si petróleo es riqueza, petróleo fue la obsesión de Castro.

Esa fue la respuesta que dio Simón Alberto Consalvi a la oportuna pregunta del escritor y periodista Ramón Hernández para su libro *Contra el olvido*.

El 2 de febrero de 1999, Fidel estuvo en el Palacio de Miraflores. Ya antes había visitado la sede de la presidencia de Venezuela; pero esta era su primera entrada triunfal. Entraba como lo hizo en Santiago y, luego, en La Habana, pero de una forma mucho más discreta. Sin bulla y con prudencia. Nadie lo notó, pero ese 2 de febrero quien tomaba el poder era él, no Hugo Chávez.

Los hechos lo demostrarían y todos los venezolanos comprenderían, quizá de la forma más odiosa y detestable, que en las elecciones de 1998 no triunfó la democracia; en cambio, se impuso la dominación de un Estado sobre otro. La soberanía de Venezuela jamás había sido tan violentada. Fue un proceso gradual y aparentemente legítimo. Tal vez para evitar condenas, rechazos e indignaciones. Ya el mundo había evolucionado y parecía dispuesto a garantizar a toda costa que la tesis de Francis Fukuyama resultara. Si la historia debía terminar, porque el conflicto contra el comunismo había cesado, pues así tenía que ser. Sin embargo, Castro estaba dispuesto a revivir viejas tensiones.

Luego con Lula, Cristina, Evo, Correa, Bachelet, Ortega y Zelaya obtendría sus siguientes victorias. Pero ya había logrado la primera y más importante en Venezuela. El triunfo con el que podría financiar la expansión de su propósito de décadas.

Por años, toda una región se sometió a la voluntad, directa e indirecta, de Fidel Castro. Países que erigieron el estandarte del socialismo para autoproclamarse territorios libres de la injerencia de Estados Unidos. Pero, paradójicamente, doblegados ante una débil isla cuyo líder era capaz de cautivar a cualquiera. Quizá la figura política más brillante y exitosa que se ha erigido en la tierra. La expansión de la miseria, la debilidad ideológica, el resentimiento, el conflicto y la destrucción fueron las consecuencias de los días de sumisión, cuando más de diez naciones permitieron que su soberanía fuese vulnerada.

Unos dirían que por fin se consolidaba el sueño de Simón Bolívar. Era también el sueño de Fidel y, por supuesto, el de Chávez, quien se creía la reencarnación del Libertador. La integración de las naciones latinoamericanas se empezó a dar bajo una custodia ideológica, importada desde aquella gran Revolución de Octubre de 1917.

Por años, Fidel fantaseó con la expansión del comunismo que él había logrado consolidar en Cuba. En cada discurso, desde que asumió el poder, hablaba sobre la necesidad de esparcir la revolución por el mundo y, principalmente, por Latinoamérica. Al final lo logró. Fidel venció y se impuso cuando pudo abatir el sistema democrático venezolano. Su victoria fue la consolidación de un proyecto que esbozó desde los primeros días en el Palacio Presidencial de La Habana. Pero fue un proceso. Al final, una prolongada guerra colmada de dramas, encuentros diplomáticos y físicos. Llena de sangre, de condenas, sanciones e hipocresías. Un arduo conflicto que duró treinta y cinco años. Que empezó con un amargo rechazo y terminó con la capitulación de un país. Al caer Venezuela, fracasó Latinoamérica.

Días de sumisión, al final, busca explicar cómo la democracia venezolana perdió la guerra contra Fidel. Es la historia de una injerencia y el surgimiento de la Revolución Bolivariana; y, con ella, el inicio de los días en que gran parte de Latinoamérica se sometió a una pequeña isla. Sobre esto se ha especulado con generosidad; sin embargo, esta es la presentación de hechos, testimonios, versiones y realidades que permiten responder algunas de las más importantes inquietudes.

¿Cómo pudo Castro vencer al envidiable y sólido sistema democrático de Venezuela? ¿Cómo se explica el surgimiento de la Revolución Bolivariana? ¿Qué relación hay entre la consolidación de Hugo Chávez como figura política y la extrema izquierda venezolana? Son muchas las incógnitas que este ensayo aspira aclarar o, al menos, guiar hacia el entendimiento de una difícil realidad.

Hoy Venezuela padece los estragos de un proceso que inició en 1959 y se dio, primero, con la insurrección de una extrema izquierda dispuesta a arruinar la novel democracia. Continuó con la infiltración en las Fuerzas Armadas y concluyó con la consolidación de Hugo Chávez y la capitulación de todo un país que cedió a la antipolítica para colaborar con la destrucción del sistema democrático.

The shocking and simple idea, which had never been so forcefully expressed, that the summit of human happiness resides in the most absolute submission.

Houellebecq

AGRADECIMIENTOS

Es cierto que la labor de escribir e investigar es terriblemente solitaria, pero jamás este trabajo hubiese podido ser ejecutado sin el imprescindible apoyo y aporte de algunas personas.

Debo agradecer, primero, a mis padres. Mis estudios y valores se los debo a ellos. A Pedro y a Julieta, quienes me dieron la libertad de hacer y elegir. Igualmente a Malbeth, por el significativo espacio en el que me he podido desenvolver en estos años en Caracas.

Le agradezco a quien fue mi tutor del trabajo de grado para la Universidad Católica Andrés Bello, el periodista y profesor Carlos Delgado Flores. Este trabajo primero fue una tesis para obtener la licenciatura de comunicación social y el amparo del profesor Carlos Delgado fue necesario en su momento. Fue uno de los primeros en creer en este arrebato que luego se consolidó. A él le agradezco el apoyo y los esenciales aportes.

A la profesora e historiadora María Soledad Hernández debo hacerle, también, una mención especial. Es difícil encontrar la forma de agradecerle realmente lo que hizo por este trabajo. Su aporte no solo fue imprescindible, sino que ella siempre estuvo dispuesta. Una persona genuina a quien también le pertenece este proyecto.

Le agradezco a mi padrino, el profesor Alberto Conde, con quien conversando en la sala de su casa surgió la idea de este trabajo. Su respaldo también fue fundamental.

A todas las personas, que son demasiadas, las que, de alguna u otra manera, me brindaron bibliografía y documentación necesaria y pertinente; y, además, a las que me dieron sus sólidas impresiones antes de que el ensayo se convirtiese en libro. A

Betty, a Noraima, a Jorge, a Stephanie, a Majo y a Claudia; a los periodistas Hugo Prieto y Carlos Alberto Montaner; al profesor Armando Coll.

También le doy las gracias a quienes me cedieron parte de su tiempo y me abrieron las puertas de su casa para poder entrevistarlos y relacionarme. La mayoría, individuos a quienes respeto, admiro y me dieron el privilegio de conocerlos. Agradezco a Enrique Aristeguieta Gramcko, a Diego Arria, al general Clíver Alcalá Cordones. También a Douglas Bravo, uno de los protagonistas de la historia. Y, entre quienes me abrieron las puertas de su hogar, debo mencionar especialmente al general Ángel Vivas, un digno ser humano a quien le arrebataron su libertad y la recuperó, pero a medias.

Le agradezco mucho a mi amigo León y a su padre, cuyos aportes también fueron precisos e indispensables.

A la institución en la que durante cinco años conocí muchas de las personas más especiales: la Universidad Católica Andrés Bello.

A los amigos de la libertad que fui conociendo desde que lo presenté en Caracas.

A Luis Almagro, a quien le guardo la más profunda admiración, por las palabras que le dedicó a este libro y por ser el mayor aliado que nuestra causa libertaria ha tenido. Trascenderá, sin duda, como uno de los más grandes amigos de la democracia y la libertad en las Américas.

Y, por último, de forma paradójica, es un deber que reconozca a la dramática coyuntura que hoy padece mi país. Los oscuros días han servido para impulsar esta investigación. Motivada por el objetivo de brindar todo el apoyo posible a quienes estén buscando los responsables de los peores momentos de la historia contemporánea de una nación.

PRÓLOGO A LA NUEVA EDICIÓN

Días de sumisión es un libro que llena espacios importantes para la conceptualización de un tema crítico en el cuerpo de ideas existentes sobre Latinoamérica. Es imposible entender cómo se han estructurado los nuevos órdenes latinoamericanos sin estudios que traten sobre la influencia e intervención sistemática e intencional de la dictadura cubana en el resto de los países de la región y, especialmente, en Venezuela.

El involucrarse en estos estudios de temas relacionados a Cuba en general despierta las reacciones en las diferentes formas de expresión que el procubanismo tiene en el hemisferio, ya sean políticos, académicos, *think tanks*, gremiales, etcétera, que están en la reventa de una idea anquilosada en lo que fue probablemente uno de los sistemas más represivos y fracasados de la historia política humana del siglo XX. La obsecuencia adherida a la dictadura de manera inmediata introduce automáticamente mecanismos de defensa para evitar cualquier intento de estudiar seriamente la naturaleza del régimen y sus acciones intervencionistas en la historia moderna política de América Latina. Es difícil para muchos entender y aceptar el daño que todo este tiempo ha producido la revolución cubana: atraso en las ideas políticas, el retroceso en los derechos sociales y económicos, el fracaso de su modelo productivo, el daño pertinaz al desarrollo de un continente libre, democrático y respetuoso de derechos humanos.

El *expertise* que la dictadura cubana ha fomentado en estos 60 años de existencia es la fabricación y venta de narrativas populistas metidas en una ideologización mal formulada, acompañada por décadas de la construcción y exportación de una maquinaria violenta y represiva que asegure que la gente se mantenga dentro de la narrativa oficial fosilizada para beneficio de una oligarquía opresiva.

La venta de la ideología revolucionaria cubana cada tanto encuentra clientes en la región. Esto hace que el ejercicio de emprender un análisis serio como el que se presenta en este libro sea más desafiante aún cuando sus hallazgos en realidad han estado y están a la vista de todos desde hace mucho tiempo.

Los que han comprado la historia que vende e impone Cuba en el mundo tienen problemas de encarar los hechos. El fracaso de la revolución cubana polariza el pensamiento político, social y económico en el hemisferio. La narrativa del régimen es el principal instrumento para evitar la verdad incontrastable de sus resultados. Dentro de la isla, la soberanía ha sido robada al pueblo. Cuba se ha transformado en el país menos soberano del mundo, las personas se ven obligadas a comprar la narrativa revolucionaria y la moneda con la que se paga es el miedo.

Las personas que se oponen al régimen, desde Cuba, deben exiliarse o permanecer en la isla resistiendo y exponiéndose a la tortura y las detenciones arbitrarias y el amedrentamiento, como el opositor José Daniel Ferrer, y hasta muerte, como el caso del líder Oswaldo Payá. También existen las personas que se oponen al régimen, sin haber vivido o haber estado en Cuba, pero por principio y honor ideológico rechazan todo lo que representa. Están asimismo las personas que apoyan al régimen directa o indirectamente sin haber vivido o haber estado en Cuba, alimentados por la ignorancia y una leyenda fantasiosa de izquierda, pero sobre todo porque «el enemigo [Cuba] de mi enemigo [administración de Estados Unidos] es mi amigo»; y, por supuesto, hay muchas personas que lideran la lucha contra el régimen desde fuera de la isla y conocen de primera mano su historia y los crímenes de los dictadores cubanos.

Por ser un asunto que despierta las reacciones más fuertes e intransigentes, los parámetros para estudiar la ciencia política y las relaciones internacionales de forma imparcial no se aplican sencillamente para el caso de Cuba y su papel en la desestabilización y destrucción de la democracia venezolana.

A pesar de los desafíos metodológicos, al escribir sobre Cuba y Venezuela, el libro *Días de sumisión* hace un invaluable aporte. Y lo hace con hechos. Se trata de un repaso de uno de los capítulos más relevantes de la historia del siglo anterior, que tiene repercusiones hasta el día de hoy en el camino hacia la redemocratización de Venezuela, pero también en el camino futuro de conseguir un hemisferio libre de dictaduras. Mientras exista la dictadura cubana, que exporta autoritarismo, miedo y represión al resto de la región, no podremos tener un hemisferio occidental completamente libre. No tendremos un hemisferio libre de dictaduras, pero ni siquiera tendremos un hemisferio con perspectivas de desarrollo, seguridad, plena vigencia de los derechos humanos y sin polarización dentro de nuestros sistemas políticos.

Este libro de cierta forma narra la historia venezolana, desde la perspectiva de la intromisión cubana, que terminó con la sumisión de Caracas a La Habana. Es representativo del modelo cubano de interactuar con América Latina: intromisión disimulada para desestabilizar y controlar. Pudieran escribirse libros sobre otros países de la región y cómo la dictadura cubana ha intervenido en sus asuntos internos a lo largo de los años.

La destrucción de la democracia venezolana es consecuencia directa del intervencionismo cubano que por décadas se ha implementado bajo radar. Para la revolución cubana, el plan maestro incluyó siempre Venezuela, como lo dijo su liderazgo en 1959: el país más rico. Esta crónica del fin de la democracia venezolana arroja importantes lecciones para la acción política y diplomática del presente, pero también hacia el futuro. Es la crónica de un régimen dictatorial y comunista que tiene elementos de propaganda que trabajan permanentemente para presentarlo desprovisto de su condición dictatorial. La lógica de su presentación no condice con el régimen victimario de ejecutados, presos políticos, torturados que, en realidad, es la misma lógica que se impuso en Venezuela. Para contrarrestar el intervencionismo cubano es necesario no quedarse en la superficie, aquellos espíritus benévolos, racionales y respetuosos de códigos diplomáticos en el ámbito internacional, sino que han debido enfrentarse en buena fe por décadas a una «revolución» que es totalmente lo contrario.

No son misiones médicas caritativas hacia otros países, se trata de esclavitud moderna. No es un país ejemplar en cuanto a derechos sociales y culturales, es un país que elimina derechos humanos básicos, incapaz de atender necesidades fundamentales de su pueblo, no solamente incapaz de respetar las libertades básicas.

Ningún pueblo apoya o cree en un ideario perimido, arcaico y anacrónico y que es el paradigma esencial del fracaso sistémico. No es una isla oprimida por un poder hegemónico de la Guerra Fría, es un país que interactúa libremente en un mundo multipolar y que de hecho actúa como Estado opresor hacia Venezuela.

Las etapas de insurrección, de infiltración y de consolidación cubana en Venezuela que describe Avendaño desde 1959 son un reflejo exacto del *modus operandi* de la dictadura cubana —escondiendo la mano, con paciencia, de largo plazo, persistente, y a la fuerza y con tácticas represivas—. En la superficie actúan como cualquier otro Estado en el sistema internacional, hasta ocupando espacios como en el Consejo de Derechos Humanos de las Naciones Unidas, mientras cometen graves violaciones de derechos humanos dentro y fuera de la isla y cometen crímenes de lesa humanidad. Mientras Cuba esté presente y Venezuela sometida, reinará el doble estándar en nuestro hemisferio.

La historia de Cuba y Venezuela es algo cliché. Es la historia de dictadores que antes de llegar al poder luchan por ponerle fin a abusos de poder y a tiranías, pero que al llegar al poder se convierten en dictadores incluso peores. Después de todos estos años se puede afirmar que Castro fue un dictador más cruel que Batista.

La historia de Cuba y Venezuela en las últimas décadas también es contraintuitiva. Venezuela, que tuvo una excepcional historia democrática, mientras otros caían en dictaduras en la región, se sometió a la dictadura más pobre y decadente del continente. Venezuela, que tiene inconmensurables recursos, se sometió a una Cuba que no produce nada, y lo poco que tiene, que es su gente buena, lo destruye y lo oprime.

Esta es probablemente la mejor demostración del daño que puede hacer la ideología en el funcionamiento de un sistema político. Un país que tiene los recursos para emprender los proyectos productivos más importantes (como lo había hecho por décadas), termina absorbido en la imbecilidad ideológica y emulando a una dictadura que se autodenomina «revolución», que había destruido el aparato productivo de su país por completo. Ocurre entonces lo lógico, se destruye también el aparato productivo de uno de los países más ricos del hemisferio y se instala otra dictadura.

La profunda crisis venezolana ha traído esta causa estructural del papel cubano a la superficie. Ya no pueden esconderse. Ya no pueden usar una máscara y pretender una benevolencia revolucionaria. Ahora queda en evidencia su estrategia intervencionista y represiva al resto de la región.

Mientras que la Revolución Cubana inicio en Santiago de Cuba en 1959, su fin empezó en Caracas en 2014. No hay vuelta atrás. La legitimidad la han perdido. Hay menos espacios para aceptar el doble estándar. La impunidad ya deja de tener espacios. Los hechos empiezan a tener más peso que narrativas fabricadas desde hace sesenta años.

«De Venezuela solo hemos recibido favores. De nosotros nada han recibido los venezolanos», dijo Castro. El último favor que Venezuela hará a los cubanos es que, a través del sufrimiento del pueblo venezolano, de la destrucción de la democracia venezolana y la eliminación de los derechos humanos, el costo más alto posible, el pueblo venezolano desenmascará las intenciones, las estrategias, las lógicas y los crímenes de una de las más crueles y longevas dictadoras del último siglo.

Venezuela duele y es en gran parte por la sumisión a la dictadura cubana durante tanto tiempo. El análisis de este libro debe servir como una lección prioritaria para los latinoamericanos, pero también para todos los demócratas del mundo. No se dejen engañar por lo que aparenta el régimen cubano. Tampoco se sometan al miedo e intimidación del régimen. La situación de Venezuela hoy prueba que las consecuencias de someterse a una dictadura es todo a pérdida —la destrucción de derechos humanos, de democracia, de libertad y de dignidad humana.

El mejor favor que podemos hacerle a Venezuela y al resto de la región es perder el miedo de escribir y hablar a favor de la democracia y los derechos humanos; y así dejar en evidencia la verdadera naturaleza y las acciones intervencionistas y criminales de la dictadura cubana en América Latina. Y así asegurar que no haya ningún día más de sumisión de Venezuela —y muchos otros— a la dictadura cubana.

Luis Almagro

PRÓLOGO

La historia política venezolana que inicia con el derrocamiento de la dictadura del general Marcos Pérez Jiménez, el 23 de enero de 1958, pasando por 40 años de gobiernos civiles y democráticos, que tiene su culmen en 1998 con la llegada al poder de un militar, el teniente coronel Hugo Chávez Frías (que otrora ha liderado un golpe militar contra el presidente Carlos Andrés Pérez, gobierno legítimamente electo y constituido), cuyo régimen se extiende hasta el día de hoy, a pesar de su desaparición física en 2013, está marcada por un sinnúmero de eventos que requieren un estudio minucioso y documentado para poder despejar las incógnitas que impiden encontrar una explicación creíble y lógica a lo que ocurre hoy en Venezuela.

El presente ensayo periodístico, que tengo el privilegio de prologar y que fue escrito, en una excelente y acertada prosa, por un joven profesional, a quien tuve como alumno en la cátedra de Historia de Venezuela, Orlando Avendaño Linares, licenciado en Comunicación Social mención Periodismo, tiene como objetivo medular el desentrañar los orígenes de la intromisión de la izquierda ideológica en el seno de la Fuerza Armada Nacional y sus consabidos efectos y consecuencias.

A través de una cuidadosa selección de fuentes primarias y secundarias, muchas de ellas de reciente circulación, y de inéditas y valiosas entrevistas a protagonistas de primer orden, de muchos de los hechos históricos acá estudiados, el autor desnuda las versiones edulcóradas y heroicas de la lucha armada venezolana, la influencia de la caribeña isla de Cuba y su proceso revolucionario en toda Latinoamérica y especialmente en Venezuela, las fricciones entre el presidente Rómulo

Betancourt y Fidel Castro, y muy particularmente por el interés de este último de financiar su proyecto político con el petróleo venezolano.

Un riguroso hilo cronológico precede el complejo e intrincado viaje, que muestra al lector 60 largos años de historia, de avatares, de sinsabores, de aciertos y desaciertos, de imperdonables irregularidades, que permiten el ascenso de una generación de oficiales que, organizados en logias, propagan una narrativa golpista en los cuarteles, contrastando con los mecanismos institucionales y democráticos que guían la República durante 40 años.

Testimonios inéditos, aportados por los entrevistados, contribuyen a construir una inacabada semblanza del teniente coronel, Hugo Chávez Frías, y revelan paso a paso la doble vida que lleva dentro de la institución armada y sus procesos de iniciación en las incipientes organizaciones anónimas en las que milita, canalizando sus inclinaciones políticas y orientando su ambición de poder.

Las dotes periodísticas de Orlando Avendaño, sumado a su espíritu crítico, agudo y analítico, hacen de esta investigación una obra imprescindible para iniciar la comprensión del origen de estos *Días de sumisión*.

María Soledad Hernández Bencid
Historiadora

PARTE UNO: LA INSURRECCIÓN

¡Vas bien, Fidel!

«¡Viva la revolución!». Ese era el grito de los ciudadanos de Santiago y La Habana el primero de enero de 1959. La libertad había llegado para un pueblo que, desde 1898, había estado bajo la custodia de Estados Unidos.

En la madrugada, luego de la fiesta de fin de año, el dictador Fulgencio Batista había huido. El desmoronamiento de su régimen era inminente y el grupo de barbudos de la Sierra Maestra, gracias a una efectiva campaña de propaganda, parecía imperturbable, allá, en la montaña.

«El día de Año Nuevo de 1959, Santa Clara cedió al bloqueo del Che, y Santiago se rindió a Fidel», señala el autor Clive Foss (2007). El líder cubano no encontró resistencia. Al enterarse de la huida de Batista, decidió mandar a Camilo Cienfuegos, junto con Ernesto Che Guevara, a La Habana. Él iría a Santiago.

Cuenta el revolucionario Dariel Alarcón, alias Benigno: «Recibimos las órdenes de partir hacia La Habana. Cuando ya se daba por seguro que Batista huía, abandonaba el poder. Así partimos. Tomamos la capital, la ciudad de La Habana» (Amara, 2016).

«No es que Castro venció a la armada cubana, es que la armada colapsó internamente. Desmoralizados, no querían luchar. No querían seguir apoyando a Batista. Tienes el colapso de una institución», explica el revolucionario, ahora en el exilio, J. A. Rodríguez Menier (Amara, 2016). Era la primera vez «que una banda de civiles derrotaba a un ejército permanente profesional... Y de repente, parecía que todos los gobiernos de América Latina eran vulnerables a las revueltas guerrilleras» (De La Pedraja, 2013).

En La Habana ya habían entrado Camilo y el Che. Los ciudadanos los recibían como libertadores. En Cuba nunca hubo un Simón Bolívar, pero habían llegado los del *Granma*, aquellos valientes del Movimiento 26 de Julio que volvieron a la isla el 2 de diciembre de 1956 para liberarla. Ese día el grupo de 81 expedicionarios abordó en México un pequeño yate rumbo a Cuba. Luego, se instaló en el pico Turquino, parte de la Sierra Maestra. Desde allí emprendió una innovadora gesta propagandista que triunfaría gracias a la intimidación y a la fábula.

Castro, el líder e insigne del movimiento, entró en Santiago, la segunda mayor ciudad de Cuba, el 2 de enero de 1959. Ese día fue recibido por multitudes en las calles. La aclamación abrumaba. Era el primer encuentro directo que tenía el guerrillero con lo que sería el inicio de un desvarío espiritual constante en torno a su figura.

Al llegar a Santiago de Cuba, proclamó a la ciudad como nueva capital de la isla. El mensaje era claro: «La capital estaría donde él estuviese» (Amara, 2016). Allí inició una marcha triunfal hacia la antigua ciudad principal. Mientras, el líder guerrillero ya ofrecía discursos. Juraba, frente a los ciudadanos alegres, que la revolución solo había empezado. Prometía, también, libertad. La opresión, según él, no volvería a Cuba.

El desfile duró cinco días. Lo hizo montado en unos jeeps y, por cada ciudad que atravesaba, primero Fidel se aseguraba de que todo estuviese bajo control. Sus combatientes las tomaban antes. El ejército libertador se esparcía por toda Cuba, mientras se adueñaba de poblaciones.

«El libertador de Cuba se para a saludar a los admiradores, se dirigía a las masas y se aseguraba de que sus hombres controlaban los cuarteles y la administración del lugar» (Foss, 2007). Los ciudadanos, en masa, lo recibían. Y el 8 de enero Fidel entró a La Habana —ahora, otra vez capital de Cuba.

Los jeeps seguían rodando, mucho más lento debido a la inmensa cantidad de gente, hasta llegar a Ciudad Libertad, donde dio el discurso. Su primer y más conocido alegato.

«¡La tiranía ha sido derrocada, la alegría es inmensa! Y, sin embargo, queda mucho por hacer todavía» (Castro, 1959), dijo Fidel Castro, ahora acompañado por sus más cercanos combatientes: Camilo Cienfuegos y el Che.

Frente a Fidel había casi 500 mil personas. Era la primera vez que se dirigía a un público tan grande. Y lo hacía, sin notas o ansiedad, de una forma impecable. Todo parecía bien estructurado, a pesar de lo auténtico. La gente le respondía. El momento era genuino.

«Dio un discurso largo, e increíblemente democrático. No fue un discurso comunista. En un punto hubo un momento extraordinario, cuando salieron volando palomas blancas y vimos una imagen de Fidel como Cristo. Lo que no vimos fue a un hombre detrás de él, un entrenador de aves que estaba haciendo volar a las palomas», apunta el biógrafo de Castro, Serge Raffy (Amara, 2016). Así fue. Nadie pudo darse cuenta del hombre que tenía atrás, articulando la espiritualidad del discurso. Varias palomas volaron y una se posó sobre su hombro. Quedó un retrato místico. Se empezaba a eternizar la imagen de un hombre divino.

El líder máximo de la revolución espetó un discurso conciliador. Ofrecía libertades, paz y garantías. El movimiento que se instauraba era el aval para un período de estabilidad y prosperidad. Eso representaba él, a pesar de que todavía no figuraba como un funcionario importante dentro del gabinete que se imponía.

«¡Ahora la república, o la revolución, entra en una frase! ¿Sería justo que la ambición o los personalismos viniesen aquí a poner en peligro el destino de la revolución? ¿Qué es lo que le interesa al pueblo? Porque el pueblo es quien tiene que decir la última palabra», preguntaba Fidel frente a un público que lo aplaudía (Castro, 1959). «[Al pueblo] le interesa, en primer lugar, las libertades. Los derechos que le arrebataron, y la paz. Y los tiene, porque en estos instantes tiene todas las libertades, todos los derechos, que le arrebató la tiranía, y tiene la paz», esgrimió Castro (1959).

Luego, en un momento emblemático, Fidel Castro aseguró que la libertad de expresión, o la opinión pública libre, era bastión de una república sana. De hecho, «los fusiles se tienen que doblegar y arrodillar ante la opinión pública» (1959); y, para expedir una imagen grata, preguntó a su leal compañero sobre el discurso: «¿Voy bien, Camilo?». Y Cienfuegos le respondió: «¡Vas bien, Fidel!».

La revolución a Venezuela llegó con frescura

«El más duro, el más fuerte, el más brutal de los dictadores modernos de América Latina, el general Fulgencio Batista, tuvo su merecido esta semana», se lee en un artículo del diario estadounidense *The New York Times*, titulado: «Cuba: el primer paso hacia una nueva era». (Matthews, 1959). En el artículo, Herbert L. Matthews, quien por varios meses esbozó las batallas y hazañas de los barbudos en la Sierra Maestra, presenta a un Fidel revolucionario y admirado. Castro no solo es aclamado por toda la juventud de Cuba, sino por la de Latinoamérica, según Matthews.

El fenómeno había iniciado. Un sentimiento se empezaba a esparcir y jamás mermaría por completo. La noticia fue recibida con satisfacción en el resto de la región. En Estados Unidos, en cambio, hubo polarización. Aunque Castro no había llegado al poder con una retórica ampliamente comunista, era implícito el discurso antiamericano. Pero Fidel generaba admiración, hasta por quienes le adversaban.

En Venezuela, particularmente, la noticia fue recibida con gratitud. «Fidel Castro manda», titulaba el diario Últimas Noticias, al día siguiente de la victoria de los guerrilleros en Cuba (Noticias, U. 1959). La portada del periódico incluía fotos de Fidel y del dictador Batista.

También la información fue recibida con optimismo ya que desde que empezó la gesta de los barbudos, en 1956, los ciudadanos venezolanos colaboraron activamente con que los guerrilleros del *Granma* pudiesen lograr la victoria. De hecho, luego del derrocamiento del dictador Marcos Pérez Jiménez, el 23 de enero de 1958, bases de operaciones del grupo Movimiento 26 de Julio se lograron instalar en Caracas bajo la aprobación de la recién constituida Junta de Gobierno, con el fin de poder colaborar con los guerrilleros en las montañas —incluso, antes del triunfo de la revolución, el candidato de Fidel a la presidencia, el político Manuel Urrutia Lleó, había llegado a Cuba con un cargamento de armas proveniente de Venezuela (Foss, 2007).

Una vez victorioso, Fidel Castro se había convertido en un nuevo libertador de América. Su triunfo sirvió para inspirar a toda una generación en Venezuela. Aunque se empezaba a presenciar el retorno de la democracia, se mantenía latente el escepticismo.

Con respecto al líder del Movimiento 26 de Julio, el pensador y periodista venezolano, Carlos Rangel, escribe en su obra *Del buen salvaje al buen revolucionario*: «La reprobación por lo que Fidel ha hecho en la práctica con sus poderes dictatoriales, no podrá nunca extirpar del corazón de los latinoamericanos la emoción de haber visto desafiado, ¡desde Cuba!, el poder imperial norteamericano» (Rangel, 2005).

Batista fue un dictador que contó con la colaboración de Estados Unidos durante casi todo su régimen y, a pesar de que Cuba hasta 1958 era una nación rica que disfrutaba los beneficios de la administración estadounidense, «sufría, más que ninguna otra nación latinoamericana, en su orgullo, en su dignidad» (Rangel, 2005).

La isla no había podido ser liberada. En vez de algún Libertador, fue el presidente William McKinley quien impidió a los españoles continuar la opresión. Y desde entonces, 1898, Cuba fue prácticamente un protectorado americano.

Es por lo que, como señala Rangel en su obra, «en cada cubano ardía la humillación de ser y no ser americano». Por lo tanto, al triunfar la revolución, Fidel Castro logró enfrentarse a Estados Unidos, y entonces, «fue en su momento un héroe sin precedentes en América Latina, distinto y más emocionante que el mismo Bolívar» (Rangel, 2005).

David había vencido a Goliat. Era comprensible la emoción que causaba en la región aquella valiosa hazaña —a pesar de que no había sido tal, porque Batista huyó y no se enfrentó con sus 30 mil hombres a los más de 300 de la Sierra Maestra.

Los dirigentes de la izquierda, y los jóvenes, estaban cautivados. Al respecto, el historiador Simón Alberto Consalvi dice en una entrevista con el escritor Ramón Hernández, para el libro *Contra el olvido*, que «todos los demás (líderes políticos y ciudadanos), unos más y otros menos, fueron cautivados por la Revolución Cubana. Es imposible medir lo que fue, en la década de los sesenta, la influencia de Cuba en la política de Venezuela» (Hernández, 2016).

Son varios, luego protagonistas de la política venezolana y de esta historia en particular, quienes se emocionan con la llegada de Fidel al escenario político de la región. Dice Américo Martín, en ese momento miembro activo del partido Acción Democrática: «Fidel deslumbraba a todos proponiendo un camino nuevo y mejor… Ver a Fidel triunfante, gesticulando en la cima de un volcán, hablando retadoramente al imperio más grande del mundo en nombre de 400 millones de latinoamericanos, dibujaba un horizonte demasiado atractivo para gente todavía sin mayor experiencia, ni demasiado control sobre sus emociones» (Martín, 2013).

El político, periodista y escritor venezolano, Domingo Alberto Rangel es tajante en esgrimir que «desde el primero de enero de 1959, Cuba es una fuerza moral determinante en nuestro escenario» (Rangel D., 2003). Y, asimismo, el guerrillero y figura imprescindible de la historia, Douglas Bravo, coincide al señalar que «la Revolución Cubana tuvo una frescura increíble al principio que se propagó. Y esa frescura provenía de que la revolución no era dogmática, porque no la había hecho el Partido Comunista, sino unos muchachos independientes» (Bravo, 2017).

Fue, el Movimiento 26 de Julio, la expresión de la lucha contra la dictadura. «Porque aquí en Venezuela habíamos liberado al país del dictador (…) La Revolución no llega a Cuba, como llegaba la rusa a otras partes. Aquí llegó con frescura, y así se llega mejor», asevera Douglas Bravo (2017).

Cuenten con los cubanos

Apenas dos semanas después de su entrada triunfal en La Habana, el 23 de enero de 1959, Fidel Castro viajó a Venezuela. El comandante revolucionario había vencido a la dictadura de Fulgencio Batista en Cuba y, por lo tanto, como menciona Douglas Bravo, había sido la representación de la batalla contra el autoritarismo en la región.

«Fueron las primeras luchas que se dieron en Latinoamérica contra los dictadores», dice Bravo (2017).

Castro había sido invitado por la Federación de Centros Universitarios de la Universidad Central de Venezuela (UCV) con el fin de conmemorar el aniversario del derrocamiento del dictador Marcos Pérez Jiménez. Viajó a Venezuela y estuvo cinco días.

Un año antes, luego de derrocado el dictador Marcos Pérez Jiménez, se conformó en el país una Junta de Gobierno. «Cerca de la 1:00 de la mañana hizo su entrada a Miraflores el convoy con los jefes militares alzados. En medio del caos en Miraflores se instaló la Junta de Gobierno, encabezada por Wolfgang Larrazábal. Su primera acción fue proponer a su hermano Carlos, ministro de la Defensa (…) Gracias a un acuerdo previo entre los partidos Acción Democrática, Copei y URD, en la nueva junta no fue nombrado ningún miembro de la Junta Patriótica», señala en su libro *El delfín de Fidel* (2014) el historiador y general retirado del Ejército, Carlos Julio Peñaloza.

Desde el exilio, el político y miembro fundador del partido Acción Democrática, Rómulo Betancourt, apoyó la formación de la Junta de Gobierno a pesar de que, como escribe Américo Martín, «una franja notable del país pedía la permanencia de la Junta Patriótica en la dirección política general» (Martín,

2013). Luego, el 9 de febrero de 1958, Betancourt regresó a Venezuela y fue recibido por una inmensa cantidad de ciudadanos en El Silencio, Caracas. Allí pronunció un histórico discurso.

«Regreso a trabajar, con mi partido y con el pueblo, para ayudar a establecer definitivamente en Venezuela el régimen democrático y representativo. Para que ya no suframos otra vez la vergüenza y la humillación colectiva de los diez años del oprobio, esos que desaparecieron en la madrugada gloriosa del 23 de enero», dijo Betancourt frente a miles de venezolanos (Betancourt R., 1958).

«Que gobernantes y gobernados, hombres y mujeres de todas las clases sociales y de todas las ideologías políticas, cumplamos cabalmente con nuestro deber hacia la patria, entrañablemente amada, para que esta magnífica oportunidad no se le frustre». Estaba naciendo la democracia en Venezuela. Y unos meses más tarde se terminaría de instaurar a través de un proceso electoral.

Una vez en su país, Betancourt se dispuso a recorrerlo y a reconstruir al magullado partido Acción Democrática.

Unos meses después, el 31 de octubre, se firmó un pacto de gobernabilidad en la residencia del político del partido Copei, Rafael Caldera. El acuerdo fue conocido luego como Pacto de Puntofijo —así se llamaba la residencia de Caldera.

Los firmantes fueron Rómulo Betancourt, Gonzalo Barrios y Raúl Leoni de Acción Democrática; por URD firmaron Jóvito Villalba, Ignacio Arcaya y Manuel López Rivas; por último, por Copei estaban Rafael Caldera, Pedro del Corral y Lorenzo Fernández. Excluyeron a los comunistas. En ese momento se produjo una grieta que se acentuaría con los meses. Pero ya el Partido Comunista de Venezuela (PCV) había sido apartado de la Junta de Gobierno. A pesar de haber sido una de las principales fuerzas políticas, cuya labor fue determinante para derrocar al dictador Pérez Jiménez, lo marginaron.

Con respecto a la responsabilidad de este repudio no hay coincidencia. Señala Peñaloza que «los rojos achacaron su exclusión a presiones de los norteamericanos, los militares derechistas y los partidos del Pacto de Punto Fijo» (Peñaloza, 2014).

Pero Douglas Bravo responsabiliza directamente a Rómulo Betancourt: «El PCV fue el primero en convocar a una alianza, pero Betancourt la desechó. La Junta Patriótica estaba compuesta por muchachos que habían estado dirigiendo a AD en la clandestinidad, como Simón Sáez Mérida; y estos lo primero que hicieron fue aliarse con el PCV; y luego viene Betancourt y pide la ruptura de esa alianza».

«El PCV colaboró en la restitución de la democracia. El PCV fue la principal fuerza estudiantil, y Betancourt fue groseramente ingrato con el comunismo», dice Bravo (2017). Anteriormente, Betancourt había sido comunista. Tuvo una muy breve militancia en el PCV y durante su primer exilio estuvo estrechamente relacionado al Partido Comunista Costarricense. Pero su posición ideológica había cambiado. Madurado.

A mediados de 1958, el contralmirante Wolfgang Larrazábal recortó su periodo como presidente de la Junta de Gobierno para convocar elecciones presidenciales. Se determinó el 7 de diciembre de ese año como fecha para ratificar el periodo democrático que estaba iniciando.

Varios días después del 21 de noviembre, fecha en que Rómulo Betancourt anunció su candidatura por el partido Acción Democrática, el dirigente estaba consiguiendo una importante victoria. 49,18 % de los que votaron le dieron su apoyo; en cambio, Larrazábal —también respaldado por los comunistas y URD— quedó atrás con 34,61 %. Caldera de último, con 16,21 % de los votos.

Con respecto a la victoria de Betancourt, escribe el dirigente Américo Martín: «AD ganó porque tenía un excelente candidato, una organización muy poderosa, mayoritaria y experimentada; nadie le disputaba las áreas rurales, disponía de una grande y solvente intelectualidad y la mayoría en las universidades. Larrazábal era la emoción, pero Betancourt no solo contraponía la organización, sino que era un mito para el país, un piache, el símbolo de la civilización» (Martín, 2013).

Acción Democrática había ganado. Los comunistas no estaban contentos porque, presuntamente, habían sido excluidos. No obstante, recibieron un baño de esperanza y ánimos cuando el 23 de enero de 1959 el líder del Movimiento 26 de Julio pisó Caracas.

En Maiquetía, Fidel Castro fue recibido por el contralmirante Wolfgang Larrazábal y por el político de URD y antiguo miembro de la Junta Patriótica, Fabricio Ojeda. Luego, el revolucionario cubano fue acogido por una multitud en la Plaza O'Leary, El Silencio. Allí Fabricio Ojeda dio un discurso. Hablan Larrazábal; también Gustavo Machado, del Partido Comunista de Venezuela. Al final, Fidel Castro ofreció a los venezolanos un histórico alegato que marcaría el escenario político en el país.

«¿Por qué vine a Venezuela? Vine, en primer lugar, por un sentimiento de gratitud; en segundo lugar, por un deber elemental de reciprocidad por todas las instituciones que tan generosamente me invitan a participar de la alegría de Venezuela, este día glorioso del 23 de enero», dijo Castro a una muchedumbre eufórica.

«Vengo en nombre del pueblo que se sublevó contra la tiranía y la derrocó; a traer un mensaje de solidaridad al pueblo que se sublevó también contra la tiranía y la derrocó (...) Y si alguna vez Venezuela se volviese a ver bajo la bota de un tirano, cuenten con los cubanos», esgrimió Castro, quien recalcó en varias ocasiones la «hermandad» entre ambos pueblos (Castro, 1959).

Declaración de guerra a Venezuela

La visita a Venezuela era el primer viaje de Castro al exterior tras el triunfo de la Revolución Cubana. Fue el primer país que decidió visitar como líder del régimen que se instauraba en la isla. Venezuela entera parecía seducida por el carisma de Fidel Castro. Las calles de Caracas se llenaron para recibirlo y también la Universidad Central, que le abrió las puertas de su Aula Magna.

En la principal academia del país fue el contralmirante Wolfgang Larrazábal quien dio el discurso de bienvenida a Fidel Castro. El recinto estaba lleno. Habían sido los jóvenes del partido comunista los que invitaron al revolucionario; pero militantes de todas las fuerzas políticas acudieron. El rector Francisco De Venanzi también estaba presente.

Durante los días que duró la visita de Fidel Castro a Venezuela, el desvarío constante sobresalía. Al respecto, escribe el dirigente de izquierda, Moisés Moleiro: «Hay un hecho nuevo pero incómodo: la Revolución Cubana. Fidel Castro vino al país siendo Betancourt presidente electo, pero aún bajo el mandato de Sanabria [quien había sustituido a Larrazábal debido a su candidatura a las elecciones], y la recepción popular es delirante» (Moleiro, 1978).

«En una especie de espejo parecido al de la reina malvada de Blanca Nieves, los dirigentes adecos se ven retratados por un gobierno que resiste agresión tras agresión, desafía el poder de los Estados Unidos y demuestra con valentía la inexistencia de razones geopolíticas para la ambigua táctica pregonada por Acción Democrática», continúa Moleiro (1978). Pero no todos los militantes de AD andaban atontados por el cubano.

El 26 de enero, luego de dos días de haber estado recibiendo halagos y homenajes, Fidel Castro tuvo un primer encuentro, en Venezuela, con la realidad. El líder cubano fue recibido por el presidente electo venezolano en la residencia Los Núñez, ubicada en La Castellana, Caracas. El encuentro es ampliamente narrado por el historiador y periodista Simón Alberto Consalvi para el libro *Contra el olvido*, de Ramón Hernández (2012).

«Allí estaba yo, que me dediqué a atender a los periodistas cubanos que venían con Fidel. Algunos eran amigos míos, como Mario Kuchilán, de la revista *Bohemia*, que se quedó dormido mientras Castro y Betancourt hablaban. También vino con Castro el escritor Guillermo Cabrera Infante. El embajador de Cuba en Venezuela era Francisco Pividal, a quien Betancourt declaró persona non grata poco después, por sus impertinencias. Ahí comenzó la "fiesta". Betancourt y Castro se cerraron en un pequeño jardincillo interior. Los gestos evidenciaban que era una conversación muy tensa. Cuando se despidieron no hubo abrazo, sino un cruce frío de manos. Betancourt nos miró de manera extraña a los que estábamos allí. Fue un diálogo frustrante», dice Consalvi (Hernández, 2016).

Según cuenta el historiador en su valiosísimo testimonio, Castro «pidió petróleo en condiciones especiales y le fue negado» (Hernández, 2016). Claro, el gobierno de Venezuela, en donde apenas se implantaba la democracia, «tampoco estaba en condiciones para dárselo, aunque hubiese querido» (Hernández, 2016).

Continúa Consalvi relatando: «Se ha dicho, sin analizar el problema, que Betancourt fue intransigente. En cierta forma, sí. Ante los planteamientos exagerados de Fidel, Betancourt reaccionó como lo hizo, pero ¿podía Betancourt entregar petróleo en condiciones especiales que, prácticamente, querían decir no pago, o dame el petróleo y me lo cobras después? En ese sistema venezolano de las compañías petroleras, que dominaban todo el petróleo que se extraía, que ejercían un poder tan grande sobre el Estado venezolano, no creo que Betancourt pudiera dárselo» (Hernández, 2016).

Casi todos los que intentaron reseñar el encuentro resaltan la hostilidad. Fue tenso. Al respecto, en el reconocido portal *El expediente rojo*, se lee: «Su encuentro con el candidato no es tan afortunado: la falta de empatía es manifiesta desde el primer momento y posteriormente, las relaciones entre ambos gobiernos se dificultan, hasta llegar a la ruptura» (Rojo, 2007).

También apunta el historiador y escritor mexicano Enrique Krauze en su obra *El poder y el delirio*: «[Fidel] viaja a Caracas (donde recibe una bienvenida apoteósica) y visita a Betancourt (entonces presidente electo) para pedirle petróleo. Betancourt le responde que el pueblo venezolano no regala petróleo, lo vende y que no hará una excepción en ese caso. El encuentro —según los pocos testigos— es breve y áspero. Betancourt lo cala y sabe que Castro será, a partir de entonces, su enemigo mortal» (Krauze, 2008).

Todos coinciden. Castro viajó a Venezuela a solicitar, a la recién rescatada democracia, ayuda. Y, frente a la pregunta sobre si quería Fidel Castro aprovecharse de la riqueza venezolana desde un principio, que hizo Hernández a Consalvi, el historiador respondió: «Por supuesto. Si petróleo es riqueza, petróleo fue la obsesión de Castro». Como Fidel no obtuvo la contestación que esperaba de la reunión con Rómulo Betancourt, «ahí comenzó la guerra contra Venezuela» (Hernández, 2016).

El gobierno de derecha de Rómulo Betancourt

Acción Democrática era, para entonces (1959), el partido más popular en Venezuela, sobre todo en las zonas rurales. El 13 de febrero de ese año, unos días después de la visita de Castro al país, Rómulo Betancourt se juramentó como presidente para el periodo 1959-1964. Con él dependía la definitiva transición a la democracia en el país —una democracia que, aunque novel, se vería nuevamente amenazada.

Ya el gobierno del presidente adeco, incluso antes de su juramentación, había empezado con marcadas antipatías. El PCV no estaba contento. Había sido excluido de la Junta de Gobierno, del Pacto de Puntofijo y de cualquier espacio en el gabinete del recién electo Betancourt. «Fue un ingrato», recalca cuando puede Douglas Bravo, en ese entonces miembro del Partido Comunista (Bravo, 2017).

Se supone que Acción Democrática era un partido con una tradición de izquierda. Son sus orígenes. Y Betancourt, como se señaló, había sido comunista; pero ahora se había apartado. «Ya antes de asumir el gobierno, Betancourt no era comunista», insiste Bravo (2017). De hecho, ya en su discurso de toma de posesión lo dejó muy claro: «En el transcurso de mi campaña fui muy explícito en el sentido de que no consultaría al Partido Comunista para la integración del gobierno… Es el hecho que la filosofía política comunista no se compagina con la estructura democrática del Estado venezolano, ni el enjuiciamiento por ese partido de la política internacional que deba seguir Venezuela concuerda con los mejores intereses del país» (Betancourt D. R., 1959).

La cólera era inmensa por parte de los del martillo y la hoz. Sobre todo porque, según ellos, sin su participación en el derrocamiento de Marcos Pérez Jiménez, Betancourt jamás hubiese regresado a Venezuela. Se sentían excluidos del cuadrilátero. El gobierno de Acción Democrática no les estaba dejando muchas opciones para poder participar en el campo político y se acentuaban las tensiones.

El mandato de Betancourt se empezó a desarrollar con una fuerte, aunque reducida, oposición. Al mismo tiempo, se veía en la necesidad de implementar medidas poco populares. Todo ello desembocó un fundamental rechazo en su contra y en la desestabilización de las bases de su partido.

«El gobierno comienza desde sus inicios a crear un descontento sordo, sin traducción política adecuada, porque prácticamente la oposición no existe: el 94 % del electorado está integrado al tren oficial por la vía de los tres partidos del Pacto de Puntofijo y la otra formación política que hay, además de ellos, es el Partido Comunista, con las limitaciones de la conducta opositora señalada ya, y con la necesidad de ser cauteloso como ningún otro, porque Betancourt lo tiene en la mira y se empeña en aislarlo del resto del país», escribe Moisés Moleiro (1978).

Desde su mismo partido, Acción Democrática, se empieza a generar una disconformidad con respecto al gobierno que se desarrollaba: «La coalición gobernante cae en una especie de parálisis que la izquierda adeca bautiza como "inmovilismo"» (Moleiro, 1978).

En Caracas, Betancourt no había ganado las elecciones. Su victoria, amplia, se logró gracias a toda la ruralidad del país. Es por ello que el rechazo al presidente era más latente en la capital y se iba materializando poco a poco.

«Betancourt se halla ante una recesión económica y tiene dos caminos: uno, impedir la fuga de capitales y elevar los impuestos a las grandes compañías; el otro, contener las demandas de salarios, aplazadas por diez años de dictadura y uno de tregua obrero-patronal. Escogió el segundo. Comenzó a someter las huelgas al arbitraje forzoso y a declararlas ilegales», escribe Moleiro (1978).

La situación se le complicaba más. Debido a la necesidad de tomar medidas para nada populares y que en su mayoría tropezaban con sus promesas de campaña, una parte importante de la militancia de Acción Democrática empezó a alejarse de Betancourt.

Aunque en Venezuela jamás se ha ensayado propiamente la economía de mercado, la administración de Rómulo empezó a ser vista como neoliberal. «Para los comunistas era prácticamente un gobierno de derecha. Él respetó la propiedad privada y muchos no querían eso», apunta Enrique Aristeguieta Gramcko (2017), político que formó parte de la Junta Patriótica.

«El gobierno era sordo para los reclamos populares y para las sugerencias hechas por sectores progresistas de los mismos partidos coaligados (…) Todas las medidas, en unión a rumores alarmantes en torno a la corrupción administrativa y a retaliaciones contra los campesinos que en su desesperación invadían tierras, incrementaron el descontento en AD y con ello la lucha interna. Betancourt ha decidido salir del ala izquierda del partido y se traza una estrategia para ello», precisa Moisés Moleiro (1978).

Nace el movimiento marxista para emprender la revolución nacional

Mientras en Venezuela empezaba a consolidarse, firme, la democracia, en Cuba ocurría lo contrario. La isla «seguía llena de los secuaces de Batista, muchos de los cuales eran verdaderos criminales, Fidel los hizo comparecer ante los tribunales revolucionarios especiales formados por oficiales militares, que no eran ni abogados, ni jueces ni gente capaz de administrar el tipo de justicia rápida que la población esperaba y aprobaba. El mismo Raúl había prescindido de juicios al ejecutar a unos sesenta prisioneros en Santiago, a comienzos de enero [1959]» y, «aunque no era un régimen especialmente sanguinario, las ejecuciones (que llegaron a ser quinientas, ahorrando a mujeres y niños) fueron denunciadas en el Senado de Estados Unidos, a lo cual Fidel contestó muy enfadado que cualquier intervención yanqui les costaría la vida a doscientos mil gringos» (Foss, 2007).

Ahí empezaron las tensiones con Estados Unidos. El gobierno de Dwight D. Eisenhower comenzaba a ver con malos ojos a un régimen que se empezaba a mostrar como arbitrario y cruel. «Estos comentarios fueron el principio del fin de las relaciones amistosas con el gobierno estadounidense», escribe Foss (2007). Y en marzo de ese año, «un tribunal de Santiago absolvió a cuarenta y cuatro aviadores de Batista; Fidel, indignado, pidió un nuevo juicio basándose en que "la justicia revolucionaria no se fundamente en principios legales, sino en la convicción moral". Cuando los aviadores fueron condenados, el Estado de Derecho llegó a su fin» (Foss, 2007).

Luego, en abril de 1959, el líder revolucionario viajó a Washington. Fue invitado y acudió para ser recibido con entusiasmo. Aunque Fidel atacaba constantemente al gobierno de Estados Unidos, el rojerío de la nación norteamericana también cedió a su embrujo. Allá no fue entrevistado por el presidente Eisenhower, quien estaba «convenientemente ausente»; en cambio, lo recibió el vicepresidente Richard Nixon. Luego de la conversación, el estadounidense «llegó a la conclusión de que Fidel no sabía nada de economía y que era muy inocente sobre el comunismo» (Foss, 2007).

Por otra parte, unas semanas atrás, cuando Castro estuvo en Venezuela, se reunió con varios dirigentes de la izquierda nacional. El líder del Movimiento 26 de Julio sostuvo reuniones con Gustavo Machado, diputado del Partido Comunista; Fabricio Ojeda, diputado de Unión Republicana Democrática (URD), y otros dirigentes y pensadores. Ojeda es, luego, invitado a la isla.

Al partir hacia Cuba, Fidel deja una Venezuela marcada. No es la misma. Toda una juventud había quedado embelesada. Pompeyo Márquez, el destacado dirigente del Partido Comunista, precisa que «eran huracanes revolucionarios, torrentes de cambio lo que se respiraba en el continente, y Venezuela no estuvo al margen de ellos» (Martínez, 2013).

Durante los cinco días que duró la visita de Castro a la nación suramericana, la propaganda en torno a la Revolución Cubana se difundió masivamente. Y, luego de su partida, la situación no cambió. Cuba empezó a ser objeto de debate en el escenario político. Los dirigentes y ciudadanos emplazaban a los demás sobre si apoyaban o no a Fidel Castro. Empezó a parcializarse el país y Rómulo Betancourt ya había asumido una posición.

«En relación a Cuba, es pertinente hacer la misma observación formulada con anterioridad, al tratar de las relaciones de Betancourt con la izquierda. Mucho antes de que ese gobierno [Cuba] apoyara cualquier intento insurreccional contra el suyo, Betancourt detestaba la Revolución Cubana y todo cuanto significaba (...) Era la expresión, en lo externo, de una molestia aguda que causaban las medidas de Fidel en muchos dirigentes adecos, pues se veían desmentidos con hechos, tras treinta años de cuidadosa elaboración de una táctica plena de ambigüedades, equívocos y sobreentendidos», dice Moleiro (1978). Según el entonces militante de AD, Moleiro, la dirigencia adeca veía con escepticismo el desarrollo de la Revolución en Cuba. No creían que fuese exitosa, pero lo fue.

Debido a las políticas no progresistas que estaba asumiendo Rómulo Betancourt, aunado a su firme posición con respecto a la Revolución Cubana y a la marginación del Partido Comunista de Venezuela, se empezó a disponer el escenario adecuado para que el principal partido del país empezara a agrietarse.

«Al ver la situación difícil, la vieja guardia empieza a parlotear acerca de la "unidad"» (Moleiro, 1978).

Pero ya era tarde. En la X Convención del partido, realizada en septiembre de 1959, queda por primera vez en evidencia lo débil que se encuentra la estructura, presuntamente monolítica, de Acción Democrática. Primero, en el desarrollo de la convención se formula una apreciación negativa en torno a la administración, que apenas empezaba a gobernar. Betancourt «no queda precisamente contento» (Moleiro, 1978).

Los principales ataques contra la vieja guardia y Betancourt vienen del Buró Juvenil Nacional, quienes ya amenazan, durante la convención, con cuartear la unidad. «Ya para comienzos de 1960, en una reunión del Comité Directivo Nacional (CDN), las críticas suben a tal grado, que Raúl Leoni se apresura a llamar telefónicamente a Betancourt, a espaldas de la Asamblea» (Moleiro, 1978).

Betancourt, según relata Moleiro en su obra *El partido del pueblo* (1978), «irrumpe en la reunión malhumorado, apartando sillas, gruñendo» —dice Américo Martín (2013) que llegó en pantuflas—. «Pide la palabra y exige sanciones disciplinarias contra Domingo Alberto Rangel; pero la frialdad con que tal proposición es acogida, lo lleva a retirarla. Sin embargo, se trata de un ensayo. El nuevo secretario general (Paz Galarraga) y el presidente del partido (Prieto Figueroa) comienzan a elaborar expedientes», continúa Moleiro (1978).

Los izquierdistas y revoltosos de Acción Democrática ya no iban a ser tolerados. Su conducta debía ser controlada porque Betancourt no estaba dispuesto a seguir aguantando críticas desde las entrañas del partido que él mismo fundó.

Pero Domingo Alberto Rangel no acata, y tampoco el dirigente juvenil Américo Martín. Ambos continúan criticando a la administración adeca; incluso desde medios de comunicación. Rangel publica un artículo en el diario *La Esfera*; luego, Martín publica uno titulado «La división de APRA: Una advertencia». El Comité Ejecutivo Nacional de AD ve ambos actos como una ofensa y, en consecuencia, expulsa a Rangel y a Martín de Acción Democrática.

El cisma era inminente. La grieta en el partido ya estaba. Américo Martín narra, en su libro *Memorias I* (2013), una conversación con el entonces dirigente adeco, Luis Augusto Dubuc, sobre el comportamiento de Domingo Alberto Rangel y la inminente escisión. «Ustedes se han dejado ganar por la demagogia de Domingo Alberto, cuya trayectoria en el partido no es la mejor. ¿Acaso los impresiona sus artículos diarios en la prensa? Como dirigente del partido debería pensar que la disciplina ha de respetarse. Yo también podría escribir todos los días, pero actúo con el partido, me atengo a su disciplina y por eso al escribir trato de reflejar la deliberación colectiva», le dice Dubuc a Martín, a quien intenta convencer de apartarse de la posición de Rangel (Martín, 2013).

Luego, «el mismo organismo prohíbe la celebración de un Pleno Juvenil Nacional en Maracaibo y anuncia que cualquier solidaridad con los sancionados será considerada falta grave. Es inútil: la solidaridad es caudalosa. Todo el Buró Juvenil, parte del Buró Sindical y Comando Seccionales enteros, hacen saber que están de acuerdo con los planteamientos de Rangel y Américo Martín», relata Moisés Moleiro (1978).

Empiezan a surgir disidentes. Los desertores son varios. Además, cuentan con respaldo popular (Moleiro, 1978). El Comité Ejecutivo Nacional empieza a expulsar a jóvenes de las filas del partido. Estos, ahora desde afuera, organizan mítines y actos públicos. Domingo Alberto Rangel, Américo Martín, Gumersindo Rodríguez, Moisés Moleiro, Héctor Pérez Marcano y otros dirigentes juveniles ya no formaban parte de Acción Democrática, pero son apoyados ampliamente por grandes sectores de la izquierda venezolana —sobre todo por aquellos que simpatizaban con la Revolución Cubana y veían, en Fidel, una inspiración.

El 8 de abril de 1960, los disidentes del partido de Betancourt fundan Acción Democrática de Izquierda; luego, la fuerza política es llamada Movimiento de Izquierda Revolucionaria (MIR). El naciente movimiento se declara marxista, y su objetivo es implementar el socialismo; pero solo luego de una revolución nacional (Izquierda, 1960). El MIR tiene un semanario, *Izquierda*, y ahí se exponen claramente las intenciones radicales de la fuerza política.

Solo queda la lucha armada

En abril de 1960 regresa a Venezuela el diputado de URD, Fabricio Ojeda, luego de haber sido invitado por Fidel Castro a La Habana. Duró cuatro meses en Cuba, compartiendo con el régimen revolucionario, que se imponía a la fuerza y con arbitrariedades.

El 21 de abril el Movimiento de Izquierda Revolucionaria convocó a una huelga de trabajadores en Caracas. La idea era expresar el rechazo al gobierno de Rómulo Betancourt por sus políticas. A raíz de esa decisión y del creciente malestar dentro del partido Acción Democrática, el Comité Directivo Nacional decidió expulsar a once diputados, quienes se convertirían, entonces, en la fracción parlamentaria del MIR en el Congreso. Domingo Alberto Rangel los lideraría dentro de la cámara baja del Parlamento. Acción Democrática, de esa manera, perdería gran parte de su influencia y capacidad de legislar. La situación se le complicaba cada vez más a Betancourt.

El 24 de junio de ese año, el Día del Ejército, un atentado terrorista casi le arrebata la vida al presidente de Venezuela: «Al paso del vehículo presidencial y su comitiva, que se dirigen a Los Próceres, al desfile tradicional con que se conmemora la Batalla de Carabobo, estallará un poderosísimo explosivo colocado en un Oldsmobile verde, accionado por microondas» (Moleiro, 1978).

Ya habían pasado las nueve de la mañana y el país estaba estremecido. No era la primera vez en la historia contemporánea de Venezuela que se llevaba a cabo un intento de magnicidio. Sin embargo, la dimensión fue inmensa. La democracia, apenas naciente, se tambaleaba.

Había sido un día marcado por los rumores y la incertidumbre. Al día siguiente titularía *El Nacional* en la mañana: «Betancourt llegó a medianoche a Miraflores» (Nacional E., 1960).

Luego, señalaba el diario: «El presidente solo sufrió heridas superficiales en el atentado de ayer». Betancourt no murió, pero sí el jefe de la Casa Militar. También el civil y miembro de la guardia personal del presidente, Elpidio Rodríguez.

Por un momento —solo por un momento— los partidos y dirigentes abandonaron las riñas con el presidente. Eran tiempos de mantener la cohesión y de condenar a los responsables. Luego, veinticuatro horas después de haber sido herido fuertemente, Betancourt, quien había quedado parcialmente sordo y con quemaduras en las manos y en el rostro, «aparece, vendadas las manos, hablando en tono jocoso y coloquial, mostrándose amplio» (Moleiro, 1978). Se dirige al país y señala a los autores del frustrado magnicidio.

«No me cabe la menor duda de que en el atentado de ayer tiene metida su mano ensangrentada la dictadura dominicana. Existe una conjunción de esfuerzos entre los desplazados del 23 de enero y esa satrapía, para impedir que Venezuela marche hacia el logro de su destino; pero esa dictadura vive su hora protagónica. Son los postreros coletazos de un animal prehistórico, incompatible con el siglo XX», dijo un Betancourt, que asegura a los venezolanos que terminará su mandato (Betancourt, 1960).

El Ejecutivo estaba seguro de la autoría del atentado. Al respecto, señala el escritor Francisco Suniaga: «No era la primera ocasión en que Rafael Leónidas Trujillo atentaba contra el líder venezolano. En el ejercicio de la presidencia de la Junta Revolucionaria de Gobierno (1945-1948), Betancourt expresó la necesidad de librar a República Dominicana de una dictadura (la más cruel y sanguinaria de América) iniciada en 1939. Desde entonces, amén de considerarlo una amenaza contra su régimen por su política de democratización del continente, Trujillo le profesaba un odio visceral» (Suniaga, 2016).

Inmediatamente después del frustrado magnicidio, el Gobierno de Venezuela introduce una moción en la Organización de Estados Americanos (OEA) con el fin de sancionar a la dictadura de República Dominicana. En la organización internacional, Betancourt logra un contundente triunfo de 19 votos a favor y ninguno en contra.

«El atentado tuvo un efecto inverso al que esperaban sus autores: robustece al Gobierno y las instituciones existentes, ya que el repudio es general. Para que el lector se forme una idea de la magnitud del mismo, así como para aclarar el problema de los orígenes de la violencia, reseñaremos que el buró político del Partido Comunista de Venezuela solicitó ser recibido por Betancourt para testimoniarle su solidaridad, y el repudio frente al hecho. Este se negó en redondo», precisa Moisés Moleiro (1978).

Aún en tiempos de crisis y camaraderías, Betancourt no está dispuesto a dar su brazo a torcer. No cederá. Su posición es firme —pero ahora mucho más, ya que tiene en su contra a quienes formaban la juventud de su partido.

El MIR tampoco descansa, ni cede. El presidente había quedado vivo y había mejorado. Se debe seguir. Su semanario, *Izquierda*, se difunde activamente. En cada escrito se esgrime alguna crítica en contra del gobierno de Rómulo Betancourt, y el radicalismo tizne las páginas. Pero Rómulo no tiene tolerancia, mucho menos contra quienes señala de traidores.

Mientras agarraba solidez el Movimiento de Izquierda Revolucionaria, se fue gestando una suerte de complicidad entre fuerzas políticas que coincidían en el entusiasmo por la Revolución Cubana y el rechazo al gobierno de Rómulo Betancourt. Estaba el sector de URD, que manejaba Luis Miquilena, según señala Douglas Bravo (2017). El mismo Douglas, en ese momento dirigente del PCV, entabla relaciones con esos movimientos de izquierda. De igual forma, se empezaron a crear vínculos con militares activos.

De hecho, escribe el general Carlos Peñaloza (2014): «Con la caída de Pérez Jiménez, el número de aspirantes a cadetes se redujo sustancialmente por el rechazo a los militares. Este hecho hizo que los filtros de ingreso se hicieran menos exigentes. La situación facilitó la infiltración de la Fuerza Armada Nacional por todos los partidos políticos, pero los comunistas fueron los más agresivos, sembrando varios agentes encubiertos en la organización castrense». La información es, asimismo, confirmada por Douglas Bravo (2017).

En la academia se preparaba un terreno y, en la calle, las fuerzas políticas de izquierda empuñan fuertemente sus plumas en contra del gobierno democrático de Rómulo Betancourt. El presidente, decidido a mantener la democracia, así sea por la fuerza, empezó a radicalizar la defensa del sistema institucional en el país y así surgieron las bandas armadas de Acción Democrática (Moleiro, 1978).

El descontento, en todos los sectores, crece. La izquierda, a través de mítines y reuniones en las que elogiaban continuamente al régimen de Castro, empieza a agitar el escenario político. Ya el Plan de Emergencia —programa gubernamental de trabajo temporal— aplicado por Wolfgang Larrazábal, durante la transición, había sido derogado. En ese entonces, según dice Douglas Bravo (2017), «doscientos mil hombres sacó a las calles Betancourt». Y esos doscientos mil «salieron a manifestar» (Bravo, 2017).

A cada manifestación en contra de Betancourt acudía la izquierda para capitalizarla. Caracas, ya desde mediados de los sesenta, «estaba insurreccionada contra Betancourt» (Bravo, 2017). Y, a raíz de ello, el Gobierno también tuvo que acudir a medidas especiales para salvaguardar la magullada democracia.

«Las bandas armadas de AD allanan liceos, golpean a quienes difunden y venden el semanario *Izquierda* (órgano del MIR), y adelantan acciones punitivas. El 8 de septiembre de 1960 —cuando el MIR se definía como "alternativa constitucional" y el PCV no cuestionaba el orden político establecido— dichas bandas asaltan el sindicato de obreros petroleros de Lagunillas, matan a un dirigente sindical y dejan veinte heridos», relata Moisés Moleiro en *El partido del pueblo* (1978).

Betancourt empezaba a dejar claro que no iba a tolerar intentos de desestabilizar la democracia en el país. Y dentro de esta postura estaba la decisión de mantener al margen al régimen de Castro, que ya estaba estableciendo el autoritarismo en la isla.

Ese mismo año, el dirigente del Movimiento de Izquierda Revolucionaria, Simón Sáez Mérida, viajó a La Habana. Luego, en julio, se llevó a cabo un ataque a la catedral de Caracas en el que, presuntamente, los autores estaban relacionados con el régimen de Fidel en Cuba. Posteriormente, el 26 de julio de 1960, el diplomático cubano Guillermo León Antich encabezó una manifestación en Caracas, según señala el historiador y exiliado exministro de Relaciones Exteriores de Cuba, Juan Benemelis (2003).

León Antich era el embajador de Cuba en Venezuela ese año. Unas semanas después de haber llevado a cabo la manifestación en la capital venezolana, el 24 de agosto de 1960, fue descubierto entregando 400 mil US$ a la oposición de Rómulo Betancourt (Riera, 1966). Luego, León Antich fue expulsado por Betancourt debido a la «instigación, agitación y subversión contra su régimen» (Dubois, 1963).

Llegando a finales de 1960, un año sumamente agitado en el país, la izquierda radical venezolana —representada en facciones del partido Unión Republicana Democrática, en el MIR y en el PCV—, asumió posiciones mucho más extremistas. Y Betancourt respondió igual.

«Hasta octubre de 1960 inclusive, cuando nadie pensaba todavía en derrocar al gobierno por la fuerza, han sido asesinados varios venezolanos», escribe Moleiro (1978), quien sugiere en su libro que el Ejecutivo es responsable. Pero la realidad es que la tensión política se había visto marcada por disturbios. Todo ello provocaba escaramuzas que iban escalando hasta que ese mismo mes, octubre, inició una fuerte ola de manifestaciones que se conocieron como El Popularazo.

Las protestas duraron casi noventa días. Las fuerzas de seguridad fueron convocadas por Rómulo Betancourt para «aplastar un levantamiento, diseñado para establecer un régimen similar al existente en Cuba», como escribe el periodista e historiador británico Richard Gott en su libro *Guerrilla movements in Latin America* (1970). El MIR y el Partido Comunista fueron señalados por el presidente de estar detrás de los disturbios. Inmediatamente las garantías constitucionales fueron suspendidas y empezó, de esa manera, «la persecución y el hostigamiento a quienes adversaban al gobierno de Betancourt» (Moleiro, 1978).

Pero el presidente tenía razón. De hecho, en un artículo publicado en el diario *El Nacional*, el dirigente del Partido Comunista y diputado, Teodoro Petkoff, llamó al pueblo de Venezuela a rebelarse en contra de la administración adeca. Aunado a ello, el MIR publicó en noviembre un editorial en su semanario *Izquierda*, en el que convocó a protestar a los caraqueños. El presidente no perdonaría a Petkoff y, como consecuencia de los disturbios en Caracas que duraron tres meses, al diputado le levantaron su inmunidad parlamentaria para ser detenido y enviado a prisión. Asimismo, no solo Betancourt fijó una posición severa contra los comunistas y los miembros del MIR. A raíz de las fuertes protestas, la Confederación de Trabajadores de Venezuela decidió expulsar a varios dirigentes del Partido Comunista. «Era evidente que Betancourt no iba a ceder. La única forma de tener presencia política parecía, en ese momento, que era a través de la lucha armada», precisa Douglas Bravo al respecto (2017).

A EMPUÑAR LOS FUSILES

En noviembre de 1960, en medio de fuertes disturbios antigubernamentales, la policía de Venezuela detuvo a dos cubanos: Francisco Chacón y Natalio Perna, quienes, presuntamente, formaban parte de las fuerzas de seguridad secretas del régimen de Fidel Castro. Luego, en diciembre, un cargamento de armas que provenía de la isla fue descubierto (Benemelis, 2003). Sería el primero de muchos intentos de introducir armas en Venezuela.

Termina 1960. Ya para el momento la embajada de Cuba en el país, con su influencia, agita el panorama político. Según cuenta el historiador cubano, Juan Benemelis (2013), «el 11 de enero de 1961, en plena Sierra Maestra, Castro consumó una reunión confidencial con un conglomerado de dirigentes latinoamericanos, para analizar la forma de precipitar una cruzada bélica en todo el continente, partiendo de un foco venezolano».

Ya Castro había hablado, anteriormente, de propagar la revolución por el continente. No era un secreto que lo buscaba, y lo seguiría señalando en cada discurso. Y, unos meses atrás, Ernesto Che Guevara había logrado publicar su obra *Guerra de guerrillas*. Sería, como se esperaba, leída con mucho interés por la izquierda venezolana. Un libro en el que se expone la estrategia adecuada para lograr el poder con las armas y desde las montañas. Son instrucciones que luego serían estrictamente acatadas.

El 23 de enero de ese año, 24 meses después de la visita de Castro al país y 36 meses después del derrocamiento de Marcos Pérez Jiménez, entró en vigor una nueva Constitución que había sido aprobada por el Congreso, unos días antes. Ese día, por lo tanto, quedó derogada la suspensión de garantías de Rómulo; pero el Gobierno no iba a ceder: la misma noche del 23 de enero, la administración adeca emitió otro decreto, parecido, en el que se mantuvo el estado de excepción en Venezuela.

Era evidente que esos decretos estaban enfocados en mantener a fuerzas políticas como el MIR y el PCV controladas, por lo que el gobierno de Betancourt obligaba a los partidos radicales de izquierda a «persistir en los planes de fomentar una insurrección revolucionaria» (Velásquez, 1993). Parte de la dirigencia de estos partidos no quería llegar hasta ese punto —en su mayoría los líderes del PCV, ya que el MIR sí era un movimiento mucho más radical que abrazaba completamente la idea de la lucha inspirada en Cuba—. El mismo dirigente del PCV y diputado Pompeyo Márquez lo señala en un discurso en el Congreso: «Al final del camino que transita el Gobierno, no se ve sino una guerra civil» (Velásquez, 1993).

La hostilidad y defensa a ultranza de la democracia por parte del gobierno de Betancourt forzaba a los partidos de izquierda a asumir alternativas de participación política y a tener modelos paradigmáticos que se alejan de la senda democrática. En marzo de 1961 el Partido Comunista de Venezuela llevó a cabo su III Congreso nacional. Ahí se esgrimió: «Una pequeña isla nos está señalando el camino que habremos de recorrer los pueblos latinoamericanos» (Limón, 1971).

El PCV empezaba a adoptar abiertamente la necesidad de emular la lucha emprendida por el Movimiento 26 de Julio, pero en Caracas. Ya no solo era Fidel un ejemplo de heroicidad para la región, sino que representaba una batalla que debía ser guerreada igualmente en Venezuela.

Ciertamente, en el III Congreso aún no se expresaba la necesidad de asumir la violencia como medio para lograr la salida de Betancourt y la dirigencia se mostraba mucho más escéptica y moderada con respecto a esta alternativa; pero la militancia más joven del partido no coincidía con este concepto. Para algunos comunistas ya era el momento de abrazar la lucha armada y empuñar los fusiles.

¡Fidel, Jruschov, estamos con los dos!

«Si salgo, llego; si llego, entro; si entro, triunfo»
Palabras de Fidel antes de zarpar en 1956 en el yate
Granma a Cuba

En mayo de 1960, la Cuba de Fidel Castro, donde impera un régimen que se va imponiendo de forma arbitraria, había reanudado relaciones con la Unión Soviética. Fueron interrumpidas por Fulgencio Batista, quien se cuadró, por la Guerra Fría, con las potencias de Occidente.

En Europa Oriental, Nikita Jruschov, primer secretario del Comité Central del Partido Comunista de la Unión Soviética, dirige un régimen autoritario. El comunismo se había impuesto hace ya bastante; y el nuevo líder, a pesar de un presunto proceso de desestalinización, alargaba la agonía socialista de sus gentes.

Ciertamente, luego de la muerte de Iosif Stalin, en marzo de 1953, la Unión Soviética padeció un proceso gradual que terminó disminuyendo la opresión en el Estado federal marxista-leninista. El totalitarismo soviético menguaba. Al respecto, señala la imprescindible pensadora Hannah Arendt en su obra *Los orígenes del totalitarismo* (1974):

«El más claro signo de que la Unión Soviética ya no puede ser denominada totalitaria en el sentido estricto del término es, desde luego, la sorprendentemente ligera y rápida recuperación de las artes durante la última década. En realidad, los esfuerzos por rehabilitar a Stalin y por detener las crecientes demandas orales de libertad de expresión y de pensamiento entre estudiantes, escritores y artistas se repiten una y otra vez, pero ninguno de ellos ha tenido éxito ni es probable que lo tenga sin un completo restablecimiento del terror y de la dominación policíaca. Es indudable que al pueblo de la Unión Soviética le son negadas todas las formas de libertad política, no solo la libertad de asociación, sino la libertad de pensamiento, de opinión y de pública expresión».

Stalin murió y la Unión Soviética empezó a abrirse; pero como señala Arendt, las libertades jamás volvieron. El autoritarismo cruel imperaba todavía. Nikita Jruschov lo mantuvo firmemente y con ellos empezó a coquetear Fidel Castro.

Para inicios del año 1960, «la Revolución no era comunista. La inmensa mayoría de los cubanos eran contrarios a la sociedad comunista, y Castro sabía que debía obrar con cautela para evitar la injerencia de Estados Unidos» (Foss, 2007). No obstante, unos meses atrás, ya Fidel Castro había logrado acercarse al Estado comunista ruso: un agente de la KGB viajó a La Habana y se reunió con Camilo Cienfuegos y el líder de Movimiento 26 de Julio, en octubre de 1959.

Luego, unos tres meses antes de la reanudación oficial de relaciones, «el viceprimer ministro de la Unión Soviética, Anastas Mikoyan, llegó a La Habana para inaugurar una feria de muestras a la que asistiría un millón de cubanos» (Foss, 2007). Los lazos se empezaban a estrechar entre el régimen revolucionario de la isla y el autoritario soviético. Mientras, Castro se blindaba militarmente frente a inminentes ataques, debido a las peligrosas relaciones. Solo en 1960 las Fuerzas Armadas Revolucionarias cubanas lograron captar 200 mil hombres nuevos.

En marzo de ese año un buque proveniente de Europa, el vapor francés La Coubre, que contenía armamento para la Revolución, explotó en el puerto de La Habana. El saldo fue dramático: 101 muertos. Inmediatamente Castro responsabilizó a Estados Unidos por el presunto sabotaje y, luego, durante el discurso de las honras fúnebres de las víctimas de la explosión, Fidel esgrimió la frase que se convertiría en estandarte de su revolución: «(…) Sabremos vencer cualquier agresión, y que nuevamente no tendríamos otra disyuntiva que aquella con la que iniciamos la lucha revolucionaria: la de la libertad o la muerte. Solo que ahora libertad quiere decir algo más todavía: libertad quiere decir patria. ¡Y la disyuntiva nuestra sería patria o muerte!» (Castro, 1960).

Luego, el primero de mayo, por la fiesta de los trabajadores y siete días antes de reanudar oficialmente las relaciones con la Unión Soviética, se dio un desmesurado desfile en La Habana. «Soldados y civiles desfilaron todo el día ante el líder y los delegados de la URSS, China y los países de Europa del Este. Asistieron muchos trabajadores, porque les habían advertido que la ausencia sería considerada contrarrevolucionaria. El largo discurso de Fidel incluyó el siniestro anuncio de que ya no eran necesarias las elecciones tradicionales, porque la Revolución estaba en el poder por voluntad de los cubanos, y ya no era necesario formalizar la unión» (Foss, 2007).

Castro tenía solo un año y unos meses en el poder y ya se había encargado de eliminar completamente cualquier vestigio de democracia en la isla. El Estado de derecho había mermado; las libertades políticas igual. Pero ahora Fidel anunciaba, claramente y frente a miles de ciudadanos, que aquella acción cívica del voto no tendría lugar dentro de la revolución. Pero no hubo rechazo. La dilapidación oficial y explícita de la democracia fue aplaudida por el pueblo cubano.

Ese mismo mes —a pesar de que Fidel se jactaba de regir un Estado abiertamente democrático, porque existía una presunta libertad de prensa—, el periódico más antiguo de la isla, el *Diario de la Marina*, fue clausurado luego de que un grupo de civiles armados asaltó las oficinas. Dos semanas después cerró el último diario independiente que quedaba. Decía el pensador francés Alexis de Tocqueville, en su obra *La democracia en América* (2010): «Confieso que no profeso a la libertad de prensa ese amor completo e instantáneo (...) La quiero por consideración a los males que impide, más que a los bienes que realiza». Fidel tenía razón, la libertad de prensa es el último bastión que le queda a las democracias para subsistir; pero ahora también había desaparecido.

A mediados del año 1960, inició el éxodo cubano: «Tras las primeras ejecuciones, los disidentes tuvieron la posibilidad de marcharse (aunque sin sus objetos de valor). Los primeros días de la Revolución, conocieron un éxodo sin precedentes de las clases medias y altas; las nacionalizaciones, las expropiaciones, las restricciones nunca vistas y los crecientes problemas económicos hicieron que muchos hombres de negocios, médicos, abogados y otros posibles adversarios abandonaran el país, con un amargo resentimiento» (Foss, 2007).

Castro se estaba encargando de acabar con cualquier disidencia política sin la necesidad de recurrir al asesinato masivo. Ya se habían dado ejecuciones, pero funcionaron como advertencias para todo aquel que planease blandir alguna actitud contrarrevolucionaria.

Finalizando la primavera, se detonó otro incidente que marcaría nuevamente la hostilidad entre las relaciones con Estados Unidos y el acercamiento a la Unión Soviética. El 29 de junio, un cargamento de petróleo proveniente del Estado comunista ruso necesitaba ser procesado, por lo que el Che pidió a las compañías estadounidenses refinarlo. Texas Oil Company, Shell y Esso se negaron y, en consecuencia, el régimen cubano decidió nacionalizar las empresas. A partir de ese momento Castro afianzó considerablemente los lazos con la Unión Soviética; y con Estados Unidos ocurrió lo contrario.

Con las semanas, la represión y el control político se acentuaban en la isla. Fueron creados comités, cuyo fin era únicamente vigilar y dominar a la población. La policía secreta crecía, al igual que la antipatía contra propiedades estadounidenses en Cuba. Se dieron cientos de expropiaciones, hasta que el 13 de octubre el presidente Eisenhower decidió hacer algo al respecto: «Prohibió todas las exportaciones estadounidenses, salvo los medicamentos. Había comenzado el bloqueo» (Foss, 2007). Y la libertad económica, entonces, también desaparecía.

La Revolución Cubana era dogmática. Ya se presentaba como intolerante; pero aún no había certeza sobre cuál era la doctrina ideológica en la cual se erigía el castrismo. Incluso, el mismo Nikita Jruschov, durante un encuentro con el líder revolucionario, señaló: «No sé si Fidel es comunista, pero yo soy "fidelista"». No obstante, toda duda quedaría aclarada a finales del próximo año.

El 22 de diciembre de 1961, Fidel Castro celebró una concentración en la Plaza José Martí, en La Habana. Allí proclamó a Cuba una nación libre de analfabetismo y pronunció un emblemático discurso, en el que esclarecería cualquier incertidumbre sobre las intenciones de la Revolución Cubana:

«(...) Y esta victoria, esta victoria extraordinaria, ganada por nuestro pueblo en medio de bloqueos y de agresiones, ¡eso es socialismo! Ese entusiasmo del pueblo, esa presencia de las masas, esa firmeza de las masas, esa decisión y ese valor de las masas para combatir y para defender la patria, ¡eso es socialismo!».

«¡Esa capacidad de crear, ese sacrificio, esa generosidad de unos hacia otros, esa hermandad que hoy reina en nuestro pueblo, eso es socialismo! Y esa esperanza, ese gran mañana, ¡eso es socialismo! Y por eso, ¡somos socialistas! Y por eso, ¡seremos siempre socialistas! ¡Por eso somos marxistas-leninistas! ¡Y por eso seremos siempre marxistas-leninistas! ¡Y por eso es el pueblo, son las masas las que levantamos la mano y decimos, y repetimos que somos y seremos marxistas-leninistas! (...) (Castro, 1961)».

Esa oscura confesión de Castro sería lo que condenaría el destino de la isla. Y fue ovacionado con alegría, bajo el grito de: «¡Fidel, Jruschov, estamos con los dos!» (Castro, 1961).

Betancourt, la doctrina y la avidez devoradora por el petróleo

Antes de la revelación abierta de Castro como comunista, el 20 de enero de 1961, asumió como presidente de Estados Unidos el joven demócrata John Fitzgerald Kennedy. Entró al liderazgo mundial retando a los estadounidenses: «No preguntes qué es lo que tu país puede hacer por ti; pregunta qué es lo que tú puedes por tu país». Y llegó, también, renovando y dando frescura a la política nacional. La noticia de su victoria fue bien acogida por la comunidad internacional. Y en la región fue percibida con agrado, particularmente, por Rómulo Betancourt. Dos años atrás el presidente venezolano había prometido, durante su discurso de juramentación, lograr una coalición regional que lograra repeler con efectividad cualquier autoritarismo; ahora había conseguido un potente aliado contra «el enemigo común» (Kennedy, 1961).

Betancourt, agudo, sabía bien que, frente a las inminentes amenazas a su gobierno, la Casa Blanca, ahora con un ocupante abiertamente anticomunista, era un espacio al que debía acercarse. Por ello, el 15 de marzo de 1961, envió una carta desde Miraflores al presidente Kennedy:

«He tenido ocasión de leer su discurso en la Casa Blanca ante los representantes de gobiernos latinoamericanos, el día 13 de marzo de 1961. Ese mensaje afirmativo y desbrozador de un camino hacia la mayor comprensión y entendimiento interamericano fue dicho precisamente dos días después de haber cumplido yo con la obligación constitucional de presentar ante el Congreso de la República de Venezuela mi mensaje anual.

En ese documento dije, con diáfana sinceridad, que sus primeros pasos como gobernante de Estados Unidos eran indicios de una rectificación de rumbos en la conducta estadounidense hacia América Latina (…) son reveladoras cómo hombres de gobiernos democráticos de este continente estamos dispuestos a adoptar una actitud receptiva y de responsable optimismo, cuando en la Casa Blanca se comienza a hablar un lenguaje que no se escuchaba desde los días de Franklin Delano Roosevelt (…) Es necesario demostrarles a los pueblos cómo los regímenes de derechos y respetuosos de las libertades humanas no solo son más convenientes para la dignificación de la sociedad, sino también para el rápido comienzo de solución de sus agobiantes problemas colectivos (…) Quiero destacar de su mensaje la parte en que tan explícitamente hace referencia a la necesidad de que imperen en todos los pueblos de América sistemas de gobierno, garantizadores de las libertades públicas (Betancourt, 1967)».

En esa misma carta, el presidente venezolano anunció a Kennedy que presentará en Quito un «proyecto de tratado adicional, en el cual se precise y defina que solo gobiernos de ese carácter [democráticos y que garanticen libertades] pueden formar parte de la comunidad regional» (Betancourt, 1967). Ese esfuerzo del presidente venezolano, de formar alianzas con el fin de repeler cualquier intención de autoritarismo en América, sería luego conocido como Doctrina Betancourt.

Pero a Betancourt le preocupaba un régimen en particular. Desde la reunión con Castro, había quedado intranquilo. Luego se daría cuenta de la eficiencia de su sagacidad política. El creciente autoritarismo en la isla y los vínculos evidentes entre el régimen cubano con la izquierda radical venezolana, confirmarían a Betancourt que Fidel Castro era, en efecto, una peligrosa amenaza para la estabilidad republicana de Venezuela.

Años después, en su libro *Hacia una América Latina democrática e integrada* (1967), el presidente venezolano expondría su antipatía por la Revolución Cubana. Pero, además, señalaría abiertamente la necesidad de combatirla: «Esa actitud ante los gobiernos de facto fortalecerá a la comunidad interamericana para enfrentar al otro reto que tenemos planteado como continente. Me refiero al del establecimiento de una cabecera de puente soviética en la Cuba comunista de hoy».

Asimismo, diría: «Necesitamos combatir, utilizando todos los instrumentos jurídicos y de la fuerza del Sistema Interamericano, al régimen comunista de Cuba. Pero debemos hacerlo, para tener el respaldo total y absoluto de los pueblos del continente americano, presentándonos como un bloque unido de gobiernos, en los cuales la única fuente legítima de poder sea el voto» (Betancourt, 1967).

Como señala Consalvi (Hernández, 2016), en enero de 1959 Castro le había declarado la guerra a Venezuela. Ahora Betancourt hacía lo mismo a la isla; pero primero debía ganarle en donde ya se le había infiltrado ideológicamente el Movimiento 26 de Julio: en su propia casa.

Por último, desde la reunión con el líder cubano, el presidente Betancourt tenía una clara noción de por qué Castro tenía interés particular en Venezuela. Consalvi coincide. Cuando Ramón Hernández (2016) le pregunta al historiador: «¿Quería Fidel Castro aprovecharse de la riqueza venezolana desde un principio?», Consalvi le responde que Castro se obsesionaría por el petróleo venezolano. Y, asimismo, espeta Betancourt: «Es una opinión muy difundida que el petróleo despierta las peores pasiones, hace nacer en los hombres de negocio una avidez más devoradora que la pasión del oro, e incita a los hombres de Estado a seguir designios maquiavélicos» (Consalvi, 2004).

Una nueva forma de lucha: la lucha armada

Aunque en el III Congreso del Partido Comunista, de marzo de 1961, los jóvenes no lograron forzar a todo el partido a abrazar la lucha armada, ya para entonces parecía ineludible. Los más moderados comprendían que la realidad era arrolladora, por lo que empezaron a ceder.

En una oportunidad, en medio de los disturbios contra Betancourt, a Douglas Bravo le proponen alzarse en armas contra la administración de turno y formar un gobierno de transición que sería encabezado por el rector de la Universidad Central de Venezuela, Francisco De Venanzi. Bravo le participa la idea a la dirigencia comunista, pero no la acepta. Aún los moderados pretendían aguantar lo inminente, pero a mediados del año 1961 ya sería inútil.

El Partido Comunista, según Bravo (2017), «era incapaz de captar el momento histórico». Por lo que el joven dirigente y secretario militar de los comunistas se vio en la necesidad de emprender la lucha armada por su cuenta. Pero Bravo, en realidad, no estaba solo. El dirigente organizó un grupo con el que logró crear el primer foco guerrillero en las montañas de Turimiquire, cerca de Cumaná. En los estados Sucre y Lara nació la guerrilla.

A Bravo lo acompañaron varios dirigentes del PCV, pero también miembros del Movimiento de Izquierda Revolucionaria (MIR) y URD. Al respecto, relata el secretario militar de los comunistas: «El MIR se alía con nosotros. URD no se dividió, pero tenía un sector, casi dividido, que lo encabezaba Fabricio Ojeda. Claro, no tenía la magnitud de la juventud comunista, pero tenía fuerza. Ahí daba apoyo de vez en cuando Luis Miquilena» (Bravo, 2017).

El líder juvenil relata que se empezaron a armar, y esta ayuda la recibían principalmente de militares afectos a la causa de la izquierda radical, y de aquellos que el mismo Partido Comunista había logrado infiltrar: «Teníamos aportes de las Fuerzas Armadas y se empezaron a dar los combates» (Bravo, 2017).

Durante todo el proceso, Cuba fue un norte moral. Y aunque el Partido Comunista estaba dividido con respecto a la adopción de la violencia para derrocar a Betancourt, la influencia de Fidel era inherente a cualquier ala de la fuerza política. También, los radicales no fueron expulsados por los moderados, porque representaban un grupo importante dentro del partido. Es por ello que luego la misma dirigencia, prudente, empieza a ceder.

En consecuencia, la unión entre el Movimiento de Izquierda Revolucionaria (MIR), el Partido Comunista de Venezuela y la fracción de URD, deriva en la conformación de grupos de choque, cuyo fin era generar acciones desestabilizadoras: robos, asesinatos y atentados terroristas. Los civiles armados fueron denominados luego Unidades Tácticas de Combate (UTC).

Sobre eso, el entonces jefe del Distrito Militar que coordinaba las acciones urbanas del Partido Comunista, Rafael Elino Martínez, señala en su obra *Conversaciones secretas* (2013): «Agentes del orden público, soldados y pequeños puestos militares son desarmados casi a diario por los integrantes de las Unidades Tácticas de Combate. Estas operaciones de desarme, tan brillantemente ejecutadas por nuestras guerrillas urbanas, en cumplimiento de las órdenes impartidas por García Ponce, las combinamos con las compras de "hierros" en el país».

La guerrilla crecía con rapidez. Cada vez se sumaban más dirigentes y militantes de los partidos radicales a la lucha armada. «Los cambios no cesan en la organización, es el Partido y la juventud, adaptándose a una nueva forma de lucha: la lucha armada. Pasan algunos muchachos de la dirección parroquial para irse a organismos especializados relacionados con el nuevo "frente militar"», relata el entonces militante comunista Víctor Hugo D'Paola (2014).

DE BAHÍA DE COCHINOS A EXPANDIR LA REVOLUCIÓN

Mientras en Venezuela empezaban a surgir movimientos armados que buscaban desestabilizar al gobierno de Rómulo Betancourt, en Cuba, Castro volvía a enfrentar a la potencia estadounidense —y volvía, de esa manera, a dar un ejemplo de presunta heroicidad.

Al triunfar Kennedy en las elecciones de noviembre de 1960, heredó de su antecesor, Eisenhower, planes para derrocar al régimen de Fidel Castro. Aunque en un principio estaba reacio a la idea de continuar los planes de la Agencia Central de Inteligencia (CIA, por siglas en inglés), terminó decidiendo reanudar el proyecto de acabar con la Revolución Cubana.

Durante varias semanas, el Gobierno estadounidense entrenó en Guatemala y en territorio americano a miles de exiliados cubanos. Con ayuda de la CIA, los ciudadanos de la isla en el exterior se volvieron efectivas máquinas de asesinar. Les dieron armas y equipos especiales.

«La CIA contaba con los rebeldes en las montañas de Escambray. Su misión era llevar al combate a un máximo de soldados y milicia. La fuertemente armada Brigada 2506 atacaría luego a Cuba desde Guatemala. Su objetivo era la ciudad de Trinidad, cerca de Escambray» (Amara, 2016). Ya todo estaba listo para la invasión a la isla. 1334 cubanos exiliados habían sido preparados, y solo estaban esperando la orden; pero Kennedy no la daba.

Finalmente, a principios de abril de 1961, John F. Kennedy aprobó la invasión a Cuba, «pero al presidente la ubicación [Trinidad] le pareció demasiado "espectacular", por lo que en último momento optaron por desembarcar en la menos poblada Bahía de Cochinos, que quedaba aislada por un enorme pantano y que, como ocurrió, Fidel conocía muy bien» (Foss, 2007). Además, Kennedy decidió reducir el apoyo aéreo.

Ya el presidente de Estados Unidos había aprobado el desembarco. Los 1334 cubanos de la Brigada 2506 saldrían a la isla para recuperar su patria. Pero primero atacó por aire: «La madrugada del 15 de abril de 1961, bombarderos B26 pintados con los colores cubanos atacaron los campos de aviación de Cuba, si bien Fidel había escondido antes sus mejores aviones» (Foss, 2007).

«Hay compañeros heridos. Un compañero escribe con su propia sangre el nombre de Fidel, en un pedazo de madera. Una historia inolvidable para los que estuvimos ahí. Y en ese punto ya se sabía que era inminente el ataque», cuenta con respecto al bombardeo el excoronel cubano Victor Dreke (Amara, 2016). Y la invasión, como señala el excoronel, ocurrió dos días después.

En la mañana del 17 de abril, tres barcos partieron hacia Cuba. Adentro estaban los 1334 exiliados de la Brigada 2506. Iban entusiasmados y decididos a triunfar. La derrota, según señalan ellos mismos, era impensable (Amara, 2016). Pero la situación se les salió de control.

«En ese momento, teníamos suficientes explosivos como para haber volado puentes de camino a Playa Girón [donde se encontraba Bahía de Cochinos]. Eso significaba que habríamos podido retrasar mucho una gran cantidad de soldados de Castro. Pero para cuando la invasión se hizo, no nos dijeron nada», relata el entonces agente de la CIA, Félix Rodríguez (Amara, 2016).

Los exiliados lograron desembarcar en Bahía de Cochinos con éxito. Fueron recibidos por soldados de Fidel Castro y se dio una intensa batalla. Pero luego, el líder revolucionario logró controlar la situación.

«(...) Fueron sorprendidos [los exiliados] por un ataque aéreo. Fidel animó personalmente a los pilotos y corrió al escenario. Con sus buques de carga hundidos, los invasores quedaron atrapados y se rindieron al cabo de dos días de intenso combate. Las armas y los tanques soviéticos, la milicia y la lealtad de la población habían vencido» (Foss, 2007). Castro triunfó. A pesar de las pérdidas notables (al menos 4 mil combatientes cubanos asesinados), la revolución había logrado impedir la invasión y la victoria de una operación organizada por el Gobierno de Estados Unidos.

Kennedy tuvo que asumir su fracaso. Norteamérica no solo perdía, sino que se enlodaba internacionalmente por un intento de ocupación. Por otro lado, ahora Castro podía empuñar con gloria y soberbia la anulación del ataque. Obtuvo legitimidad y sumó respaldos a su causa. Su pueblo, de igual manera, lo exaltaba por el logro.

«Esta flagrante humillación causada a Estados Unidos aún se recuerda a los visitantes, por una valla publicitaria con la leyenda: "Aquí derrotamos por primera vez al imperialismo yanki"» (Foss, 2007).

Y, además, Castro aprovechó la embriaguez por el triunfo para avanzar y terminar de aplastar a su oposición en la isla.

A los rebeldes que quedaban en las montañas, los terminó de eliminar. Emprendió, al mismo tiempo, algunas ejecuciones públicas, excusándose en el intento de desestabilización. Eso derivó en que la población escéptica se intimidara por completo. A las iglesias, por último, también las silenció. Pero no solamente en la isla hubo secuelas del intento de invasión. La contundente victoria de Castro también le dio fuerza para acentuar su propósito de expandir la revolución.

Operación Livia Gouverneur

A pesar de que el éxito en Bahía de Cochinos permitió a Castro obtener apoyos considerables y profundizar su autoritario régimen, las acciones ejecutadas a raíz del ataque —los fusilamientos y el aplastamiento de la disidencia— produjeron que el rechazo por parte de los escépticos a la revolución aumentara.

En Venezuela, particularmente, eso se pudo percibir. La simpatía de la población del país latinoamericano por el régimen cubano disminuyó considerablemente. Y eso se vio representado en la percepción sobre las fuerzas políticas venezolanas, cuyo norte moral era Fidel Castro (Gutiérrez, 2014). Los militantes, entonces, del Partido Comunista, se redujeron de forma sustancial. El informe *National Intelligence Estimate* (NIE) de la CIA del año 1961 sobre Venezuela, señala que «una amenaza seria a la estabilidad política ha surgido de la minoría de la extrema izquierda, la cual, a finales de 1960, ha unido a su militancia en contra de Betancourt. El núcleo duro de esta oposición ha provenido del PCV, el cual aún está entre los mayores de América Latina, a pesar de que su militancia se ha reducido a 30 mil desde su mayor pico en 1958, de 40 mil» (Director of Central Intelligence, 1961).

Debido a la radicalización de La Habana, y al rechazo de la sociedad venezolana a cualquier fuerza política que se liase con Fidel Castro, en el gobierno de Betancourt aumentó el repudio y la firmeza frente a la revolución autoritaria que se había erigido en Cuba: exigió el cese de los fusilamientos.

Por la radicalización del régimen cubano, por la reticencia de Castro a permitir la discrepancia política en la isla y debido a los intentos de interferir con la política nacional, «el 11 de noviembre de 1961, el gobierno de Venezuela rompió relaciones con el régimen de Castro» (Riera, 1966). Esta decisión de la administración de Betancourt fue ampliamente respaldada por los principales partidos del Pacto de Puntofijo, Acción Democrática y Copei; no obstante, como explica Ramón J. Velásquez (1993), URD, el PCV y el Movimiento de Izquierda Revolucionaria expresaron, en ese momento, su disconformidad con la medida.

Pero poco le importaba a Betancourt lo que pensaran esas fuerzas políticas. Ya prácticamente se había declarado una guerra entre el Gobierno y la izquierda radical venezolana. De hecho, ese mismo noviembre de 1961, el Partido Comunista de Venezuela secuestró un avión para dispersar propaganda sobre Caracas. El acto criminal sería conocido como Operación Livia Gouverneur. Al respecto, se lee en un artículo del diario *Correo del Orinoco* (2012): «(...) 5 liceístas caraqueños —a quienes luego se le conocerán como Los Aguiluchos— secuestraron avión DC-6 de Avensa que viajaba hacia Maracaibo con 41 pasajeros, y desde el cielo cubrieron a Caracas con una profesa lluvia de consignas de protesta. Se había consumado la Operación Livia Gouverneur, una de las acciones de propaganda más impactantes, llevadas a cabo por las fuerzas revolucionarias».

Unos días después, como se mencionó, Castro confesaría su tendencia ideológica en un emblemático discurso. Eso, de forma inminente, acentuaría las relaciones entre los comunistas venezolanos que quedaban y la —ahora rechaza por los venezolanos— Revolución Cubana.

El Frente José Leonardo Chirinos: la guerrilla se fortalece

Al terminar el año 1961 la situación no es alentadora para el Gobierno de Rómulo Betancourt. Debido a su decisión de romper las relaciones con el régimen de Castro en Cuba, debe encarar fuertes disturbios, provocados por los ciudadanos afectos a la izquierda radical. Pero, además, el presidente tuvo que confrontar otra escisión que amenazaba la estabilidad de su partido.

«(…) Se produce una nueva crisis en el partido del pueblo: el Grupo ARS rompe con la vieja guardia y reclama el nombre de AD, alegando razones estatutarias. Su fundador, Ramos Jiménez, declara: "Solo sabemos que el señor presidente quiere terminar su período constitucional y entregar los símbolos de mando a otro venezolano electo por el pueblo. Es una legítima aspiración… Pero que no puede constituir la única ni la máxima aspiración de un país que en sus sectores obreros y campesinos espera realizaciones mucho más concretas y profundas"; más adelante declara que no hay "declaradas diferencias doctrinarias" entre ARS y la vieja guardia (ahora Acción Democrática-oposición y AD-gobierno)», escribe Moisés Moleiro (1978).

Se había dado otro cisma relevante. El ala de Acción Democrática denominada Grupo ARS se salía del partido. Esto deriva en un fuerte golpe al control de Rómulo Betancourt sobre su propia fuerza y le resta, además, capacidad de desenvolvimiento en el campo político.

Señala al respecto Moleiro (1978): «El proceso es grave, no solamente porque el gobierno pierde la mayoría en la Cámara de Diputados, sino porque los miembros de ARS no pueden ser tildados de comunistas. Son profundamente apegados al programa originario de AD y aparecieron ante la militancia, acusando a la izquierda, hace poco más de un año».

«Pero Betancourt sigue adelante: gobierna casi siempre con las garantías constitucionales suspendidas, toda la oposición progresista se ha organizado en su contra y la "lucha armada" se adelanta sin pausa», continúa Moleiro en su libro *El partido del pueblo* (1978).

El presidente no está contento con lo que ocurre. Quiere actuar y lo hace. El gobierno adeco empieza a allanar comercio, locales y hogares de militantes del Partido Comunista y del MIR. Aunque no puede ir contra ARS, aprovecha para embestir a sus otros enemigos.

Es por lo que, aunado a los ánimos del momento, Betancourt también decide actuar contra el régimen de Castro —que hace poco se había declarado marxista-leninista—. La administración adeca decide plantear entonces, junto con otros gobiernos del hemisferio, la expulsión de Cuba de la Organización de los Estados Americanos (OEA).

El presidente venezolano decidió mostrar en la VIII Cumbre de la OEA evidencia del intento de desestabilización de su Gobierno por parte de Fidel Castro. Eso, coordinado con los fusilamientos y la reciente confesión, derivó en que el 31 de enero de 1962 la OEA, reunida en Uruguay, aprobara la incompatibilidad del régimen marxista-leninista con el Sistema Interamericano (Martín, 2013).

Frente a lo sucedido en la organización, el líder revolucionario de la isla proclama la Segunda Declaración de La Habana. El 4 de febrero de 1962, Fidel Castro ofrece un discurso en la Plaza de la Revolución al pueblo cubano. Ahí aprovecha para responder a los gobiernos del hemisferio, que lo condenaron en el Sistema Interamericano: «(...) la OEA no es más que un ministerio de colonias yanquis; un bloque militar contra los pueblos de América Latina» (Castro, 1962).

Y Kennedy, quien aún padecía los estragos de la amarga derrota en Bahía de Cochinos, decide acentuar sobre la isla, tres días después, un embargo que yermará a Cuba por décadas.

Mientras, en Venezuela los disturbios no paran. Las Unidades Tácticas de Combate atizan con determinación las embestidas al sistema democrático de la nación. Robaban bancos, secuestraban, asesinaban policías, quemaban autobuses y automóviles. De forma progresiva, el brazo armado de los partidos de la izquierda radical se empezó a convertir en una asociación terrorista. Y todo con el aval y respaldo directo de Cuba.

«El 17 de febrero de 1962, el diputado comunista Radamés Larrazábal regresó a Caracas, procedente de La Habana, con un cargamento de uniformes, insignias y medallas rusas, así como una considerable cantidad de armamentos», señala la experta en inteligencia cubana Pepita Riera (1966). Por su parte, los insurgentes venezolanos, ahora apadrinados por la Revolución Cubana, afianzan su intención de tomar el poder por las armas. A principios de año, amenazan al Gobierno con ir asesinando policías cada día, hasta lograr que Betancourt diera su brazo a torcer (Gutiérrez, 2014).

Ese mismo mes, un campamento guerrillero es descubierto en Turimiquire. Varios combatientes son detenidos y, en paralelo, aumenta el rechazo de la sociedad civil al Movimiento de Izquierda Revolucionaria, al Partido Comunista y a la fracción radical de Unión Republicana Democrática (URD).

Pero la lucha armada solo estaba iniciando. Y en otras regiones del país se empezaban a establecer focos del movimiento insurgente. Al occidente de Venezuela, en Maracaibo, Portuguesa y en el estado Mérida ya los combatientes del MIR y el PCV contaban con bases de operaciones para principios de 1962. Particularmente en el último señalado, el estado andino, en La Azulita, se asienta el comunista Argimiro Gabaldón, empuñando la consigna: «Luchar hasta vencer» (Aporrea, 2014).

Luego, Argimiro se traslada a Lara, en donde establece el Frente Simón Bolívar en el municipio Morán —este frente sería, posteriormente, uno de los más importantes de la lucha armada—. En Portuguesa, Pedro Cassiram, del Partido Comunista, funda el Frente José Antonio Páez.

Pero fue después cuando se funda el principal y más cruel foco guerrillero del país. Douglas Bravo, Luben Petkoff y su hermano Teodoro; Elías Manuitt Camero y el comunista Alí Rodríguez Araque (o comandante Fausto) deciden establecer en el occidente del país, en las montañas de Falcón, el Frente José Leonardo Chirinos: «La guerrilla se fortalece» (Bravo, 2017).

El brazalete tricolor: Carúpano y Puerto Cabello

Inició la lucha armada en Venezuela. Se alzaba la guerrilla e instalaba frentes en varias partes del país. Uno más armado, organizado y cruel que el otro. Pero mientras, en las Fuerzas Armadas, particularmente en la Academia Militar, también había movimiento.

Ya se ha mencionado el escurrimiento por parte del Partido Comunista en las Fuerzas Armadas Nacionales. El mismo Douglas Bravo (2017) reconoce ampliamente que, incluso desde antes de la caída de Marcos Pérez Jiménez, los militares colaboraban activamente con los comunistas.

Un par de años antes de la conformación del Frente José Leonardo Chirinos, entró a la Academia Militar un personaje que, posteriormente, adquirirá relevancia: Ramón Santeliz Ruiz. Al mismo tiempo, se estaban formando otros sujetos: Fernando Ochoa Antich, Alexis Sánchez, Ítalo del Valle y Carlos Julio Peñaloza. Señala la abogada e investigadora Thays Peñalver, en su libro *La conspiración de los 12 golpes* (2016): «Cuando todos estos muchachos ingresaron a las respectivas academias, las Fuerzas Armadas estaban en pie de guerra contra la recién nacida democracia, principalmente porque los militares venezolanos nunca habían vivido, ni entendido, ni respetado la democracia, y, en segundo lugar, porque el Partido Comunista se había infiltrado ahí hasta la médula».

De hecho, el mismo Peñaloza dice sobre su estadía en el cuartel Urdaneta, Caracas, durante ese tiempo, los primeros meses del año 1962: «(…) Conocí al capitán Elio García Barrios, quien comandaba una compañía del Batallón Blindado Bermúdez. Este oficial manifestaba abiertamente su fervor por Fidel. En ese cuartel había además un grupo de capitanes y tenientes, que también alababan al cubano. Aunque eran minoría, a mí me pareció raro que hubiese tantos izquierdistas juntos en un cuartel del Ejército. Eso no podía ser accidental» (Peñaloza, 2014).

Cada vez la situación del país se hacía más tensa. Betancourt ya no solo debía controlar disturbios populares en zonas de Caracas, sino que ahora tenía a todo un grupo armado, de carácter terrorista, alzado en su contra. Los robos, asesinatos y secuestros, cuyo fin era enviar un mensaje a la administración adeca, eran cada vez más comunes. Y, por otro lado, enfrentaría un inminente quiebre, proveniente del sector castrense.

«Hacia la noche del 4 de mayo de 1962 se alza contra el gobierno de Betancourt el Batallón de Infantería Número 3 con base en Carúpano, estado Sucre. El PCV y el Movimiento de Izquierda Revolucionaria (MIR) estaban comprometidos y una vez sometida la intentona golpista, son detenidos en esa importante base naval de oriente unas 400 personas, entre civiles y militares, entre ellos los dirigentes Eloy Torres y Simón Sáez Mérida; miembros de las más altas instancias de dirección de las mencionadas organizaciones», relata el entonces militante comunista Víctor D'Paola (2014).

Los militares se alzaron en Sucre. La Marina y la Guardia Nacional, al mando del capitán Jesús Teodoro Molina Villegas y del teniente Héctor Fleming Mendoza, decidieron empuñar las armas contra el gobierno de Rómulo Betancourt. Pero no pudieron, a pesar de que lograron con éxito dominar gran parte de la ciudad, así como la principal emisora y el aeropuerto. La gestión adeca logró controlar el importante intento de golpe de Estado fácilmente. Había sido una humillación para los militares y para los conspiradores comunistas. Pero no desistieron.

Casi exactamente un mes después ocurre otro alzamiento, esta vez en Puerto Cabello. La base naval Agustín Armario se sublevó en contra de la administración. Cuenta el militante comunista D'Paola (2014): «Otros oficiales comprometidos con la insurrección, pertenecientes a la Base Naval asentada en Puerto Cabello, estado Carabobo, al sentirse descubiertos inician, a tan solo 28 días del evento en Carúpano, el 2 de junio de 1962, un alzamiento cívico-militar de mucha mayor envergadura, encabezado por oficiales de alto rango».

Nuevamente Betancourt pudo controlar la situación. No obstante, esta vez los golpistas hicieron más estragos. Lograron bombardear algunos batallones. Enrique Aristeguieta Gramcko (2017), en ese entonces diputado por el partido Copei, señala: «Se pidió ayuda a las Fuerzas Armadas. Los rebeldes estaban, en ese momento, atrincherados en el Fortín Solano con ametralladoras (…) Pero primero se esperó a que la aviación actuara para que los demás batallones entraran. Primero fue necesario acabar con el peligro en el Fortín para luego seguir a controlar todo Puerto Cabello».

Hubo cientos de bajas. Alrededor de 500 insurgentes fueron asesinados por las fuerzas del Gobierno. Durante el incidente, se debe señalar, fue tomada por Héctor Rondón la famosa fotografía del capellán Luis María Padilla, socorriendo a un soldado herido en medio de las calles de Puerto Cabello. El retrato consiguió, en 1963, el Premio Pulitzer. Además de la famosa estampa, son cientos los testimonios sobre aquel día que marcó al país. Pero los comunistas, nuevamente, habían sido humillados.

«Esos alzamientos mostraron poca coordinación y fueron dominados fácilmente. Luego del desastre, Fidel decidió no continuar con la estrategia de Bravo de aliarse con los militares, sino combatirlos frontalmente», apunta el general Peñaloza (2014). Ese año los comunistas habían intentado esa otra alternativa para tomar el poder, pero luego de dos vergonzosas derrotas, ya no era una opción. Quedaban los fusiles y la confrontación directa.

Las intentonas no solo fallaron por la eficacia del gobierno de Betancourt para suprimirlas. De hecho, todo estaba planeado para ser un golpe de Estado realmente amplio, tajante, en el que se alzarían, no solo ciertos batallones, sino todo el país. Escribe Peñaloza (2014) que estaba implicado el vicealmirante Carlos

Larrazábal, quien sería nombrado por los comunistas jefe de una junta de gobierno, una vez conseguido el triunfo. Thays Peñalver (2016) no menciona nada al respecto, pero explica: «De pronto ocurrió la primera delación. Uno de los tenientes coroneles implicados en la toma de Caracas se dio cuenta de que se pretendía no solo la toma del poder, sino la constitución de un gobierno de corte comunista, y se negó a participar en el golpe. Aquello que comenzó como una discusión culminó en una pelea entre las fuerzas del Ejército y la Armada, influenciada sobremanera por el Partido Comunista».

«El teniente coronel, hoy general de brigada de alta responsabilidad dentro del movimiento, ordenó que no se plegaran al movimiento porque era de inspiración comunista», cuenta al respecto el líder de la Armada, Víctor Hugo Morales (Peñalver, 2016).

Las insurrecciones fueron conocidas como El Carupanazo (4 de mayo) y El Porteñazo (2 de junio); y lo que sí fue una inmensa victoria de esta última gesta de rebeldía militar, fue que los rebeldes, portando un brazalete tricolor —que volverá a aparecer exactamente treinta años después, en otra intentona—, lograron liberar a varios guerrilleros presos en el Castillo Libertador.

EL APOYO NO CESA

Los comunistas fueron señalados por Rómulo Betancourt de estar detrás de los intentos de derrocarlo. Por ello «Betancourt suspendió [nuevamente] las garantías, acusó al PCV y al MIR de estar involucrados en la sublevación y decretó la suspensión del funcionamiento de ambos partidos en todo el territorio nacional. Pasamos, por lo tanto, a la más absoluta clandestinidad» (D'Paola, 2014).

Luego de la insurrección en Puerto Cabello, «fueron designados al Cuartel Urdaneta un grupo de oficiales, recién egresados de la Academia Militar. Entre ellos estaban los subtenientes de blindados Fernando Ochoa Antich, Carlos Santiago Ramírez y Ramón Salas Mendoza. Al grupo de Artillería Ayacucho fueron enviados Ramón Guillermo Santeliz Ruiz y Hernán Machado Peraza» (Peñaloza, 2014).

El penúltimo mencionado, Santeliz Ruiz, quien entró a la Artillería Ayacucho, era sobrino del escritor, historiador y periodista de Sabaneta, Barinas, José Esteban Ruiz Guevara. En ese momento, Ruiz Guevara era militante del Partido Comunista y un miembro activo de la lucha armada contra el gobierno de Betancourt. No obstante, lo más notable era su cercana relación con Douglas Bravo, quien se desempeñaba como secretario militar comunista y líder del Frente José Leonardo Chirinos.

En la Academia Militar y en los cuarteles era cada vez más usual la presencia de admiradores de Fidel Castro. Y en Cuba, el líder revolucionario seguía consolidando su régimen autoritario, pero con una relación mucho más estrecha, ahora, con la Unión Soviética.

«En junio de 1962, una delegación de altos cargos soviéticos, que simulaban ser peritos agrícolas, propuso la instalación de misiles en Cuba. Según unas versiones, Fidel se mostró reacio; según otras, primero preguntó por los misiles. En cualquier caso, Raúl se vio con Jruschov en Moscú, en julio, para formalizar el proyecto de ayuda masiva soviética: misiles nucleares con más de 3 mil 500 kilómetros de alcance, cincuenta mil efectivos y asesores, así como acorazados y submarinos» (Foss, 2007).

Ese mismo mes llegó a Cuba todo lo acordado entre Fidel y Nikita Jruschov. Eran misiles balísticos de alcance medio R-6 con poder nuclear, y los instalaría la Unión Soviética en la isla, a pocos kilómetros de Estados Unidos. En poco tiempo empezaría la más tensa crisis que padecería el mundo en su historia contemporánea.

«En octubre, no obstante, se desató la mayor crisis de la Guerra Fría cuando se descargaron misiles atómicos y los aviones espía estadounidenses detectaron que estaban instalando rampas de lanzamiento» (Foss, 2007). Kennedy recibió la noticia de la denominada Operación Añádir y, en consecuencia, anunció al país el 22 de octubre de 1962 que aplicaría un cerco naval a Cuba.

Fueron días tensos. Todos en el momento sabían que un conflicto nuclear era inminente. Estados Unidos amenazaba a Rusia y viceversa. Pero «al cabo de dos días, el mundo entero respiró aliviado cuando los barcos soviéticos que iban a la isla dieron media vuelta» (Foss, 2007). No obstante, los misiles continuaban instalados en Cuba, por lo que Kennedy dio un ultimátum: invadiría la isla e iniciaría, de esa forma, la guerra nuclear; pero Jruschov no quería eso y cedió.

El líder de la Unión Soviética logró negociar con Kennedy la retirada de los misiles de la isla con la condición de que Estados Unidos retirase los suyos de Turquía. Ambos accedieron, pero Fidel jamás se enteró del acuerdo, hasta que se hizo público. Algo que, ciertamente, molestó mucho a Castro.

La tensa situación que había vivido el mundo marcó, también, las relaciones entre Cuba y la Unión Soviética. Asimismo, tuvo un impacto categórico en la lucha armada en Venezuela: «La guerrilla se fortalece, pero lo que la debilita, no es que los soldados nos mataban más gente y nos ganaban más batallas, es otra cosa: la crisis de los misiles», espeta Douglas Bravo (2017).

«La crisis de los misiles, vamos a decirte, se produce porque Kennedy denunció en las Naciones Unidas que Rusia tiene un arsenal atómico en Cuba. Y Fidel, con un cohete ruso, pero no atómico, mandó a tumbar un avión que estaba sobre Cuba. Era la primera vez, desde que se lanzó la bomba atómica en Hiroshima, que estaba planteada una guerra atómica, y esta vez más destructiva, porque ambos bandos tenían poder atómico», apunta el guerrillero (Bravo, 2017).

La situación se tensó porque, según explica Douglas Bravo (2017), «Fidel quería que los misiles se quedaran en Cuba. No lanzarlos, sino que se quedaran. Pero entonces Rusia se compromete, como parte del acuerdo con Estados Unidos, en no dar apoyo ni económico ni logístico a las guerrillas de América Latina. Rusia insistía en que Cuba debía firmar».

A Castro no le gustaba la idea de claudicar en su intento de expandir la Revolución Cubana y de tomar, particularmente, a Venezuela, pero la Unión Soviética fue clara. Ya había llegado a un acuerdo con el presidente Kennedy; pero esto no logrará que el revolucionario cubano desista.

Luego del grave incidente, y de que los frentes guerrilleros conocieran la posición y la orden de la Unión Soviética, Bravo envió a Cuba a un delegado: «Fue un hombre llamado Leonardo Quintana, pero en verdad se llamaba Elisaul Pérez. En ese entonces, el buró del PCV también mandó unos delegados, pero el nuestro fue desde nuestro frente. Y Fidel nos recibió a nosotros, y no al Partido Comunista» (2017). Castro decidió seguir financiando y apoyando a las guerrillas en Venezuela, a espaldas de la Unión Soviética. Y, especialmente, al Frente José Leonardo Chirinos.

Sin titubeos contra Castro

«Su visión de América Latina en el porvenir, es la misma de Bolívar y Martí, una comunidad integral y autónoma, capaz de mover el destino del mundo»
Gabriel García Márquez sobre Fidel

Mientras el mundo estaba concentrado en la crisis política más peligrosa de toda la historia, en Venezuela, la guerrilla y los intentos de la Revolución Cubana por desestabilizar a la administración de Acción Democrática, no cesaban. «El 29 de octubre de 1962, el Gobierno de Venezuela acusó a Fidel Castro de planear y ejecutar la voladura con dinamita de cuatro subcentrales con energía eléctrica, en los márgenes del lago de Maracaibo» (Riera, 1966).

En ese momento, a Betancourt le llegó la información de que el mismo Fidel había ordenado destruir las centrales eléctricas en la ciudad occidental. Y luego, el 3 de noviembre, la democracia venezolana padeció otro atentado: «Agentes castristas dinamitaron dos oleoductos y un gasconducto (*sic*) en la zona del Puerto la Cruz, a 550 kilómetros de Caracas» (Riera, 1966).

La crisis política en Venezuela era bastante compleja. La naciente democracia enfrentaba, con apenas años de instaurarse, su coyuntura más delicada. El presidente debía encarar a todo un país en su contra y, a pesar de que a mediados de año había logrado contener con éxito dos intentos militares de derrocarlo, no había salido fortalecido. Sabía, a raíz de ello, que su popularidad en los cuarteles no era tan alta.

A finales del año 1962 se dio otro evento que atavió el drama político. Luego de tensiones, el militante del partido Unión Republicana Democrática, Fabricio Ojeda, decide abandonar su investidura como diputado y asume la lucha armada como su medio de ejercer la política. Envió una carta al Congreso de la República para informarlo.

Ojeda era carismático y muy respetado. Su apoyo irrestricto a la lucha violenta contra el gobierno de Betancourt significó una inmensa victoria para la guerrilla venezolana. Con ese episodio, el año terminaba. 1962 había estado marcado por importantes sucesos que terminarían de definir la década. Y apenas empezaban a teñirse de sangre las calles del país.

«En enero de 1963 Betancourt le devuelve el golpe a Fidel con creces al ser descubierto en Caracas el principal almacén de armas que Cuba disponía para los insurrectos venezolanos, así como una documentación comprometedora, no solo para La Habana, sino para las guerrillas y las redes urbanas clandestinas» (Benemelis, 2003).

El apoyo de Cuba a la lucha de guerrillas en Venezuela era completamente abierto y explícito a estas alturas. Castro financiaba con armas, logística y dinero los intentos de derrocar al gobierno de Betancourt. Todo para exportar la Revolución.

El 24 de enero de 1963, el secretario general del Partido Comunista de Cuba, Blas Roca, espetó una estremecedora confesión durante un congreso de rojos en La Habana: «Cuando los venezolanos sean triunfadores [la guerrilla], cuando logren obtener su completa independencia del imperialismo, entonces toda América saldrá adelante. Toda América será liberada del imperialismo estadounidense» (Arria, 2004).

Asimismo, dijo Roca (Arria, 2004): «Su lucha nos ayuda hoy, y su victoria sería un gran logro para nosotros. No seríamos más una isla solitaria en el Caribe luchando contra el imperialismo yanki, ya que tendríamos apoyo terrestre en el continente». Estas declaraciones tienen una importancia inmensa porque se hacen en el marco de un congreso oficial de partidos comunistas. El propósito es claro. Y es una confesión aterradora.

Si bien la lucha armada se había intensificado, las derrotas de las insurrecciones militares y el nuevo hallazgo del arsenal de armas provenientes de Cuba habían sido dos embestidas claves para acorralar al movimiento subversivo e imponer una coyuntura. Es en este momento cuando los movimientos guerrilleros, hasta ahora heterogéneos y sin mucha coordinación, deciden organizarse.

En febrero de 1963 surge el Frente José Antonio Páez en los llanos de Apure. Es ahora cuando el comandante principal era Fabricio Ojeda, de URD; pero al mismo tiempo se empieza a constituir el brazo armado organizado de todos los movimientos guerrilleros, divididos en los principales partidos de extrema izquierda del país. Nace el Frente de Liberación Nacional y, de igual forma, las Fuerzas Armadas de Liberación Nacional (FALN).

«A mediados de 1963 se conforma el Frente de Liberación Nacional con sostén de Cuba y logística recibida, en menor escala, de China y la URSS. Era la época en que Ojeda, sumo pontífice de las FALN; Juan Vicente Cabeza, del Partido Comunista, Petkoff y Gregorio Luna Márquez se destacan como los máximos caciques insurrectos», relata el historiador cubano Juan Benemelis (2003).

Se conformaron las FALN con el fin de unificar a todos los frentes guerrilleros del país en un mando central. Y la decisión venía directamente de Cuba, como varias décadas después confesaría el exoficial cubano Ulises Estrada en su libro *Tania la guerrillera y la epopeya suramericana del Che* (Encuentro, 2006): «En el caso venezolano la ayuda se intensificó después de 1962 y en respuesta a la ilegalización del Partido Comunista de Venezuela y el Movimiento de Izquierda Revolucionaria de ese país, fueron fundadas las llamadas Fuerzas Armadas de Liberación Nacional».

Estrada asegura en su libro que él mismo participó en la operación cuyo fin era la de exportar la Revolución Cubana por todo el continente. Para todo este proyecto Fidel designaría a su cercano comandante, Manuel Piñeiro, alias Barbarroja.

A las FALN se pliegan las Unidades Tácticas de Combate y todos los frentes guerrilleros. Y se realza, de esa manera, la lucha armada como método de ejercer la (anti)política por parte de la extrema izquierda del país. El MIR, la mayoría del Partido Comunista y parte de URD pasan a conformar el Frente de Liberación Nacional, el organismo burocrático que regiría la agenda del ejercicio violento de la política.

Ese año acabaría el accidentado periodo de Rómulo Betancourt. Hasta el momento el máximo líder adeco había logrado resistir los embates de sus enemigos. La democracia, malograda y débil, seguía de pie; pero apenas iniciaba el conflicto.

En mayo de ese 1963, los guerrilleros, ahora agrupados, intentaron asaltar el aeropuerto de La Carlota, en Caracas. Un mes después, «el 26 de julio de 1963, grupos terroristas volaron los puentes de las carreteras de Falcón-Zulia y Morón-Coro, mientras otros grupos guerrilleros atacaron la aldea de Pueblo Nuevo de la Sierra, con un balance de tres muertos y seis heridos. Un comando guerrillero asaltó la sucursal del Banco Nacional de Descuento portando ametralladoras de mano y apoderándose de documentos relativos al movimiento económico del país y 17 mil bolívares, burlando más tarde el cerco tendido por la policía» (Riera, 1966).

Arreciaban considerablemente los ataques terroristas contra la democracia. Y era año electoral. Momento que los comunistas aprovecharían para intentar desestabilizar el país y tomar el poder de una vez por todas. En julio de ese mismo año, en medio de fuertes asedios, el abogado Raúl Leoni ganó las primarias de su partido, Acción Democrática, para ser candidato a la presidencia.

La campaña de Leoni se basó en una presunta apertura política. Aunque venía de AD debía presentarse diferente a su antecesor. Betancourt había librado una gestión heroica, pero no popular. Ahora otro adeco debía ganar. Otra de las promesas de Leoni, no obstante, estaba dirigida a tratar directamente la complicada coyuntura política: no titubearía para confrontar a los grupos terroristas y, en particular, a Fidel Castro.

Venezuela dice no a los terroristas

«A las 8:30 de la mañana el guardia de la estación hizo sonar su silbato. Al escucharlo, Martín Rojas comenzó la marcha; se oyeron gritos de entusiasmo y la chiquillada trataba de ubicar los mejores puestos para mirar el paisaje. La primera parada del itinerario era la estación Palo Grande, luego seguía Las Adjuntas y de allí la vieja máquina subía hasta la estación de Los Teques, en la que un nutrido grupo de alegres personas aguardaba» (Tánatos, 2011).

Así empezó el 29 de septiembre de 1963, según se lee en una crónica anónima. Un día que quedó marcado, con sangre, en la historia de Venezuela.

La ruta férrea Caracas-El Encanto, era un trayecto recreacional ya que permitía a los habitantes de la capital de Venezuela llegar al popular parque El Encanto. Era, al fin y al cabo, un transporte turístico. Los vagones eran abordados por familias enteras que iban a pasar el día a las afueras de la ciudad.

«Al salir de Los Teques rumbo a su destino final, el tren llevaba 500 pasajeros. El viaje transcurrió con total normalidad hasta las 10:20 de la mañana, cuando la máquina ingresó al túnel 10, de dos kilómetros de largo. En medio de la oscuridad, un estruendo puso fin a las canciones del conjunto. El terror se apoderó de los confusos pasajeros cuando alguien exclamó: "¡Un asalto, es un asalto!"» (Tánatos, 2011).

Tres guardias nacionales fueron asesinados. Una niña de nueve años resultó herida, junto con su madre, Teresa de Rodríguez, de 31 años. Otro adolescente de 15 y una mujer, de 40, casi mueren también. Hasta ahora no hay precisión sobre el saldo, otras cifras hablan de cinco acribillados y más de 10 heridos; pero la realidad es que ese día el terror sometió al país.

La Operación Ítalo Sardi fue ejecutada por una Unidad Táctica de Combate de la Brigada Número uno que respondía a las Fuerzas Armadas de Liberación Nacional, y obedecían al comandante César Augusto Ríos. Ese 29 de septiembre 15 guerrilleros irrumpieron en el transporte turístico y dispararon justo cuando el tren atravesaba un túnel.

No hubo necesidad de esforzarse mucho para apuntar con certeza a los responsables. Los terroristas dejaron todo el vagón pintado con consignas alusivas a la Fuerza Armada de Liberación Nacional y al Frente de Liberación Nacional. Se había concretado en Venezuela, de esa manera, el más dantesco acto terrorista hasta el momento —y eso no lo toleraría Betancourt, quien no dejaría su mandato sin perseguir hasta el último momento a los guerrilleros.

Al día siguiente, el 30 de septiembre, el ministro de la Defensa, Antonio Briceño Linares, solicitó a un juez militar emprender acciones contra los partidos relacionados a las FALN. Betancourt lo apoyó completamente. De esa manera inició en el país una persecución feroz contra todos los militantes del Movimiento de Izquierda Revolucionaria, el Partido Comunista, y los implicados de URD.

Ese mismo día fueron detenidos los diputados comunistas Gustavo Machado y su hermano, Eduardo —eso, a pesar de que al día siguiente se haría público un comunicado de Gustavo y de Domingo Alberto Rangel, del MIR, en el que repudiaban el ataque—. También Simón Sáez Mérida, Guillermo García Ponce, Pompeyo Márquez, Domingo Alberto Rangel, Jesús María Casal y Jesús Villavicencio fueron detenidos y condenados. La inmunidad parlamentaria de todos fue sido violentada por la administración saliente de Betancourt. Se dieron allanamientos. Todos los partidos involucrados debían actuar en la clandestinidad, porque se había impuesto una ilegalización tácita. Entonces, se ejecuta de igual manera una intensa campaña con el fin de mancillar a los movimientos políticos de extrema izquierda. «Venezuela dice no a los terroristas», era una consigna que esos días se escuchaba a diario. Unos días después, apareció por primera vez el presidente para dirigirse a la nación desde el atentado: «En Venezuela la lucha contra los terroristas ha entrado en una etapa definitiva, el Gobierno no dará ni pedirá cuartel» (Betancourt, 1963).

Entusiasmado, como cuando estudiante

En *Conversaciones secretas* (2013) el entonces guerrillero y militante del Partido Comunista, Rafael Elino Martínez, escribe sobre uno de los intentos de Fidel Castro de introducir armas a Venezuela para colaborar con la insurrección.

Ya al país había entrado armamento proveniente de Cuba en ocasiones anteriores; pero el descubrimiento que hace el gobierno de Betancourt a finales de 1963 es desmesurado. El 11 de noviembre «el Ejército de Venezuela sorprende un desembarco oriundo de Cuba, en la península de Paraguaná, donde se decomisó un alijo bélico de 3 toneladas», relata el historiador Benemelis (2003).

Fue una victoria enorme para el gobierno de Betancourt y una derrota para La Habana y la guerrilla. Morteros, lanzacohetes, fusiles automáticos, subametralladoras, granadas, municiones, explosivos y detonantes fueron decomisados por la administración adeca. Ese mismo día las radios del país lo anunciaban con presunción: «Descubiertas armas cubanas por la Guardia Nacional en el estado Falcón destinadas a la guerrilla» (Sierra, 2013).

No obstante, es importante acudir al relato de Rafael Elino Martínez sobre todo el proceso y el desarrollo del proyecto para introducir las armas a Venezuela, ya que expone el intenso deseo de Castro por desestabilizar el sistema democrático.

Inicia Martínez (2013): «Fui enviado a la isla por Guillermo García Ponce [militante del PCV] para coordinar la Operación Caimán, que consistía en introducir a Venezuela tres toneladas de armas depositadas en la fortaleza de La Cabaña, en La Habana, las cuales servirían para implementar un plan que impediría la celebración de las elecciones de diciembre de 1963».

El desarrollo del proyecto era coordinado en paralelo a la crisis mundial de septiembre y octubre de 1962. Desde Venezuela fue ordenado por la comandancia de las Fuerzas Armadas de Liberación Nacional y, desde Cuba, el mismo Fidel se encargaba de velar por su éxito.

«Para el cumplimiento de tan notable, delicada y apasionante misión, debo ponerme en contacto de inmediato con Eloy Torres, Héctor Rodríguez Bauza y el curtido dirigente comunista Eduardo Machado, todos miembros del Buró Político del PCV, quienes han venido resolviendo, primero en Moscú y luego con Fidel Castro, el sin fin de problemas que implica tan difícil y arriesgada operación», continúa el guerrillero (Martínez, 2013).

En septiembre viaja por primera vez Rafael Elino Martínez a La Habana. Pudo llegar luego de una serie de medidas de seguridad y, en Cuba, se entrevista primero con Manuel Piñeiro Losada, alias Barbarroja. Piñeiro era viceministro del Ministerio de Interior y fundador de la policía de inteligencia cubana. Fue, asimismo, el designado por Fidel para coordinar los intentos de expandir la revolución por el continente.

Luego, Martínez tiene el honor de conocer al líder de la Revolución Cubana: «¿Cómo están los hermanos Machado?», le pregunta primero Castro al guerrillero, haciendo referencia a Gustavo y Eduardo Machado (Martínez, 2013). Continúa relatando el militante comunista: «(…) Me pregunta como si nada sobre los últimos acontecimientos políticos en Venezuela. De manera especial se interesa por el comportamiento de Rómulo Betancourt (…) [con quien] su antipatía no oculta. El conocimiento detallado de nuestro país pone de manifiesto su marcado interés y el afecto que siente por el "proceso revolucionario venezolano"» (Martínez, 2013).

La estadía del venezolano en La Habana duró varios días. En un momento se logra reunir con el comandante de la revolución, Ramiro Valdés, quien le comenta a Martínez (2013) en una oportunidad: «Supe que anoche te reuniste con Fidel. Ese hombre está entusiasmado con la revolución venezolana».

A pesar de que era un momento tenso para Castro —debido

a la llegada de misiles nucleares a la isla y la inminente confrontación con Estados Unidos—, el comandante cubano abría espacios en su agenda para dirigir personalmente la lucha armada en Venezuela, según relata el mismo guerrillero Martínez.

De hecho, la disposición de Castro era tan grande, que en un momento un colaborador del líder cubano le comenta en voz baja al venezolano: «Fidel está entusiasmado [con Venezuela], como cuando conspiraba en su época de estudiante» (Martínez, 2013).

La organización de la descomunal gesta duró varios meses. No era sencillo introducir armas a Venezuela con un Gobierno vigilante —y mucho menos un lote de tres toneladas—. Supone Rafael Elino que detrás de la operación, aunque él no lo sabía en su momento, podía estar Douglas Bravo directamente involucrado por lo fantasiosa de la idea. Su suposición cobra fuerza al vincular el sitio al que arribaron las armas con la locación del Frente José Leonardo Chirinos. Pero Fidel también estaba realmente entusiasmado con un proyecto cuyo fracaso era inaplazable.

«El descubrimiento de un lote de armas cubanas por la Guardia Nacional en Falcón, península de Paraguaná, hace estallar inmediatamente el escándalo internacional con más fuerza que la onda expansiva que hubiese podido producir la explosión de los misiles de proyectiles y explosivos que conforman las tres toneladas de cargamento enviado por Fidel, muy a la ligera» (Martínez, 2013).

La operación falló. Rómulo, con su Guardia Nacional, pudo detectar pronto la amenaza y decomisar el equipo que provenía de la isla. El mismo Bravo señala al respecto: «El impacto [por la captura de las armas] fue tremendo. Se nos cayeron todos los planes. Los proyectos con los pertrechos que esperábamos cubrían un amplio plan de operaciones» (Martínez, 2013). No obstante, la reacción más iracunda, aunque altiva, fue la del presidente Betancourt, quien aprovecha para volver a denunciar en la Organización de los Estados Americanos a la isla, en diciembre de 1963.

Gobierno de amplia base

«Leoni es electo candidato y se enfrenta a una oposición dividida. Copei se va solo, sosteniendo la candidatura de Caldera, pues ella es condición para cualquier acuerdo con ese partido y no fue aceptada por los adecos. URD hace lo mismo con la de Villalba, pretendiendo encarnar la oposición progresista al régimen. Un partido nuevo, nacido por Jorge Dáger de las filas del MIR (Fuerza Democrática Popular) lanza la candidatura de Wolfgang Larrazábal pretendiendo hacer lo mismo que los urredistas», relata el secretario del Movimiento de Izquierda Revolucionario, Moisés Moleiro (1978).

El primero de diciembre de 1963, con 32,81 % de los votos, el candidato de Acción Democrática, Raúl Leoni, triunfó sobre sus adversarios. De segundo lugar quedó Rafael Caldera, de Copei; luego, Jóvito Villalba; y en cuarto y quinto lugar, Arturo Uslar Pietri y Wolfgang Larrazábal, respectivamente. La participación fue enorme (93 %), por lo que se expone el contundente rechazo por parte de la ciudadanía a una izquierda armada que había invitado a la abstención.

Si bien la gestión de Betancourt no gozó de la popularidad apropiada, su lucha contra el radicalismo y una reciente estabilización económica producto del aumento de los precios del petróleo provocó que otro adeco fuese la mejor opción.

Sin embargo, para quienes simpatizaban con los guerrilleros, «Betancourt concluyó su gobierno habiendo violado la Constitución y las leyes a más no poder, administrando en función de la burguesía criolla y orientándolo todo en la medida de la dependencia de la misma frente a USA. Batallando en varios frentes, deja a un partido profundamente dividido, a un país enguerrillado y a una economía mucho más dependiente de la que se encontró» (Moleiro, 1978). Además, Acción Democrática padeció un notable descenso de sus electores con respecto a la votación de 1958: Betancourt triunfó con 1.284.092 votos, y ahora Leoni lo hace con 957.574.

Durante la campaña, un Betancourt astuto había decidido apartarse de su heredero. En algún punto muchos llegaron a pensar que, incluso, no le agradaba su candidatura. Pero Betancourt, a quien se le acusaba de mantener un poder hegemónico en Acción Democrática, decidió que Raúl Leoni se desenvolviera sin su amparo.

Termina el año 1963 con un sabor amargo. Luego del atentado al tren de El Encanto, a finales de septiembre, se producen «conflictos, tanto en lo interno de las organizaciones izquierdistas, así como entre ellas» (Gutiérrez, 2014). Al parecer, aunque el ataque terrorista surgió del Frente de Liberación Nacional, no toda la organización lo aprobó. Y, dentro del Partido Comunista de Venezuela, también se acentuaron las diferencias.

Guillermo García Ponce, de los comunistas, fue sancionado por el Buró Político del partido por su relación con el atentado. Para ese momento García Ponce era el jefe del aparato militar y su participación en las Fuerzas Armadas de Liberación Nacional era notable.

El penoso año 1963 para los insurrectos generó intensas reflexiones entre los miembros que conformaban el Frente de Liberación Nacional. Es por ello que uno de los principales líderes del MIR, Domingo Alberto Rangel, quien había sido detenido por el ataque terrorista de septiembre, decide hacer público un documento en el que asegura que la insurrección ya había sido derrotada por el Gobierno y, por lo tanto, sugiere que era hora de iniciar una tregua (Rangel D. A., 1971). Por alguna razón la ruptura que años atrás se había generado entre la República Popular de China y la Unión Soviética tuvo algún impacto en la lucha armada. El MIR, que representaba una importante fracción del Frente de Liberación Nacional, decide empezar a alejarse del planteamiento castrista de focos guerrilleros y prefiere, en cambio, abrazar la guerra prolongada que promovía el maoísmo (Gutiérrez, 2014).

Asimismo, en enero de 1964 el Movimiento de Izquierda Revolucionaria decide ignorar al «divisionista» de Domingo Alberto Rangel y mantiene su posición de continuar la violencia —pero ahora inspirada en el comunismo chino—. Rangel sale del partido y Simón Sáez Mérida, otro de los diputados que había sido apresado, asume el liderazgo. Por otro lado, el Partido Comunista recibe un duro golpe: su principal líder, Pompeyo Márquez, fue detenido el 15 de enero.

Unas semanas después, ya en febrero, se da la reunión de la Organización de los Estados Americanos sobre la denuncia que había hecho Betancourt en diciembre luego del intento de Cuba de introducir tres toneladas de armamento a Venezuela. Se decide nombrar a una comisión con el fin de investigar la injerencia y se convoca a una sesión de ministros de Relaciones Exteriores para julio de 1964.

Finalmente, se le acaba el mandato a Betancourt. Era la hora de que el fundador de Acción Democrática entregara su banda al sucesor, el abogado Leoni. El 11 de marzo de 1964 el nuevo presidente de la República se juramentó frente al Congreso. Una vez en el poder, el presidente adeco ejecuta una serie de medidas, como la habilitación de un artículo de la Ley Agraria y subida de impuesto; sin embargo, una de las más polémicas y odiosas fue su intento de acercarse a la izquierda radical armada a través de entrevistas con líderes guerrilleros. Pero aquí Leoni se enfrenta a parte de su electorado y a antiguos funcionarios de la administración de Rómulo: Carlos Andrés Pérez, el exministro de Interior, y a Luis Piñerúa Ordaz, antiguo gobernador de Monagas (Moleiro, 1978). Empezaba, de esa manera, el denominado Gobierno de amplia base.

Surge el «bolivarianismo» revolucionario

La lucha armada llevaba en Venezuela varios meses y no parecía avanzar. A pesar de todos los intentos para desestabilizar el sistema político de la nación, el curso democrático que imperaba proseguía con aparente naturalidad. «Fidel achacó las dificultades en Venezuela a la falta de liderazgo entre los jefes guerrilleros locales. Para enfrentar la situación, propuso nombrar al Che Guevara como comandante en jefe en Venezuela», escribe el general Peñaloza (2014). Sin embargo, y para la sorpresa de Castro, esa idea no fue gratamente recibida.

En una entrevista al diario *El País* el guerrillero del MIR, Héctor Pérez Marcano (García, 2013), dice: «Al Che Guevara comenzó a hacérsele incómoda su situación en Cuba, porque no estaba de acuerdo con el rumbo de la Revolución, según lo que conversé con él. En alguna oportunidad me dijo que no estaba de acuerdo con el dominio de la penetración soviética en Cuba, ni con las condiciones políticas que le imponía la solidaridad y el subsidio que le daban los soviéticos. Después, el Che quiso venir primero a Venezuela a incorporarse a la lucha armada; pero para esas fechas el Partido Comunista de Venezuela (PCV) ya atendía la línea pro-soviética (...) El PCV rechazó la idea de que el Che viniera a Venezuela; y Guevara se fue al Congo».

Ciertamente, sí hubo planes para que el Che dirigiera la lucha de guerrillas en Venezuela. El mismo Rafael Elino Martínez lo confirma en su obra Conversaciones secretas (2013) y lo expone como una iniciativa del propio Castro. Por lo tanto, al rechazar al Che, el Partido Comunista estaba, de alguna manera, rechazando también a Fidel. Las relaciones empezaban a volverse tensas.

Para este momento varios focos guerrilleros menguaban; no obstante, al mismo tiempo, otros se fortalecían. Douglas Bravo en Falcón, quien se empezaba a perfilar como el principal comandante de las Fuerzas Armadas de Liberación Nacional, ampliaba el Frente José Leonardo Chirinos gracias a la ayuda directa de Castro.

En su foco guerrillero no solo operaban venezolanos rebeldes: «Los informes de inteligencia nos hicieron saber que en la zona operaban unos 200 irregulares, incluyendo 50 cubanos», relata Peñaloza (2014). Luego, a mediados de 1964, el comunista Alí Rodríguez Araque (o comandante Fausto) regresa a Venezuela. Durante los meses anteriores había estado entre Cuba y la Unión Soviética y, al volver a su nación, decide unirse al Frente José Leonardo Chirinos de Bravo.

Según el general Peñaloza (2014), «Fidel le hizo saber [a Araque] que debía unirse a la guerrilla de Douglas en la sierra de Falcón». Bravo (2017) no sabe al respecto, pero confirma que peleó junto con Araque al noroeste de Venezuela. Durante esos días se sumó otro comunista notable al foco en Falcón: el historiador y tío del militar Ramón Santeliz Ruiz, José Esteban Ruiz Guevara.

Ese mismo año el Movimiento de Izquierda Revolucionaria, que venía de presuntamente adoptar el maoísmo y de separarse de Domingo Alberto Rangel, decide regresar apenado a La Habana. «Con el fin de reparar entuertos en Cuba y explicar pormenores de nuestra reunión de enero», Américo Martín viaja a la isla a reunirse con Fidel Castro (Martín, 2013).

El guerrillero del MIR, Martín (2013), confiesa que fue a Cuba con el fin de arreglar cualquier diferencia que pudiese haber con su fuerza política y para tratar de ganarse la confianza de Fidel Castro sobre el Partido Comunista de Venezuela. Si bien la relación de Castro con las guerrillas era más intensa a través de los comunistas, eso estaba empezando a cambiar. Del encuentro se pudo lograr que el líder cubano aumentara el financiamiento al Movimiento de Izquierda Revolucionaria (Marcano H. P., 2007).

En abril de 1964, el Partido Comunista de Venezuela celebra su VI Conferencia. Ahí se decide adoptar la estrategia de guerra prolongada inspirada en el maoísmo y, en la misma Conferencia, el secretario militar, Douglas Bravo, propone una idea disruptiva: «El bolivarianismo revolucionario» (Bravo, 2017).

Bravo, Ruiz Guevara y Fausto en la montaña

«En el VI Pleno del PCV las dos alas del partido se hicieron evidentes. Pedro Ortega Díaz fue el líder pacifista abogando por volver a la legalidad. Pompeyo Márquez, Guillermo García Ponce y Teodoro Petkoff pidieron continuar la lucha armada bajo nuevas condiciones. Y en la montaña Douglas Bravo, Argimiro Gabaldón y otros comandantes guerrilleros continuaron enfrentando a las fuerzas militares del Gobierno, exigiendo al mismo tiempo el control sobre el apoyo soviético. El VI Pleno terminó con un triunfo de los halcones partidarios de la línea dura y la guerra», relata el general Peñaloza (2014).

Pero en el Partido Comunista ya eran evidentes las diferencias. Y esto, según los mismos comunistas, era promovido por Douglas Bravo, quien proponía otro planteamiento provocador, inspirado en la exaltación de Simón Bolívar.

En julio de 1964 se da, por fin, la novena reunión de ministros de Relaciones Exteriores de la Organización de Estados Americanos. «El pedido de sanciones para el gobierno de Cuba, por los daños causados a Venezuela, es presentado de manera oficial por el secretario de Estado de los Estados Unidos, el señor Dean Rusk (...) Después de intensas discusiones (...) el 26 de julio se firma el acta final en la cual se aplica el Tratado Interamericano de Asistencia Recíproca» (Martínez, 2013).

De esa manera se decide, en Washington, ampliar las sanciones a la isla por sus intentos injerencistas en Venezuela. Betancourt, quien se encontraba fuera del país, obtenía otra victoria contra Fidel Castro. Mientras, en la Unión Soviética el líder del Soviet Supremo, Leonid Brézhnev, discutía la posibilidad de destituir a Nikita Jruschov.

Luego de un intenso esfuerzo por parte de Brézhnev para conseguir a los aliados pertinentes, Jruschov es destituido el 14 de octubre. El líder comunista había estado fuera de Moscú por cinco meses y, aunque sabía que se estaba conspirando en su contra, volvió el 12 de octubre para someterse al presidium por supuesto comportamiento errático.

Leonid Brézhnev asumió la secretaría general del Comité Central del Partido Comunista de la Unión Soviética y «vino con la idea de suspender la política de apoyo a la fracasada subversión en Latinoamérica» (Peñaloza, 2014).

«Esta situación trae como consecuencia que hay partidos que empiezan a dividirse. Dominaba la gente que tenía apoyo directo de la Unión Soviética», dice Bravo (2017), quien se sintió incómodo particularmente con la posición del nuevo secretario general ruso.

A finales de año, el líder guerrillero Argimiro Gabaldón fallece. Una bala le quitó la vida el 13 de diciembre; pero no hay precisión sobre si fue un accidente. Gabaldón fue uno de los principales líderes comunistas del ala radical, junto con Bravo, Petkoff y Ojeda; y se había instalado en el Frente Libertador Simón Bolívar. Su muerte fue un fuerte golpe a la lucha armada y al Partido Comunista de Venezuela. Con él se acababa un año marcado por importantes cambios.

La política de Raúl Leoni se acentúa para 1965. Mientras por un lado asedia de forma tajante a los rebeldes, por el otro se propone una apertura política que implica la ampliación del Pacto de Puntofijo. De esta forma se impone una inteligente coyuntura a los comunistas y a los de otros movimientos radicales: si deciden adoptar la paz, serán bien recibidos; en cambio, con los necios no habrá piedad. Todo esto continuó marcando las diferencias entre los militantes del PCV: por un lado, los hermanos Machado —junto con otros dirigentes como Pedro Ortega Díaz y Jesús Farías— estaban dispuestos a asumir otra alternativa a la violencia para conquistar espacios políticos en el país; de igual forma, existía una tendencia, liderada por Pompeyo Márquez y Guillermo García Ponce, que creía en el retiro gradual de la insurrección. Pero Bravo, quien lideraba el brazo más radical, no estaba dispuesto a ceder.

«La actividad subversiva creció en los primeros meses de 1965, pero no duró mucho la ilusión. Cuando lo que podía esperarse del PCV era que, contando con el apoyo de Moscú, La Habana y de todos los partidos comunistas ortodoxos, se comprometieran más aún en la lucha armada», eso no ocurrió, según señala Ricardo Robledo Limón en un informe titulado *El Partido Comunista de Venezuela. Sus tácticas políticas de 1964 a 1969* (1970).

En abril de 1965 se celebra el VII Pleno de los comunistas, y de ahí surge un manifiesto que respalda por completo la posición más moderada de Márquez y García Ponce:

«El PCV, después de un análisis de la realidad actual, llegó a la conclusión de la necesidad de un Gobierno que aplique un programa de paz democrática, como anhelo de la inmensa mayoría de los venezolanos. En aras de ahorrarles [sic] sacrificios a nuestro pueblo, el PCV llama a todos los venezolanos, civiles y militares, de la oposición y aún de sectores del gobierno, a hacer realidad esta aspiración de paz que Venezuela entera reclama como patria de todos y no como un feudo millonario de unos pocos al servicio de intereses extranjeros. [Un gobierno] que desvanezca el peligro de extensión de la guerra civil… En tal sentido, decimos que nada tienen que perder… los millares de compatriotas que depositaron sus votos el primero de diciembre de 1963 por los candidatos Villalba y Uslar Pietri (Robledo, 1970)».

Aunque no se trata de un abandono decisivo de la lucha armada, el documento moderado genera incomodidad en el ala más radical del Partido Comunista, que ahora parecía estar siendo marginado. Pero mientras se daban los intensos debates entre los comunistas, Castro no da tregua; tampoco las Fuerzas Armadas de Liberación Nacional: entre el 3 de julio y el 29 se dan en Venezuela, al menos, 6 atentados terroristas.

Primero, grupos guerrilleros del Frente José Leonardo Chirinos asaltan una estación policial en Cabure, Falcón. Ese mismo día otra estación, en Anzoátegui, también es asaltada. El 13 de julio disturbios en la capital, generados por los insurrectos, dejan un saldo de dos policías muertos. 9 días después, el Frente Guerrillero Libertad, comandando por el rebelde de URD, Fabricio Ojeda, ejecuta un atentado terrorista a la Jefatura Militar de Aratuey, en Mérida, y asesinan a 22 funcionarios del Estado (Riera, 1966). Se da otro encontronazo entre las fuerzas de seguridad y los guerrilleros el 22 de julio. Pero, luego, vino un ataque con mayor contundencia y orquestado directamente desde Cuba.

«Castro determinó arrogarse una mayor responsabilidad logística en la guerrilla venezolana y a tal efecto amarró los pormenores con Bravo y Ojeda [producto de la desconfianza, ahora con el resto de los comunistas]. El primer fruto sería el desembarco combinado de cubanos y venezolanos en julio de 1965 (...) que auxiliado por un asalto terrorista haría estallar valiosos oleoductos de la Gulf Oil, Mobil Oil, Texas Petroleum y la Socony Oil en la región oriental del país», cuenta el historiador cubano Benemelis (2003).

Coincide la experta en inteligencia castrista Pepita Riera (1966) en su relato: «El 28 de julio de 1965 veinte terroristas, miembros de las FALN, del Frente Guerrillero Manuel Ponte Rodríguez que operan en la zona montañosa de Anzoátegui, Sucre y Monagas, en cuyo frente se encuentra el comandante Alfredo Maneiro, volaron cuatro oleoductos que figuran entre los más importantes de la región oriental de Venezuela».

Luego, «el 29 de julio de 1965 es volado un oleoducto de la Texas Petroleum Corporation, subsidiario de Texaco Inc., cerca de Barcelona, capital del estado Anzoátegui, a 364 kilómetros de Caracas. El petróleo se esparció en un área de 400 metros» (Riera, 1966).

Los atentados generan una reacción agresiva por parte del Gobierno de Leoni. Múltiples dirigentes del Movimiento de Izquierda Revolucionaria fueron detenidos y también del Partido

Comunista. Pero al mismo tiempo se realzan los intentos de desestabilizar el sistema político: otros cuatro atentados se ejecutan entre el 13 y el 26 de agosto. Y, el 28 de agosto de 1965, «la seguridad venezolana consiguió desarticular un amplio diseño conspirativo, que los cubanos conducían desde París, al detener a Silvia Agüero y Elsa Braun, sus contactos claves en Venezuela» (Benemelis, 2003).

La versión de la exiliada cubana Riera (1966) es: «Una conspiración de grandes proporciones contra el gobierno venezolano fue puesta al descubierto por la Digepol. Dos mujeres identificadas como Siliva Jaimes Agüero y Elsa Braun fueron detenidas cuando se disponían a viajar a París, para entrevistarse con los jefes del plan conspirativo, quienes, al parecer, residen en París. Las dos mujeres forman parte de los inhabilitados Partido Comunista Venezolano y el Movimiento de Izquierda Revolucionario».

Unas semanas después, el 27 de octubre, el cadáver del profesor y secretario del Comité Político-Militar del Partido Comunista de Venezuela, Alberto Lovera, apareció flotando en las playas de Lecherías, Anzoátegui, en el oriente del país. Había sido secuestrado por funcionarios de la Dirección General de Policía (Digepol). Una foto del momento conmocionó al país y, principalmente, a los militantes de la izquierda: estaba desnudo, hinchado y con el rostro destrozado. En el cuello tenía una cadena gruesa y un candado. El impactante retrato apareció en varios medios.

Ese mismo mes el Gobierno de Leoni allanó una fábrica clandestina que estaba repleta de armas. Se confiscaron morteros, granadas, rifles, explosivos y subametralladoras. Los comunistas recibían dos fuertes golpes, uno después del otro. Las crudas derrotas generaron importantes y más profundas reflexiones dentro del Partido Comunista. Se acentuaron, de esa forma, las diferencias: unos aterrados y desgastados pensaban que ya era el momento de detener la sangrienta lucha; otros, en cambio, pensaban que no era oportunidad de claudicar.

«Motivado a estos acontecimientos se realizó en noviembre una reunión del Buró Político, donde la alta dirigencia pecevista acordó el repliegue del PCV de la lucha armada; así se señaló en el documento titulado *La historia del Partido de la Revolución Venezolana*», (Gutiérrez, 2014). Debido a esta violenta decisión se produjo una división tácita entre los del martillo y la hoz.

Los partidarios de la lucha armada, ya reducidos a pocos militantes, decidieron conformar un Buró Político Provisional. El líder de esta suerte de disidentes era Douglas Bravo, quien estaba decidido a no abandonar su montaña en Falcón. Lo acompañan Alfredo Maneiro, José Núñez Tenorio, Germán Lairet, José Esteban Ruiz Guevara y Alí Rodríguez Araque (Fausto).

Ya tú lo ves mi hermano, Punto Cero tiene su guaguancó

> *Hoy siento gran emoción*
> *Voy a cantarle a mi tierra*
> *A esa famosa región*
> *Llamada «perla sureña»*
>
> *Su mujer es un primor*
> *Radiante como una estrella*
> *Y por su elegante andar*
> *La admiran en Cuba entera*

Ya para finales de 1964 varios guerrilleros venezolanos —quizá cientos— han invertido parte de su vida en Cuba. Ya se ha señalado acá los viajes clandestinos de dirigentes de la izquierda radical a la isla; pero es casi imposible ofrecer una cifra exacta. Fueron muchos y bajo condiciones enigmáticas.

Es muy probable que la mayoría, no solo hayan estrechado manos revolucionarias con el fin de llegar a acuerdos, sino que además hayan pasado por Punto Cero de Guanabo. Quien ofrece un mejor relato sobre qué es este lugar y qué ocurría ahí es el exguardaespaldas de Fidel, Juan Reinaldo Sánchez, en su obra *La vida oculta de Fidel Castro* (2014).

Cuenta el antiguo funcionario cubano: «Uno de los secretos mejor guardados que me ha sido dado conocer en Cuba es la existencia del campo de entrenamiento Punto Cero de Guanabo (que no hay que confundir con Punto Cero a secas, la residencia privada de los Castro)» (Sánchez, 2014).

Relata Sánchez que Punto Cero de Guanabo queda a veinticinco kilómetros al este de La Habana. De hecho, Guanabo es un municipio de la capital, reconocido principalmente por una playa del mismo nombre que la municipalidad. La playa es altamente visitada por ser una de las más atractivas para el turismo en Cuba; así como para los revolucionarios. Sus arenas son blancas y el mar azul. Conforma lo que serían las Playas del Este.

Pero, a pocos kilómetros de la zona turística, se encuentra el sombrío y rígido campamento al que hace referencia Juan Reinaldo Sánchez y por el que pasaron la mayoría de los líderes guerrilleros de Latinoamérica y el mundo.

«Aquí, solo los instructores, salidos de las Tropas Especiales, son cubanos. En cuanto a los reclutas, llegan de Venezuela, Colombia, Chile, Nicaragua; en suma, de toda Latinoamérica e incluso más allá. Cabe estimar razonablemente que el 90 % de los líderes de las guerrillas latinoamericanas han pasado por Punto Cero de Guanabo» (Sánchez, 2014).

La época de mayor auge del centro de entrenamiento, según el exguardaespaldas, fue de los años sesenta hasta los ochenta —es decir, cuando los grupos insurrectos en Venezuela estaban en su plenitud—. «El dueño y señor del lugar era en aquel momento el general Alejandro Ronda Marrero, el jefe de las Tropas Especiales. Un personaje que desempeñó un papel fundamental en las relaciones clandestinas con la izquierda revolucionaria latinoamericana», relata Sánchez (2014).

Castro, al exportar la revolución, quería hacerlo con eficiencia. Pensaba, quizá con altivez, que todos los movimientos insurreccionales en Latinoamérica debían imitar plenamente al Movimiento 26 de Julio. Es por esa razón que sobre Ronda Marrero estaba él. Es por ello, también, que por encima de Barbarroja también estaba él.

«Aunque esta zona militar se halla situada bajo la autoridad directa de Fidel, el comandante rara vez la visita», escribe Juan Reinaldo Sánchez (2014), quien luego prosigue en su libro a relatar una de las inspecciones que hizo junto con Fidel: «Ese día, a nuestra llegada, el general Ronda Marrero nos espera ante la comandancia, en compañía de tres oficiales instructores. Tras haber saludado al Comandante, lleva a este a hacer su visita de inspección, empezando por la caseta de tiro con pistolas». Castro no desaprovecha la oportunidad para demostrar lo excelente tirador que es. Impresiona a todos, quienes con su rara visita al lugar han vivido «el día más importante de su vida».

Se hace difícil interpretar erróneamente la existencia de este campamento de entrenamiento. Es claro que «las ambiciones de Fidel no se limitaban a Cuba (…) se propone exportar su Revolución por doquier, empezando sobre todo por el continente latinoamericano» (Sánchez, 2014).

Pero es muy probable que Castro, como se mencionó anteriormente, haya tenido una fijación particular con Venezuela. El ensañamiento era claro y exclusivo. El mismo guerrillero Héctor Pérez Marcano, quien conoció personalmente a Fidel, apunta en su libro *La invasión de Cuba a Venezuela* (2007) que, para el líder de la isla, «Venezuela era la joya de la corona».

Es por esa razón, que por Punto Cero de Guanabo pasaron varios de los dirigentes venezolanos. En *La vida oculta de Fidel* (2014) el antiguo guardaespaldas menciona como un ejemplo de la formación de «agentes de influencia», incluso, al comunista Alí Rodríguez Araque, Fausto, cuya vida sería destinada a pasar tiempo entre la isla y Venezuela.

Pero la información que existe sobre este campo de entrenamiento es muy limitada. Siempre el trato fue sensible y, si algo se debe reconocer al régimen de Castro, es su eficiente capacidad para tratar temas relacionados con el manejo de inteligencia, contrainteligencia y asuntos confidenciales.

Cuenta Juan Reinaldo Sánchez que normalmente en Punto Cero de Guanabo convergían sin saberlo guerrilleros de diferentes nacionalidades. Estaban todos en el mismo lugar, pero jamás se enteraban de la existencia de los otros grupos: «Durante nuestra visita de inspección, evidentemente Fidel se entrevistó por separado con los guatemaltecos, los salvadoreños y los colombianos (...) Por último, otra medida de prudencia: los grupos se desplazan de un punto a otro a bordo de un minibús y cuando se cruzan con otro vehículo, tienen instrucciones de meter la cabeza entre las rodillas» (Sánchez, 2014).

En Cuba a los radicales los preparaban con un plan de estudios «completo y de calidad» (Sánchez, 2014). Continúa relatando el exguardaespaldas (2014): «Aparte del marxismo y, en el caso de algunos alumnos, la lectura y la ortografía, los instructores les enseñan el manejo de armas de fuego y explosivos, cartografía, fotografía de documentos, disfraz y cambio de apariencia, robo de identidad, encriptación de comunicaciones, técnicas básicas de espionaje y de contraespionaje, desinformación, métodos de guerrilla urbana y rural, sabotaje, acciones terroristas, planificación de raptos y secuestros de personas, desvío de barcos y aviones, técnicas de interrogatorio y tortura, y logística y estrategia política».

Ya se comprende entonces el origen de las tácticas ruines de, primero, las Unidades Tácticas de Batalla y, posteriormente, el Frente de Liberación Nacional y su órgano militar, las Fuerzas Armadas de Liberación Nacional en Venezuela. Así como para toda la izquierda de Latinoamérica y el mundo Fidel Castro es un norte moral; Punto Cero de Guanabo es también para los insurrectos «La Meca (...) y un paso obligado» (Sánchez, 2014).

Cienfuegos tiene su guaguancó es una canción del reconocido cantante de son cubano Ibrahim Ferrer. El cubano, en la pieza, hace un homenaje a la ciudad Cienfuegos, ubicada a 245 kilómetros de La Habana y a 658 kilómetros de Santiago de Cuba. Canta a la ciudad que lo atrae porque, según dice, tiene su guaguancó —haciendo referencia al ritmo caribeño proveniente de La Habana; a la rumba que lo cautiva—. Probablemente la visita obligatoria por parte de los insurgentes latinoamericanos a la isla, para entrenarse, se debe a un encanto inverosímil que goza el rígido campamento. Quizá Punto Cero también tenga su guaguancó.

Para Cienfuegos
Me voy a guarachar, boncó
Para Cienfuegos
Me voy a guarachar, boncó

Otro movimiento 'trotskista', 'divisionista'

El mismo Buró Político Provisional conformado a finales de 1965 designa, en diciembre, a Douglas Bravo como máximo comandante de las Fuerzas Armadas de Liberación Nacional. Fabricio Ojeda fue nombrado presidente del Comité Ejecutivo del Frente de Liberación Nacional y el del Movimiento de Izquierda Revolucionaria, Américo Martín, asumió como secretario general del mismo Frente. Los cambios fueron notificados inmediatamente a Cuba (Gutiérrez, 2014).

Se trataba de la conformación de un mandato paralelo al establecido por el Partido Comunista. Durante todo el conflicto, los comunistas habían mantenido una cierta hegemonía sobre la lucha armada, pero ahora la perdían frente a unos rebeldes decididos a continuar con el proyecto insurreccional. La división de los comunistas ya era explícita y Bravo era incómodo. Era él quien generaba el cisma y esto no iba a ser tolerado. Entonces, empieza a considerarse la expulsión de los rebeldes del Partido Comunista de Venezuela. Así terminaba otro año, esta vez marcado por una depresión dramática en el partido marxista.

En enero de 1966, Castro decide celebrar en La Habana la Primera Conferencia de Solidaridad de los Pueblos de Asia, África y América Latina (o la Tricontinental). «Su intención era buscar apoyo internacional para continuar operando en Venezuela. En esa reunión hizo un apasionado llamado a la revolución mundial, pidiendo continuar la lucha en Venezuela», dice al respecto el general Carlos Peñaloza (2014), quien considera que la Conferencia fue, también, una respuesta al cisma de los comunistas venezolanos.

La Tricontinental en Cuba se convirtió en un acto sin precedentes. Acerca de eso, escribe el exguardaespaldas de Fidel: «Esta evocación histórica resultaría incompleta sin la mención a la Conferencia Tricontinental, o "Trico", que Fidel Castro organiza en enero de 1966, y en el curso de la cual posiciona oficialmente a La Habana como epicentro de la subversión mundial» (Sánchez, 2014).

«Se trata de una cumbre de una clase inédita: durante dos semanas, la Trico reagrupaba a las fuerzas antiimperialistas llegadas de África, Asia y de Latinoamérica. Ochenta y dos delegaciones de países descolonizados, de movimientos de liberación afroasiáticos y de guerrillas latinoamericanas se encuentran en el hotel Habana Libre», continúa en su relato el antiguo funcionario cubano Juan Reinaldo Sánchez (2014).

En un trabajo para la Universidad Santiago de Chile, el historiador Eric Zolov escribe: «La Conferencia Tricontinental que se realizó en La Habana durante las dos primeras semanas de enero de 1966 constituyó una visión de movimiento global de identidad anticolonial y solidaridad (…) Generalmente asociada con el lanzamiento del Movimiento del Tercer Mundo, esta primera reunión buscó promover una agenda anticolonial libre de las amargas divisiones ideológicas de la Guerra Fría, la cual se encontraba en auge» (Zolov, 2016).

En el hotel Habana Libre se encontraron cientos de líderes mundiales. Un joven senador chileno, Salvador Allende, estaba compartiendo con el guatemalteco Turcios Lima. De Venezuela estaban Luben Petkoff y el capitán de navío Pedro Medina Silva, quien había comandado meses atrás el alzamiento de Puerto Cabello, y quien era cercano a Fabricio Ojeda y a otros guerrilleros, como el teniente coronel Juan de Dios Moncada Vidal —ahora comandante en las Fuerzas Armadas de Liberación Nacional—. Asimismo, en medio de la Conferencia, El Che Guevara logró enviar un mensaje desde Bolivia, donde se encontraba dirigiendo la guerrilla de la zona: «Crear dos, tres… muchos Vietnam, es la consigna».

Al finalizar la Tricontinental, el 15 de enero de 1966, Fidel Castro da un discurso. Sobre Venezuela, dice:

«En muchas otras naciones de América se dan las condiciones plenas para la lucha armada revolucionaria. Esta lucha se desenvuelve ya también desde hace rato en Venezuela, en Perú, en Colombia, en Guatemala. En la América Latina no deben quedar ni uno, ni dos, ni tres pueblos luchando solos contra el imperialismo (...) Y nosotros debemos decir las grandes simpatías de nuestro país hacia Uruguay, porque aquel es un país pequeñito, que no tiene montañas, rodeado de dos colosos reaccionarios, y donde siempre, invariablemente, sin ninguna excepción, en cada una de las circunstancias, ha sido pareja con el pueblo de Venezuela en la solidaridad y el apoyo a la Revolución Cubana (Castro, 1966)».

Luego de la Conferencia, en la que se da un claro respaldo a los procesos insurreccionales en el mundo —a espaldas del acuerdo con los soviéticos de 1963—, continúan los debates internos entre la izquierda radical venezolana. Ahora los del Partido Comunista no solo se apartaban de Bravo y su gente, sino que además lo hacían de Fidel, quien andaba empecinado en alentar la lucha de guerrillas.

Mientras estuvo en La Habana, Luben Petkoff pudo comunicarse con Castro. Le hizo saber al líder cubano que el Partido Comunista había decidido replegarse y, entonces, solicita que el financiamiento a la lucha armada no se dirija al Partido Comunista, sino que los recursos vayan directo al Frente José Leonardo Chirinos (Gutiérrez, 2014). Fidel estuvo de acuerdo y decide, entonces, colaborar con el envío de quince combatientes cubanos a Venezuela (Heydra, 2013).

Toda esta información llega al buró del Partido Comunista. Los dirigentes, apresados en el Cuartel San Carlos, fueron informados sobre los movimientos del Frente José Leonardo

Chirinos, ahora con mayor fuerza e incidencia en el Frente de Liberación Nacional. Pero antes de que se dé lo inminente, Bravo decide primero apartarse de los comunistas.

«Después de un largo proceso de luchas internas en el seno del PCV y en general de la izquierda venezolana y, precisamente, en el momento en que el inexorable proceso de la historia empujó a las vanguardias de aquel entonces a su más grande encrucijada: nace el Partido de la Revolución Venezolana», se lee en un texto de la Fundación de Estudios Políticos Argimiro Gabaldón (2007).

Importantes líderes guerrilleros como Fabricio Ojeda, Luben Petkoff, Alfredo Bustillos, Alí Rodríguez Araque, José Esteban Ruiz Guevara; los militares Elías Manuitt Camero, Tulio Martínez, José Ramón Briceño; y, por supuesto, Douglas Bravo, se reúnen en la Primera Conferencia Nacional del Partido de la Revolución Venezolana (PRV) el 22 y 23 de abril de 1966.

Se conforma, de esa forma, un nuevo movimiento puramente guerrerista con una base ideológica marxista-leninista. «No es un partido ni un grupo más de los que surgen. No hay lucha caudillista o burocrática con apenas diferencias de matices. Es el deslinde categórico en lo ideológico, el enfrentamiento de dos ideologías radicalmente opuestas que define dos campos filosóficos precisos: la ideología burguesa y pequeño-burguesa frente a la ideología proletaria, marxistaleninista» (Gabaldón, 2014). Es conformado, asimismo, por dirigentes de otros frentes que ya habían recibido fuertes golpes de las fuerzas del Estado en combates anteriores.

La conformación del Partido de la Revolución Venezolana fue el último berrinche que los comunistas tolerarían de Bravo. Lo someten a juicio interno para analizar su expulsión. «Eduardo Gallenos fue el único que salvó su voto. Todos votaron contra mí, que me botaran del partido, porque y que yo era "divisionista", que era "trotskista"... ¡Todas las acusaciones!», dice Douglas (2017) sobre la resolución.

Los pseudorrevolucionarios contra la izquierda

El Partido de la Revolución Venezolana decide acudir a Cuba y solicitar apoyo directamente. Toda la isla se solidariza con el nuevo movimiento conformado y los medios de comunicación controlados por el régimen de Castro difunden información a favor de los guerrilleros (Gutiérrez, 2014). Pero a las pocas semanas padecerían uno de los golpes más fuertes por parte del Gobierno de Raúl Leoni.

El 17 de junio de 1966 el órgano de prensa del Comité Central del Partido Comunista, Tribuna Popular, señaló como traidores en un artículo a Fabricio Ojeda y a Douglas Bravo. Al parecer los comunistas vendieron a los líderes guerrilleros y, en consecuencia, ese mismo viernes el Servicio de Información de las Fuerzas Armadas detiene a Ojeda. Cuatro días después, quien en su momento empuñó el lema «Hacer la patria libre o morir en Venezuela», fue hallado muerto en su celda. Se había ahorcado.

«Tres mil personas desfilaron frente al ataúd de Fabricio», se lee después en *El Nacional*. Luego de la incierta muerte de Argimiro Gabaldón en las montañas de Lara, el presunto suicidio de Fabricio Ojeda es el golpe más fuerte que reciben los insurrectos, quienes no creen en la versión del Gobierno. Pero, por fortuna para los rebeldes, al mes siguiente llega la ayuda que Castro había prometido semanas atrás, bajo la Operación Simón Bolívar: «Fidel manda para Venezuela dos contingentes armados. Uno con Ochoa, donde venía Luben, el único venezolano. ¡Brillantes los 15 guerrilleros, nojoda! Ochoa es ese famoso que derrotó al ejército de África del Sur en Angola, y estuvo con nosotros aquí en Falcón, en Lara y Yaracuy», cuenta al respecto Bravo (2017).

Se había producido el primer cisma interno del Partido Comunista; pero además los militantes del martillo y la hoz también rompían con Castro, quien ahora se plegaba al Frente José Leonardo Chirinos y al Partido de la Revolución Venezolana. Y, durante todo este tiempo, estaba presente Alí Rodríguez Araque, un rebelde que, según el general Peñaloza (2014), era «el hombre de Castro en Venezuela».

Fidel sabía que los comunistas venezolanos habían tomado la decisión de apartarse completamente de él. Eso generó que se afianzaran sus vínculos con Bravo y el Frente José Leonardo Chirinos, y rechazara abiertamente al Partido Comunista de Venezuela. Por ello, el 26 de julio de 1966, en conmemoración del XIII aniversario del asalto al Cuartel Moncada, dijo frente a sus simpatizantes:

«(...) en la declaración de La Habana se planteó que el deber de todo revolucionario es hacer la Revolución. Y eso que se llama convicción de esta verdad, de esta realidad, es algo esencial, es algo definitivo. Si a mí me preguntaran cuáles son los más importantes aliados del imperialismo en América Latina, yo no diría que son los ejércitos profesionales, yo no diría que es la Infantería de Marina yanki, yo no diría que son las oligarquías ni las clases reaccionarias, yo diría que son los pseudorrevolucionarios. Y es que hay que acabar de saber qué es un revolucionario. Si acaso es simplemente aquel que se arma de una teoría revolucionaria, pero no la siente, tiene una relación mental con la teoría revolucionaria, pero no tiene una relación afectiva, no tiene una relación emocional, no tiene una actitud realmente revolucionaria (...)» (Castro F., 1966).

Los comunistas respondieron y «enviaron en septiembre una carta al Partido Comunista Cubano, que también se publicó en la prensa venezolana, donde los acusaban de suministrar apoyo a grupos antipartidistas venezolanos» (Gutiérrez,

2014). Cada vez era más acentuada la disputa entre el PCV y Bravo, junto con los cubanos. En Tribuna Popular se hacía más frecuente la aparición de artículos condenando la conducta de Bravo y el apoyo de Fidel al Partido de la Revolución Venezolana. Pero Douglas se sentía vanguardia, ¡un revolucionario!, y además contaba con el apoyo del máximo líder de la izquierda mundial. Aquí quienes habían decidido aislarse eran los del Partido Comunista de Venezuela.

¡Lo hicieron!

El año 1966 continuó con fuertes enfrentamientos entre los guerrilleros y el Estado. Américo Martín, quien comandaba desde el frente El Bachiller, en el estado Miranda, se mantenía firme ante los asedios junto con Fernando Soto Rojas. En Monagas, Sucre y Anzoátegui el recién erigido Frente Antonio José de Sucre, cuyos comandantes eran Carlos Betancourt, Américo Silva y Gabriel Puerta Ponte, se mantenía resistiendo. Fueron meses duros para el movimiento armado.

Pero termina el año y empieza 1967 con una victoria para el Partido Comunista: «A las siete y diez minutos de la noche del domingo 5 de febrero, los soldados destacados en el primer puesto de centinelas del Cuartel San Carlos oyeron un cercano ruido de motor; casi de inmediato se abría la puerta del garaje del edificio Dopa y de él salía en retroceso la camioneta Chevrolet a dos tonos de Simón Nehemet Chagin, un simpático sirio propietario del abasto San Simón, que desde su llegada a la zona en abril del 64 había sabido granjearse el aprecio y la amistad de vecinos y militares», se lee en una crónica anónima (Tánatos, 2012).

«Con pericia dobló el volante y enfiló la trompa hacia la oriental esquina de Macuro, avanzó unos pocos metros y estacionó frente a los soldados, estos le saludaron y con cierto placer infantil celebraron el anuncio de Simón: "Voy al carnaval un rato, muchachos: si regreso temprano les traigo una botella. ¿De acuerdo?"» (Tánatos, 2012).

Pompeyo Márquez y Guillermo García Ponce habían sido detenidos luego del atentado terrorista al tren de El Encanto. Por su parte, Teodoro Petkoff había terminado en el Cuartel San Carlos el 17 de junio de 1964. Antes había logrado fugarse del Hospital Militar debido a que pudo simular una hemorragia. Bebió medio litro de sangre, lo vomitó y fue conducido al recinto médico. Saltó del séptimo piso, pero otra vez era prisionero.

«El sirio se puso nuevamente en marcha y a poca distancia disminuyó nuevamente la velocidad; con un ademán amistoso saludó a los guardias del segundo puesto de centinelas, ellos devolvieron el saludo y más por rutina que desconfianza miraron el interior de la camioneta: aparte de Simón, solo veían en la parte posterior del vehículo cajas de cartón (...) el Chevrolet dobló a la izquierda y tomó rumbo a La Pastora con mayor velocidad; de pronto entre las cajas y sacos de verduras brotó una voz emocionada que exclamó: "¡Lo hicimos!"» (Tánatos, 2012).

Los comunistas, Márquez, García Ponce y Petkoff —por segunda vez—, lograron escapar del Cuartel San Carlos. Militantes de su partido colaboraron en la elaboración del túnel La Reconciliación, que permitió a los dirigentes del Buró Político del PCV huir.

Para Falcón, con los **100** hombres de Bravo

«En marzo de 1967 se produjo el asesinato del doctor Julio Iribarren, hermano del canciller venezolano, por un comando que sostenía relaciones directas con La Habana», cuenta en su obra el diplomático e historiador Juan Benemelis (2003). No se sabe la fecha de la muerte de Iribarren, quien también era presidente del Instituto Venezolano de los Seguros Sociales, pero fue hallado el 4 de marzo. Tenía un disparo en la cabeza. Tres días antes había sido secuestrado y su cuerpo exhibía las criminales torturas.

En ese momento se responsabilizaron a los guerrilleros Félix Farías, comandante Claudio y a Eleazar Fabricio Aristeguieta como los autores del asesinato. Pero dos días después, en el diario Granma de Cuba, salen publicadas las declaraciones del comandante guerrillero de las Fuerzas Armadas de Liberación Nacional, Elías Manuitt Camero, quien se encontraba en la isla. El rebelde confiesa que las FALN estaban detrás del asesinato del hermano del canciller:

«El gobierno de Raúl Leoni, en una nueva muestra de su creciente debilidad y temeroso ante los numerosos golpes que le asestan las fuerzas revolucionarias, acaba de decretar una nueva suspensión de las garantías constitucionales, tomando como pretexto el reciente ajusticiamiento de Julio Iribarren Borges. Recientemente, con motivo de la desaparición y asesinato por parte del gobierno adeco de los dirigentes revolucionarios Andrés Pasquier y Felipe Malaver, la Comandancia Nacional FLN-FALN de Venezuela emitió un comunicado en el sentido de que por cada combatiente del movimiento revolucionario asesinado por el gobierno, las fuerzas patrióticas responderían con la justicia revolucionaria, aplicándola sobre tres personeros del gobierno, cómplices de la represión y de la miseria en que vive nuestro país en estos momentos, gobernado por traidores al servicio de los yankis (...) Por estas razones, como proclamaban las octavillas que circularon en Caracas, nuestro movimiento decidió aplicar la justicia revolucionaria sobre Julio Iribarren Borges, alto personero del gobierno, cómplice del engaño, de los desafueros que se cometen con los obreros venezolanos (...) (Nacional F. d., 1967)».

El presidente de la Comandancia Nacional FLN-FALN de Venezuela, como él mismo se llama en el escrito, confiesa públicamente el dantesco crimen. Eso generó un profundo rechazo por parte de la sociedad venezolana al movimiento armado y provocó, además, señalamientos oficiales al régimen de Castro por los evidentes vínculos. El exministro de Interior y ahora diputado por Acción Democrática, Carlos Andrés Pérez, dijo en su momento: «Este es el primer ministro cubano Fidel Castro con sus métodos en Venezuela. Ya es hora de que Venezuela y todos los países latinoamericanos nos decidamos a hacer algo frente a Cuba».

Días después, el 13 de marzo, Fidel menciona el incidente en su discurso en conmemoración del X asalto al Palacio Presidencial: «No hay un solo hecho de cuantos ocurren en este inquieto continente que no dé lugar a la inmediata y consabida acusación responsabilizando a Cuba (...) Ignoramos quienes fueron los que le dieron muerte a Iribarren Borges» (Castro F., 1967). Luego, el líder cubano arremete abiertamente contra el Partido Comunista de Venezuela, a quienes cataloga de derechistas:

«Desde hace varios días una gran campaña contra nuestro país ha venido siendo desatada por el gobierno de Venezuela. Y desde hace varios meses en la prensa clandestina y semiclandestina, e incluso en la prensa legal de ese país, y en distintos eventos internacionales, la dirección derechista del Partido Comunista de Venezuela ha estado

haciendo contra nuestro Partido similares imputaciones; la oligarquía proimperialista: de que intervenimos en los asuntos internos de Venezuela; y la dirección derechista, que intervenimos en los asuntos internos del Partido de Venezuela. ¡Coincidencia nada extraña entre reaccionarios y derechistas! (Castro F., 1967)».

Pero después empuña una defensa a los guerrilleros, a quienes intenta proteger de los comunistas: «Ninguno que pretenda con derecho a llamarse comunista apoyará la dirección oficial derechista frente a Douglas Bravo» (Castro, 1967). Luego del asesinato de Iribarren, el Partido Comunista de Venezuela publicó un comunicado en el que «desautorizan a Elías Manuitt, quien en nombre de las llamadas Fuerzas de Liberación Nacional reivindicó el asesinato de Julio Iribarren Borges». Dicen, luego: «Manuitt es un exmilitante expulsado públicamente del Partido Comunista por actividades fraccionarias y enfriamientos en su línea política, al igual que Douglas Bravo, Gregorio Lunar Márquez, Freddy Carqués y otros que utilizan el nombre del movimiento nacional liberador».

Frente al comunicado, Fidel dice en su discurso: «Los partidos comunistas tendrán que definirse entre los guerrilleros que combaten en Venezuela y los derrotistas que quieren renunciar (...) Ellos [los del PCV] terminaron esta declaración diciendo, acusando prácticamente a los comandantes guerrilleros de este hecho, acusando a Douglas Bravo, a Gregorio Lunar Márquez, a Freddy Carqués, a Francisco Prada y a otros heroicos combatientes guerrilleros que en las montañas de Venezuela se enfrenta contra legiones de soldados allí» (Castro, 1967). Por curiosidad es conveniente señalar que, según la transcripción de este discurso por parte del régimen cubano, prácticamente cada vez que Castro mencionaba a Bravo, recibía aplausos.

Toda la polémica solo derivó en mayor represión por parte del Gobierno de Leoni —pero también en una represión mediática por parte de fuerzas políticas, que antes eran aliadas—.

Por último, para esta fecha en Cuba se maneja la posibilidad de ejecutar un plan en el que está relacionada estrictamente Venezuela.

Luego de los acuerdos entre Jruschov y Kennedy en medio de la crisis mundial de los misiles, se hacía ahora inminente la posibilidad de una invasión de Estados Unidos a la isla. Según explica Douglas Bravo (2017), en el pacto se acordó que la potencia rusa no permitiría a Fidel seguir financiando los movimientos insurgentes en Latinoamérica. Si lo hacía, Cuba sería invadida. Por lo tanto, se empieza a manejar un proyecto que revela claramente la importancia del país petrolero para el primer ministro cubano.

«Entonces, el Che y Fidel tenían una tesis. Consistía en que Cuba tenía que restearse apoyando la guerrilla en América Latina, pero para apoyarla tenía que hacer unos cambios internos muy profundos. Si daban apoyo, Estados Unidos invadía, entonces Cuba sabía que la iban a invadir. Esto lo discutieron allá y también lo discutimos nosotros por nuestra cuenta. Claro, era algo confidencial», cuenta el guerrillero (Bravo, 2017).

Prosigue Bravo (2017): «El plan consistía en que, como era seguro que venía una invasión norteamericana a Cuba, porque estaba violando el tratado con Rusia, entonces Fidel se vendría para Venezuela, porque esta era la guerrilla más desarrollada. Solamente en Falcón yo tenía 100 hombres. Venezuela era fundamental para Castro».

A Machurucuto como a Sierra Maestra

Mientras en Venezuela se daban enfrentamientos mediáticos entre la izquierda revolucionaria y la de «derechas», en Cuba el régimen autoritario de Fidel Castro continuaba provocando un éxodo masivo. Cientos de miles de cubanos terminaban en Estados Unidos, tratando de huir de la demoledora tiranía que se había impuesto. Y la miseria, igualmente, amenazaba.

Al ser un régimen socialista, con claras inclinaciones marxistas-leninistas, Fidel derogó cualquier tipo de participación privada en el mercado. Era el Estado el que controlaba todo y decidía cómo se iba a desarrollar la industria e, incluso, la vida privada. Se había convertido, entonces, en un Estado totalitario: «Sabemos que el anillo de hierro del terror no deja espacio para semejante vida privada y que la autocoacción de la lógica totalitaria destruye la capacidad del hombre para la experiencia y el pensamiento, tan seguramente como su capacidad para la acción», escribe en su gran obra la alemana Hannah Arendt (1974) sobre este tipo de regímenes. Testimonios terribles como los presentados por el revolucionario Dariel Alarcón, alias Benigno, para el libro de Elizabeth Burgos, *Memorias de un soldado cubano* (2003), confirman lo estimado por la autora germana varios años antes: era Cuba, prácticamente, un Estado totalitario que controlaba la vida de sus gentes.

Debido al control señalado, todo el aparato productivo fue suprimido, por lo que era imposible abastecer propiamente a toda una sociedad. Es entonces cuando Fidel busca la forma, desde el Estado, de acabar la dependencia del único producto que aún les daba ganancia: el azúcar.

«[Castro] quería diversificar la economía tratando la dependencia del azúcar, pero todos los intentos por sustituir esta industria fracasaron por falta de fondos y por la necesidad de producir azúcar para pagar el petróleo ruso. En aras de la independencia económica, enzarzó al país en una serie de experimentos descabellados que eran fruto de sus lecturas, yendo a dar con soluciones nuevas. Su ideal era la sociedad rural con comunas organizadas donde el Estado se encargara de criar niños. La familia sería tan superflua como la propiedad. La empresa privada, en todo caso, tenía los días contados», señala el autor Clive Foss (2007). Y, mientras en la isla se ensayaba el afianzamiento del totalitarismo, también se planeaba otro asalto a Venezuela.

«Nos embarcamos a las seis de la mañana el día 3 de mayo de 1967. Fidel estuvo con nosotros toda esa noche, acompañando por el comandante Guillermo García, que era el jefe del partido en oriente, uno de los combatientes de Sierra Maestra, y por su gente de seguridad, entre quienes se encontraban los hermanos de la Guardia, Tony y Patricio», relata el guerrillero del MIR, Héctor Pérez Marcano, en el libro escrito por Antonio Sánchez García, *La invasión de Cuba a Venezuela* (2007).

En mayo de 1967 zarparon de la isla dos embarcaciones hacia Venezuela. Viajaban guerrilleros venezolanos y cubanos dispuestos a invadir al país latinoamericano y a apoyar a los movimientos insurgentes que estaban al tanto del ataque. Llegaron, finalmente, el 8 de mayo. El asalto era dirigido por el de Venezuela, Fernando Soto Rojas, alias comandante Ramiro, y el capitán cubano, Antonio Briones Montoto.

«Toda esa noche Fidel la dedicó a leernos y comentar sus partes de guerra de la Sierra Maestra, que llevaba consigo en un libro voluminoso y muy bien encuadernado. Leyéndonos esos documentos y dándonos orientaciones sobre cómo deberíamos proceder hasta dar con la guerrilla. Que se suponía, iba a estar en un caserío llamado La América, en las cercanías del cerro El Bachiller, en el estado Miranda» (Marcano A. S., 2007).

La idea de la invasión era encontrarse con el Frente Guerrillero Ezequiel Zamora, que operaba en El Bachiller, y donde se encontraba el comandante Américo Martín. Los venezolanos y cubanos que venían de la isla habían recibido un entrenamiento intenso por los triunfadores del Granma y podían aportar conocimiento invaluable. Una vez hecho el contacto, se partiría a Caracas para derrocar al Gobierno de Raúl Leoni.

«El desembarco debía tener lugar en el sitio llamado El Cocal de los Muertos, tal como figuraba el mapa (…) Una zona de cocoteros sobre una franja de playa muy cercana a la carretera de Oriente, lo que nos permitiría llegar rápidamente hasta ella, cruzarla y adentrarnos al monte sin ser descubiertos» (Marcano A. S., 2007).

En la embarcación viajaban también espías del régimen de Castro. Miembros de la eficaz inteligencia comandada por Barbarroja.

«(…) como a las seis de la mañana uno de los hombres de seguridad le dijo a Fidel, que seguía hablando y hablando y hablando y dándonos consejos: "Comandante, los muchachos tienen que embarcar" (…) nos embarcamos rápidamente, siempre acompañados de Fidel, que subió con nosotros. Entonces nos obsequió a quienes íbamos en la expedición, un reloj Rolex. El Rolex famoso ese, el submarino. "El mejor reloj para un guerrillero", nos comentó al dárnoslo, "pues no importa la circunstancia, en el monte, en el agua, en cualquier sitio funciona"» (Marcano A. S., 2007).

El relato de Pérez Marcano es valioso. Castro le da un Rolex a él, a Américo Silva y a Moisés Moleiro; les da otro, pero no sobra: «"Este se lo entregan a Américo", dijo refiriéndose a Américo Martín» (Marcano A. S., 2007). Prosigue contando el guerrillero (2007) que «del barco debían bajar a dos millas de la costa y frente a El Cocal de los Muertos dos lanchas tipo comando». Eran ocho los que debían infiltrarse, y cuatro tripulantes, todos en una lancha. En la otra estaban otros doce, pero de apoyo. Un grupo pequeño pero bien preparado y con información y experiencia suficiente.

«Las instrucciones de Fidel eran contundentes y muy precisas: en caso de alguna emergencia todo el mundo debía desembarcar e integrarse a la guerrilla. Cada uno de nosotros, incluidos los tripulantes de ambas lanchas, traía diez mil dólares y diez mil bolívares en billetes, en efectivo, éramos 24 hombres en total, de modo que traíamos doscientos cuarenta mil dólares y doscientos cuarenta mil bolívares (…) se había decidido dejar los FAL, el arma de combate del ejército venezolano, y llevar AKA 47. "Por lo menos para el desembarco y las primeras escaramuzas", nos había dicho» (Marcano A. S., 2007).

«El nombre de los cuatro cubanos es inolvidable, pues se trataba de combatientes de la más alta significación en el ejército cubano, lo que demuestra la extraordinaria importancia que le asignó Fidel al desembarco y más en particular a la guerra revolucionaria en Venezuela», se lee en el testimonio de Héctor Pérez Marcano (2007).

El barco llegó a las dos de la mañana del 8 de mayo. Surgió un incidente en el desembarco y el cubano Briones Montoto decidió sumarse a los guerrilleros que se infiltrarían. Una de las lanchas se había encallado y murió, accidentalmente, un tripulante. Finalmente, el resto desembarcó y dejaron las lanchas. Al día siguiente un pescador las vio y avisó a las fuerzas del Estado, quienes entendieron qué ocurría.

En esta oportunidad volvieron a actuar las Fuerzas Armadas. El Gobierno de Leoni utilizó unos 200 militares para perseguir a los 12 insurgentes. Se dieron bajas y persecuciones. Al respecto, dice Moisés Moleiro (García J. C., 2012): «Me salvé de vaina, debido a que tuvimos un percance al desembarcar, dejando el bote abandonado, el cual fue precisado por los cazadores del Ejército, que tenían la orden de matarnos en defensa de la democracia».

«Luego de realizar el desembarco nos dirigimos a la montaña El Bachiller, en busca de los compañeros de la guerrilla, la cual encontramos a los 100 días de haber pisado tierra. Durante ese tiempo fuimos constantemente perseguidos por las fuerzas militares. Pasamos sed, hambruna y enfermedades», cuenta el cubano Raúl Menéndez Tomassevich (García J. C., 2012), quien también formaba parte del asalto.

Al final la invasión se quedó en intento. Fue un fracaso. Mediocre. Burdo. El Gobierno de Leoni logró asesinar al reconocido héroe cubano Antonio Briones Montoto —cuyo cadáver fue acompañado en helicóptero por un joven militar de 19 años llamado William Izarra— y a otros más. Presentó como trofeo a los otros de la isla, Manuel Gil Castellanos y Pedro Cabrera Torres. Pocos lograron huir, como Soto Rojas, Moleiro y Marcano. Pero había sido una derrota para los rebeldes y para Castro: un triunfo para la democracia.

El incidente realmente se dio en las playas de Miranda, cerca de Río Chico, específicamente en Machurucuto. Allí Fidel violentó el armonioso paisaje con el fracasado desembarco. Se dice que a Castro le aconsejaron ejecutar la invasión por la selva, desde el estado occidental Zulia; pero no.

«Fue Castro quien insistió en que entraran por mar —algo así como su llegada a Cuba en el Granma, para incorporarse a la Sierra Maestra. El deseo de épica se impuso sobre la sensatez», escribe en un artículo el catedrático y exsecretario de Asuntos Internacionales de Copei, Marcos Villasmil (2015).

Abandono físico: una cosa dura para el Che

El desembarco en Machurucuto generó una reacción severa por parte del gobierno de Leoni. Fidel engrosaba el historial dramático de intentos injerencistas. Además de presentar sus trofeos, Leoni volvió a denunciar a la isla en la OEA y se acentuó nuevamente el rompimiento de relaciones que había concertado Rómulo Betancourt en noviembre de 1961.

«En junio de 1967 prestó declaraciones ante una comisión especial de la OEA el venezolano Marcano, quien daría pormenores de la subversión cubana en Venezuela. Marcano, entrenado por los servicios secretos cubanos, participó en numerosos actos de sabotaje y terrorismo», apunta el historiador cubano Juan Benemelis (2003), quien además asegura que Manuel Marcano expuso todos los deseos de Castro en Venezuela, entre los cuales estaba la decisión de atacar los oleoductos de las empresas norteamericanas.

A este punto las divisiones y agresiones entre la izquierda venezolana se robustecían. El Partido Comunista de Venezuela había decidido en abril de 1967 que «dejaría a un lado los intentos subversivos y participaría en las próximas elecciones» (Alexander, 1972). Se integraban los comunistas al gobierno de amplia base y, en consecuencia, la principal fuerza política del conflicto de los sesenta en el país finalizaba su participación en la lucha armada.

A los días del intento de invasión, las fuerzas de seguridad del Estado de Raúl Leoni detuvieron al guerrillero y comandante de El Bachiller, Américo Martín. El militante del MIR iba a viajar a Cuba por mar; pero el Gobierno se lo impidió. Fue otro golpe para los rebeldes; pero no tan duro como el que recibirían en octubre: uno moral.

«El Che Guevara empieza a oponerse a Castro. Empezó cuando cuestionó si el imperialismo de la Unión Soviética era en realidad tan diferente al imperialismo estadounidense», dice el biógrafo de Castro, Jean Pierre-Clerc (Amara, 2016). También precisa el revolucionario Dariel Alarcón, Benigno (Amara, 2016): «El Che Guevara era, como decimos nosotros, un árbol que le estaba haciendo mucha sombra a Fidel. Fue un hombre que empezó a explicar y a ver qué cosa era el comunismo en la práctica».

Misteriosamente en 1965 el Che había renunciado a sus cargos de ministro y comandante; luego, desapareció. A los años se supo que estaba en el Congo y, por orden de Castro, partió a Bolivia en noviembre de 1966 a expandir la Revolución Cubana. «Cuando llegamos a Bolivia, Fidel nos había hecho promesas, de todo lo que se había creado para generar una seguridad a nuestra estadía en Bolivia. El 95 % de las cosas que nos habían prometido, habían desaparecido», comenta Alarcón (Amara, 2016), quien acompañó al país latinoamericano al héroe de la Revolución Cubana.

Los guerrilleros iniciaron la lucha armada en Bolivia, pero el presidente terminó solicitando ayuda al Gobierno de Estados Unidos, que envió a varios veteranos de la invasión de Bahía de Cochinos, así como agentes del FBI para colaborar con el ejército boliviano. Finalmente, las guerrillas del Che fracasaron y el 8 de octubre el líder fue herido y hecho prisionero.

Estados Unidos quería mantenerlo vivo para exponer las evidentes diferencias entre él y Fidel Castro, pero el presidente, René Barrientos Ortuño, ordenó su ejecución. Cuenta al respecto Félix Rodríguez (Amara, 2016), veterano de Bahía de Cochinos y hombre, seguramente privilegiado, por haber escuchado las últimas palabras del Che Guevara: «Le pregunté si quería decir algo antes de la ejecución, y en tono de sarcasmo me dijo: "Si puede, dígale a Fidel que pronto verá una revolución victoriosa en América… Y dígale a mi esposa que se vuelva a casar y que trate de ser feliz"».

El 9 de octubre de 1967 el Che Guevara fue asesinado. Sin embargo, fue nueve días después cuando Fidel Castro anunció la noticia en la isla. Lo convirtió en un mártir, asegurando que todos los niños cubanos debían emularlo; pero pocos le creyeron al primer ministro de Cuba.

Lo que le había sucedido al Che lo entendieron muchos de la izquierda, quienes se empezaban a curar del embrujo de Castro. Particularmente el comunista Héctor Mujica condena a Fidel por lo sucedido a Guevara —quien, como Castro, se había convertido en un ídolo para la izquierda mundial (Méndez-Reyes, 2010).

Luego del fusilamiento del Che, vuelven a surgir viejas tensiones. La Unión Soviética ordena nuevamente la retirada de cualquier tipo de ayuda a los grupos insurgentes en Latinoamérica. Ya no lo toleraría más porque Estados Unidos estaba vigilante —a pesar de que Fidel sí se encontraba preparado para una invasión de Norteamérica, como lo señala Bravo (2017).

Cuenta el guerrillero del MIR, Héctor Pérez Marcano (García V. F., 2013), que la lucha de guerrillas menguó en Venezuela «cuando el Che es derrotado, y muere en Bolivia, en octubre de 1967 y la lucha armada da muestras de debilitamiento y visos de derrota». «Los cubanos que vinieron a Venezuela, como la primera expedición de julio de 1966 dirigida por el cubano Arnaldo Ochoa; y otros que vinieron con nosotros al segundo desembarco, el de Machurucuto, el 8 de mayo de 1967, comienzan a regresar a Cuba», añade Pérez Marcano (García V. F., 2013).

«Era evidente que Fidel no había abandonado la idea», asegura el guerrillero (García V. F., 2013), pero por las presiones de la Unión Soviética debe tomar la difícil medida de desamparar físicamente a los guerrilleros, ahora disminuidos y golpeados.

La orfandad no la recibe bien el Frente José Leonardo Chirinos, y específicamente le molesta a Douglas Bravo, quien dice: «Cuando Cuba da el viraje de apoyar a la Unión Soviética, sacan a todo el contingente cubano. Y muchos de nuestros venezolanos se fueron con los cubanos. En el 67 abandonaron el país clandestinamente. Salen todos. Y ya ha muerto el Che. Yo imagino que para el Che esto sería una cosa dura» (Bravo, 2017).

Fin de la lucha armada

«A partir de ese momento empiezan a agravarse las diferencias entre Fidel y Douglas», comenta el general Peñaloza (2014). El comunista Alí Rodríguez Araque, por su parte, se mantiene al margen. Continúa cercano a ambos. También el aparente abandono de Fidel obliga a los movimientos guerrilleros a meditar sobre los logros de la lucha y la posibilidad de seguirla manteniendo en el tiempo. Pero aún no desmaya. Se da un repliegue táctico y se mantiene el conflicto.

Por otra parte, «a finales de 1967 ocurrió una nueva escisión de Acción Democrática. En esta oportunidad el ala izquierda se separó, siguiendo a Luis Beltrán Prieto Figueroa, quien fundó el Partido Movimiento Electoral del Pueblo (MEP)», comenta en su obra Carlos Peñaloza (2014). Oficialmente se da su formación el 10 de diciembre de 1967 y, al respecto, escribe Moleiro (1978) en *El partido del pueblo*: «Si la escisión del MIR es la de unos jóvenes que doctrinariamente estaban enfrentados a los supuestos mismos del "partido del pueblo", y la de ARS es la de una generación intermedia que reclama soluciones más densas; la del MEP es la del propio partido contra el rumbo que le han trazado sus gobiernos. El "populismo adeco" se sacude molesto por el grado de complicidad entre el partido y la burguesía». Lo cierto es que este nuevo cisma afecta gravemente a Acción Democrática, sobre todo de cara a un año electoral.

Termina 1967 marcado por la escisión y empieza un año crucial para el desarrollo de futuros proyectos en Venezuela. El comando de los «cazadores» del Ejército venezolano —las primeras fuerzas de operaciones especiales conformadas en

1963 para luchar contra la guerrilla y entrenadas por militares de Estados Unidos— empiezan a generar importantes avances para el Gobierno saliente de Leoni. No pueden los guerrilleros contra los militares y las bajas son cada vez más frecuentes. Al respecto, cuenta el general de brigada retirado del Ejército, Ángel Vivas (2017): «Los cazadores debilitan fuertemente a la guerrilla. Para entonces estaban prácticamente derrotados, e incluso el mismo Fidel reconoce esto. Aparentó una rectificación de su política hacia Venezuela y acepta respetar las diferencias». Sobre esto último no se halló información; pero lo cierto es que el escenario estaba cambiando.

Douglas Bravo, por su lado, frente al repliegue total del Partido Comunista y al desamparo de Castro, empieza a «hablar de la necesidad de reestructurar la guerrilla e implantar un socialismo con acento venezolano basado en Bolívar» (Peñaloza, 2014).

Siguen bajo su mando todos los frentes guerrilleros del país, a través de las Fuerzas Armadas de Liberación Nacional y el Frente de Liberación Nacional; pero la situación se ha modificado drásticamente. Douglas sabe que solo puede dilatar lo inminente, por lo que es momento de empezar a asumir la posibilidad de optar por otras alternativas para lograr la toma del poder político en el país.

«En el poder, en su segundo mandato de AD, el poder oficial del Gobierno adquiere estas características: primero, el dólar sube con la crisis petrolera. De manera que los enemigos se fortalecen económicamente. Tú pierdes fuerza interna, pero no porque el enemigo nos esté jodiendo. Se debilita más la guerrilla nuestra, ¡vaina lógica!», cuenta Bravo (2017).

Los golpes son fuertes. Los cazadores son efectivos. Además, empieza un año electoral en el que la pacificación del país es empuñada como estandarte principal por la mayoría de los candidatos. Ya los venezolanos están hastiados de la sangre, de la insurrección; y los rebeldes saben que no tienen forma de triunfar —al menos no por la vía de las armas—.

Aún quedaba otra opción. Durante años, Bravo, los comunistas y la izquierda en general habían logrado crear vínculos importantes con las fuerzas militares del país. Era momento de aprovecharlos. Era momento de dejar la lucha armada y de asumir otra estrategia: la infiltración.

PARTE DOS: LA INFILTRACIÓN

Un instrumento al servicio de la paz

Vuelve la fiesta democrática. Nuevamente los partidos se preparaban para disputarse las elecciones a finales de 1968. Pero ahora hay un elemento inédito en la fórmula: por primera vez los comunistas estaban dispuestos a participar. Se incluían, de esa manera, al sistema democrático venezolano, que pudo resistir exitosamente los fuertes asedios de la extrema izquierda.

La reciente escisión de Acción Democrática había generado un escenario difícil para el partido de Rómulo Betancourt y Raúl Leoni. Luis Beltrán Prieto Figueroa se había salido del movimiento político para fundar el Movimiento Electoral del Pueblo (MEP) y se había llevado consigo parte de la militancia adeca. Al final, luego de las primarias, Acción Democrática pudo presentar oficialmente a su candidato para las elecciones presidenciales: Gonzalo Barrios. Por su parte, el fundador de Copei, Rafael Caldera, quedó como el candidato de la fuerza socialcristiana. El MEP participó con Prieto Figueroa; y Unión Republicana Democrática presentó a Miguel Ángel Burelli Rivas. La contienda, en esta ocasión, era bastante reñida. Barrios era popular, pero ahora padecía directamente el cisma provocado por Luis Beltrán, otro político con carisma. La única alternativa posible era Caldera, quien realmente no gozaba de la consideración de sus contrincantes.

Además, está la participación del Partido Comunista, que le genera serios problemas a los adecos. «Mientras, se avecinaban las elecciones nacionales de 1968 para elegir al presidente de la República y a los parlamentarios. Esta vez el partido no quiere cometer el error de abstenerse. Al contrario, decide respaldar la candidatura de Luis Beltrán Prieto Figueroa, distanciado de AD. Al viejo Prieto, del sector más conservador del CEN [Comité Ejecutivo Nacional] adeco, no le entusiasmaba mucho el apoyo comunista. Nos vimos obligados a disfrazar el apoyo y crear sobre la marcha una organización electoral, Unión Para Avanzar, UPA, la fórmula fue Oreja-Gallo», cuenta el militante comunista Víctor Hugo D'Paola (2014).

Las principales fuerzas políticas del país se preparaban para elegir al próximo presidente de la República, pero el conflicto no había cesado.

No era una disputa propiamente bélica la que aún se daba en Venezuela. Si bien la lucha armada no había terminado de desaparecer; ya se empezaba a transformar. Bravo mantuvo la operación del Frente de Liberación Nacional y las Fuerzas Armadas de Liberación Nacional. Los combatientes lo apoyaban en las montañas y se mantenían firmes, a pesar de que la derrota ya había sido anunciada. Ese mismo año, la izquierda mundial padeció una decepción importante. Una suerte de golpe moral.

En la noche del 20 al 21 de agosto de 1968 las tropas de los cinco países socialistas que conforman el Pacto de Varsovia invadieron la República Socialista de Checoslovaquia. El ataque era dirigido por la Unión Soviética y tenía como finalidad detener las reformas liberales emprendidas por el secretario general del Partido Comunista de Checoslovaquia, Alexander Dubček. El líder checoslovaco sabía que el sistema socialista era insostenible, por lo que decidió ejecutar una serie de políticas que empezaban a democratizar al país. Aquello no fue tolerado por la Unión de Repúblicas Socialistas Soviéticas.

La operación fue denominada Danubio y derivó en el asesinato de varios civiles checoslovacos y en más de 500 heridos. Finalmente, la Unión Soviética y el Partido Comunista de Checoslovaquia lograron detener las reformas y volvieron a imponer su autoridad. La condena de la comunidad internacional al asalto fue amplia. Incluso, algunos países comunistas como Yugoslavia y Rumania negaron su participación, por la indignación que se generó. Y, también, varios antiguos partidarios comunistas se decepcionaron por el comportamiento abusivo de la potencia rusa.

Particularmente, en Venezuela, Teodoro Petkoff, de la dirigencia del PCV, reprobó la invasión. De hecho, al año siguiente publicaría su reconocido libro *Checoslovaquia: el socialismo como problema*, en el que cuestiona al modelo ofrecido por la Unión Soviética e impone un nuevo debate en el país. Se habla, por primera vez, de socialismo con rostro humano. «Una de las décimas, vamos a decirlo así, que desde hace veinte años nosotros venimos sosteniendo es que el dilema capitalismo-comunismo a la soviética es un falso dilema, el comunismo a la soviética no fue nunca una alternativa al capitalismo; fue una suerte de aborto histórico», diría unos años después el mismo Teodoro en una entrevista con el historiador Rafael Arráiz Lucca (1990).

La invasión a Checoslovaquia fue un evento histórico que, sin duda, desestabilizó al mundo y motivó importantes reflexiones entre la izquierda mundial. Por su parte, Douglas Bravo, estimulado también por el incidente europeo, reafirmó su decisión de apartarse del comunismo estalinista y leninista tradicional. Y, en consecuencia, profundiza en su disruptiva idea del bolivarianismo revolucionario. La intención era generar una corriente cuya base ideológica estuviese estrictamente relacionada con el marxismo clásico; y que además tuviese una tintura nacionalista y tribal. Muchos años después Bravo la catalogaría como un «tercer camino». Una alternativa al «capitalismo tradicional y al soviético» (Bravo, 2017). Pero ahora la idea, en síntesis, era camuflar al comunismo con una adoración casi enfermiza por Simón Bolívar. Sería en esencia el mismo marxismo-leninismo con el que por años se identificó el Partido de la Revolución, aunque jamás sería expresado ampliamente. Es decir, no se hablaría de comunismo, ni de ningún idealismo estalinista; en cambio, solo se mantendrían los dogmas antiimperialistas, nacionalistas y la retórica de sensibilidad social.

A finales de 1968, el comandante Fausto, Alí Rodríguez Araque, ahora militante del Partido de la Revolución y no del PCV, fue designado como jefe de estado mayor del Frente de Liberación Nacional. Luben Petkoff, el hermano de Teodoro, quedó encargado de los movimientos guerrilleros. Bravo seguía siendo el comandante, pero realmente quien se encargaría ahora de todo sería Luben. El fundador del PRV se ocuparía de pulir su fuerza política y de ejecutar la nueva estrategia para lograr la toma del poder en Venezuela.

En esta época ingresa al Partido de la Revolución el educador Nelson Sánchez, quien sería apodado comandante Harold. Sánchez era de Mérida y, aunque ya era miembro del Frente de Liberación Nacional en Táchira, fue un aporte ideológico esencial para el PRV. Asimismo, se integra el guerrillero Kléber Ramírez, antiguo comunista, y quien ahora también brinda un aporte importante al PRV y a la tesis del bolivarianismo.

Primero de diciembre de 1968. El candidato de Copei, Rafael Caldera, triunfa; pero no obtiene una victoria amplia. Gana con 1.083.712 votos; solo 23 mil más que el de Acción Democrática, Gonzalo Barrios. De tercer lugar queda Miguel Ángel Burelli Rivas y, de último, Luis Beltrán Prieto Figueroa. Todos los candidatos reconocen la victoria del socialcristiano y, por primera vez en la historia de Venezuela, una fuerza política cede el poder a la oposición.

Al ganar el abogado Rafael Caldera lo primero que hace es esgrimir el estandarte de la paz. Bajo su Gobierno, según señalaba, se terminaría de concretar la retirada de toda la guerrilla:

«Me guía como preocupación fundamental la paz. Quiero ser un instrumento al servicio de la paz de los venezolanos; quiero distinguir claramente entre mi papel, que hasta ahora ha sido el de un combatiente político, y el papel que me corresponde en lo adelante, que es el de un magistrado cuya función carecería de sentido si no se hiciera intérprete de todos los venezolanos (...) Quiero en este solemne momento de mi vida invocar para mi pueblo, como lo hace la Constitución, la protección de Dios

Todopoderoso para que marchemos hacia delante en paz y armonía y decirles a todos los venezolanos que les deseo unas pascuas muy alegres y un feliz año nuevo 1969» (Caldera, 1968).

Con ese discurso, del 11 de diciembre, inició el definitivo proceso de pacificación en Venezuela.

Escuelas de cuadros, se enseña sobre Zamora y Bolívar

El presidente Caldera tomó posesión el 11 de marzo de 1969. En su alegato aseguró que, bajo su mandato, Venezuela tendría «un Gobierno eminentemente popular, eminentemente justo, eminentemente moral, que encadene la opresión, la anarquía o la culpa. Un gobierno que haga reinar la inocencia, la humanidad y la paz» (Caldera, 1969).

El nuevo presidente heredó un país profundamente herido. Había padecido por muchos años los estragos de la guerra de guerrillas. Aunque ya prácticamente todos los focos insurreccionales fueron suprimidos, los venezolanos exigían a gritos la consolidación de la paz. Ello generaba una presión inmensa en quienes aún no habían abandonado las armas, por lo que los rebeldes empezaron, de forma gradual, a plegarse a la política de pacificación de Caldera, en la que se decidió terminar de legalizar al Partido Comunista y a otras fuerzas políticas otrora poderosas, pero ahora magulladas.

Prácticamente derrotados, Bravo decidió finalmente iniciar la nueva estrategia: «Surge otra alternativa. Estando yo en la guerrilla, no dejé de actuar con los militares. Nunca abandonamos eso» (Bravo, 2017). La idea ahora era aprovechar las relaciones con los miembros de las Fuerzas Armadas y tratar de infiltrar a nuevos individuos que lograrían, en unos años, formar un grupo lo suficientemente poderoso como para tomar el poder. Se formaría, por lo tanto, un movimiento cívico-militar que sería la nueva amenaza para la ya consolidada democracia.

Es en 1969 cuando Douglas ordena a uno de los ideólogos del Partido de la Revolución, José Esteban Ruiz Guevara, volver a su pueblo en el estado Barinas, Sabaneta, e iniciar la nueva táctica. «Ruiz Guevara era profesor de historia en Sabaneta. Era del Partido Comunista, pero luego me daba apoyo. Entonces yo le pedí que creara las escuelas de cuadros. Dio clases a muchos muchachos. Era un profesor marxista que educó a muchos muchachos que luego entraron a la Fuerza Armada», cuenta Douglas Bravo (2017).

Las denominadas «Escuelas de cuadros» surgen en La Habana y, según el «Diccionario de castrismo cotidiano» de la web *Cubanálisis*, son «escuelas organizadas por el Partido, los ministerios, los gobiernos provisionales y las organizaciones de masas para que todos sus cuadros reciban periódicamente estudios y preparación en temas de dirección y "educación política"».

«Los cursos eran con la finalidad de mantener vivo el ideal de la Revolución», comenta Bravo (2017). El propósito era crear una suerte de cursos académicos en los que se pontificaría sobre el bolivarianismo y se hablaría sobre dogmas marxistas, sin siquiera mencionar la palabra marxismo. Prosigue Douglas (2017): «Ruiz Guevara era un historiador, un hombre muy sencillo y se detenía mucho en los acontecimientos. En estos cursos hablaría sobre la Guerra Federal, sobre Zamora y sobre Bolívar».

Ruiz Guevara y los Chávez, sus amigos

Mientras en Sabaneta, José Esteban Ruiz Guevara ejecutaba el plan de Douglas, la política de pacificación de Rafael Caldera se iba consolidando. En consecuencia, empezaron a darse deserciones en las Fuerzas Armadas de Liberación. Cada vez eran más los guerrilleros que se plegaban a una política que los recibía con los brazos abiertos. No había rentabilidad en seguir formando parte de un movimiento cuya ruina era inminente.

El guerrillero Alfredo Maneiro, quien iba a sumarse al Partido de la Revolución, termina cediendo y abandona las armas. Teodoro Petkoff también es recibido por el Gobierno, que lo libera de prisión por una amnistía. Junto a ellos son varios los que, con Caldera en el poder, dejan sus armas en 1969. Del Movimiento de Izquierda Revolucionaria se pacifica toda el ala de Domingo Alberto Rangel. Empezó un proceso gradual que no se detendría.

En Sabaneta, Ruiz Guevara era vecino de una familia humilde con vínculos estrechos a la política. El jerarca, Hugo de los Reyes Chávez, militaba en el partido gobernante Copei y era director de una escuela primaria. Junto a su esposa, Elena, tenía dos hijos: Adán Coromoto Chávez Frías y Hugo Rafael Chávez Frías, de 16 y 15 años para entonces, respectivamente.

Según cuenta el general Carlos Julio Peñaloza (2014): «Al llegar a Barinas, Ruiz se topó con su viejo amigo Hugo de los Reyes Chávez, un maestro de escuela primaria (...) Había sido nombrado director de la escuela primaria del cercano caserío de Sabaneta y se había visto obligado a dejar a sus hijos mayores en Barinas bajo el cuidado de su abuela materna, Rosinés».

Sobre la casa de su abuela, Hugo Chávez (2013) escribe: «Yo nací en la casa de esa vieja, Rosa Inés Chávez. Era una casa de palma, de piso de tierra, pared de tierra, de alerones, de muchos pájaros que andaban volando por todas partes, unas palomas blancas. Era un patio de muchos árboles de ciruelos, mandarina, mangos, de naranjos…».

El hogar de la abuela de Chávez, Rosa Inés, quedaba a una cuadra y media de la Plaza Bolívar de Sabaneta, en aquel momento un pueblo de calles de tierra. Cerca vivía también José Esteban Ruiz Guevara, quien le informa a su amigo, Hugo de los Reyes, que está impartiendo unos cursos para jóvenes en su casa. Todo eso en la urbanización Juan Antonio Rodríguez Domínguez (Barrera Tyszka, 2012).

Adán se acerca primero y comienza a asistir a las clases del militante del Partido de la Revolución. Luego, meses después y atraído por quien siempre sería su principal faro político, Hugo Chávez decide ver de qué se tratan las clases de Ruiz Guevara. «Chávez visitaba mucho a Ruiz Guevara porque vivían cerca. Chávez lo visitaba, iba a tomar café para allá, leía. Al comienzo no asistía mucho a los cursos, pero luego fue yendo», relata Douglas Bravo (2017).

Frente a la casa de Ruiz Guevara, señala Peñaloza (2014) y confirma Bravo (2017), había un campo de béisbol. Una vez terminado el curso, Chávez, junto con los otros que asistían, iba a jugar en la cancha. Unos años después, para el libro *Chávez nuestro*, de los periodistas Miriam Rose y Luis Elizalde Báez (2004), Hugo Chávez confirmaría su amistad con Ruiz Guevara. Asimismo, en un testimonio, la militante comunista y antigua guerrillera, María León, comenta: «Me reuní con José Esteban Ruiz Guevara, a quien considero mi padre político, y me indicó que él había participado en la formación de Chávez durante su juventud. Ambos tuvieron una amistad profunda» (Becerra, 2015).

Un instrumento al servicio de la paz II

Rafael Caldera tenía ahora la oportunidad de llevar a cabo profundos cambios en el país. Era la primera vez que una fuerza política cedía el poder, por lo que el presidente de Copei podía demostrarle a Venezuela la eficacia —o negligencia— del sistema democrático.

Para mediados de 1969 los grupos guerrilleros, gastados y debilitados, seguían haciendo daño a una democracia mucho más estable que la de Rómulo Betancourt y Raúl Leoni. En el estado Sucre algunos insurrectos llegaron a emboscar a efectivos militares. Fue un trágico atentado que revivió miedos y temores que ya habían sido enterrados. Pero la verdad es fue un ataque perpetrado por un grupo aislado, en el que el azar definió el desarrollo de los hechos. La guerrilla realmente estaba cada vez más débil y el Gobierno de Caldera parecía sólido e inmutable por las pequeñas embestidas (Valero, 2013).

«Toda esta situación de guerrillas no restará importancia a la figura y expectativa que se había formado en torno al nuevo presidente. Por el contrario, le sumó mayor interés a su programa de gobierno. El primero de marzo de 1969 la revista Élite publicó un artículo titulado "Caldera, conductor de la esperanza de paz", en el cual se exaltan las virtudes democráticas del presidente Caldera y su proyecto de gobierno, propuesto en la campaña electoral» (Valero, 2013).

Sobre la política de reconciliación y amnistía, que sería piedra angular de su gobierno, el presidente Rafael Caldera diría más tarde en un discurso:

«Dentro de la acción del gobierno, que es el encuentro de la experiencia y de la idea, dispuse des de el primer momento como objetivo prioritario la pacificación. Todas las medidas que se han estimado necesarias para orientar los pasos de quienes andaban por senderos de violencia hacia los causes legales, han sido dictadas, con audacia y, ¿por qué no decirlo? También con generosidad».

«Se han rehabilitado partidos políticos, se ha garantizado la actividad opositora a organizaciones que fácilmente habrían podido inclinarse hacia terrenos diferentes; se ha tratado con respeto y consideración aún a los más enconados adversarios y ni en medio del fragor de la lucha se cerraron puertas y ventanas al diálogo».

«Se han adoptado, una y otra vez, numerosas medidas de gracia, sin reparar en que los beneficiarios de las mismas disfrutarían de un ancho campo, en ejercicio de las libertades, y con frecuencia lo usarían, no para reconocer el beneficio obtenido sino para atacar con saña al gobierno, cuya propia política de pacificación pretendía desmentir en el momento de saborear sus frutos (...)» (Caldera, 1974).

En otros de sus discursos, el presidente se referiría a la violencia en el país y las políticas que se estaban desarrollando bajo su gobierno:

«Para la violencia política creo que ha llegado un momento de madurar, reflexión en la cual, sea cual fuere la mentalidad, la convicción doctrinaria de los participantes, predomine la convicción de que no están en Venezuela dadas las condiciones para que la violencia suplante la vida legal; para que la acción insurreccional perturbe la voluntad claramente mayoritaria y decisiva de los venezolanos de buscar por cauces pacíficos la solución de sus problemas. Por eso pienso, que sin menguar en la obligatoria y fundamental defensa de los derechos del país, de la firmeza de las instituciones, de la obligatoriedad de estar alerta contra toda perturbación que pueda alterar la paz pública, es oportuno el momento para abrir cauces

sinceros, leales y honorables de pacificación, a través de los cuales podamos garantizar a los venezolanos el que la lucha, el conflicto de las ideas y de los sistemas se encausen en forma civilizada y constructiva por los senderos de la paz (Chaparro, 1969)».

Dentro de la política de pacificación del presidente Rafael Caldera «se decretó la suspensión de la inhabilitación del Partido Comunista de Venezuela (Decreto Número 17 del 23 de junio de 1969) y la del Movimiento de Izquierda Revolucionaria», unos meses más tarde. Asimismo, señala Caldera en su libro *Cinco años de cambio* (1974) que «se otorgaron indultos, se ordenaron sobreseimientos y se otorgaron numerosas medidas de gracia. Se mantuvo el goce pleno de las libertades públicas y no se suspendieron en ningún momento las garantías constitucionales» —a diferencia de los gobiernos adecos, que las suspendieron en varias ocasiones.

Pero, además, la política de pacificación vino acompañada de una política de diálogo. «Desde el inicio del período constitucional el presidente celebró los jueves una conferencia de prensa, transmitida voluntariamente por las estaciones de radio y de televisión. En las ruedas de prensa se han explicado los problemas nacionales y las posiciones del gobierno y respondido las preguntas formalizadas por los periodistas» (Caldera, 1974).

Por último, en 1969 se reforma la Ley de Universidades y se añade, de esa manera, la «inscripción condicional» como una forma de entrar a la Academia de las Fuerzas Armadas, a pesar de haber aplazado una materia en el bachillerato. De esta reforma se beneficiarían varios aspirantes a militares.

MAISANTA: UNA LLAMARADA EN CHÁVEZ

«En julio de 1969, al terminar Hugo su tercer año de bachillerato se aparecieron por el liceo de Barinas los reclutadores de la Academia Militar» (Peñaloza, 2014). En ese momento el joven Hugo Chávez no mostró interés. Según él mismo cuenta, «todos los niños tienen sueños y yo no tuve uno, sino dos. El primero nació uno de esos fines de año en que mi papá, quien acababa de regresar de Caracas tras un curso de mejoramiento profesional del magisterio, me regaló un ejemplar de la Enciclopedia Autodidacta Quillet. Eran cuatro tomos grandes y gruesos, con muchas figuras y gráficos (...) mi sueño era ser pintor» (Báez M. R., 2004).

Su otra aspiración, según cuenta a los periodistas Luis Elizalde Báez y Miriam Rose (2004), era el béisbol: «Lo traía en el alma desde niño, pero fue en Barinas donde se consolidó, cuando ingresamos en un equipo organizado en 1967 o 1968. Mi ídolo era Isaías "Látigo" Chávez, magallanero, un muchacho de Chacao que no era familia nuestra». En ningún momento ser militar estaba entre sus aspiraciones.

Mientras, los hermanos Chávez seguían atendiendo a las clases de Ruiz Guevara. Iban a su casa y lo escuchaban. También asistían los hijos del guerrillero, Vladimir y Federico, nombrados por el líder bolchevique Vladímir Ilich Uliánov y el filósofo y colaborador de Marx, Friedrich Engels, respectivamente. Según el general Peñaloza (2014), Vladimir y Federico Ruiz pusieron a Chávez al tanto del pasado de su padre. Le contaron sus gestas insurreccionales. Aquellas heroicas aventuras que emprendió junto a Douglas Bravo. Eso, según Peñaloza, atrajo profundamente la atención de Chávez.

Sobre la relación entre los hermanos Chávez y el comunista, el escritor Alberto Barrera Tyzska señala en su obra *Hugo Chávez sin uniforme* (2012):

«Era casi un niño de 12 o 13 años —José Esteban Ruiz Guevara no lo recuerda exactamente— cuando vio por primera vez a aquel muchacho en su casa de Barinas. Estaría comenzando el primer año de bachillerato. Era entonces un adolescente delgado, delgadísimo, de pies largos, patón, a quien sus hijos Vladimir —por Lenin— y Federico —por Engels— habían conocido jugando béisbol y apodaron Tribilín. Hugo acaba de llegar de Sabaneta —donde solo hay educación primaria— con su abuela Rosa Inés y su hermano mayor, Adán (...) En aquella Barinas rural de finales de los sesenta se produce el encuentro entre el rebelde historiador, cercano a los 40, y aquel chico delgadísimo que había llegado a su casa de la mano de sus hijos (...) Quizás ahora mueve más de una sonrisa irónica imaginar la escena: esos tres muchachos (...) se tumban sobre la alfombra de la biblioteca de la familia Ruiz para escuchar cada tarde a un apasionado comunista».

No obstante, más allá del pasado heroico y osado de José Esteban Ruiz Guevara, hubo un tema en particular que captó completamente la atención del joven Chávez, a quien se le empezaban a revelar teorías, dogmas y pensamientos. Ruiz Guevara era historiador y, sobre todo, conocía muy bien las leyendas y ficciones de los llanos venezolanos. Pero había una que le fascinaba tanto como al joven Chávez: la historia de Pedro Pérez Delgado, Maisanta.

Maisanta fue un bandolero. Un caudillo federal y un asaltador. Sobre él hay mitos y fantasías; pero la verdad es que todos los bosquejos de la época lo presentan como un criminal. Se le atribuyen múltiples asesinatos, como el del coronel Pedro Macías, quien había embarazado a la hermana de Maisanta. Quizá su acto más sublime fue el de rebelarse contra el dictador Juan Vicente Gómez; no obstante, aquello lo aprovechó para saquear y aterrorizar pueblos entre Apure y Barinas. Siempre estuvo detrás de otros generales y comandantes. Cuando el dictador Gómez lo logra detener, es trasladado al Castillo de Puerto Cabello y muere en 1924 (Rosario, 2010).

Pérez Delgado tenía vínculos directos con la familia de Hugo Chávez y es por esta razón que su historia es tan distorsionada y se lo presenta como un héroe con cualidades excepcionales. Al mismo Hugo, su abuela, Rosa Inés, le relataba los dramas y hazañas de Maisanta. Resulta que Pedro Pérez Delgado era padre de Rafael Infante, el progenitor de Elena Frías. Y para la abuela de Chávez, Maisanta había sido un libertador. En eso coincidía con José Esteban Ruiz Guevara, quien le empieza a contar las gestas al joven Chávez.

Para el libro del periodista español Ignacio Ramonet (2000), *Hugo Chávez: mi primera vida*, Chávez cuenta sobre Ruiz Guevara y Pedro Pérez Delgado: «Esto es muy importante, porque Ruiz Guevara estaba investigando sobre Pedro Pérez Delgado (...) [Maisanta] el abuelo de mi madre. Ya hablamos largamente de él. Pero lo que quiero decir le es que Ruiz Guevara era de Puerto Nutrias, en la costa Apure, más debajo de Sabaneta, y esa historia también le interesaba. Me preguntó: "Se dice que tu mamá es nieta de aquel hombre…". Le conté que, en mi infancia, era un tema tabú, y lo calificaban de 'asesino'… Entonces él me habla de las luchas de clases de comienzos del siglo XX. Me dice: "La historia es la historia de la lucha de clases". Me puse a leer a Marx y Engels, el Manifiesto Comunista. Ruiz Guevara nunca llegó a escribir ese libro sobre Maisanta, pero le transmitió muchos datos al doctor José León Tapia…».

Finalmente, a los años, José León Tapia, el médico, publicó el libro *Maisanta, el último hombre a caballo*, con la información que le había dado José Esteban Ruiz Guevara. Una obra que definiría profundamente a Hugo Chávez y su pensamiento político: «Ese reencuentro con el verdadero Maisanta, como ya le conté, constituyó una fuente muy poderosa para el impulso revolucionario que ya traía. Fue como una llamarada» (Ramonet, 2000), diría unos años después.

político: «Ese reencuentro con el verdadero Maisanta, como ya le conté, constituyó una fuente muy poderosa para el impulso revolucionario que ya traía. Fue como una llamarada» (Ramonet, 2000), diría unos años después.

¡POR EL BÉISBOL! —O POR SECRETARÍA

En octubre de 1969, otros jóvenes se suman a los cursos de José Esteban Ruiz Guevara. En un grupo entran Luis Velásquez Alvaray y Luis Reyes Reyes, quien ya conocía a los hermanos Chávez del liceo O'Leary, en Barinas. Todos recibían clases sobre historia y teoría política. Discutían la lucha de clases, lo que para ellos era el expansionismo imperialista de Estados Unidos y la opresión a los débiles. Pero, además, las horas se invertían en estudiar a los próceres e hidalgos de la independencia y la historia de Venezuela —especialmente a Simón Bolívar y a Ezequiel Zamora—. El ideólogo comunista mostraba a los jóvenes el bolivarianismo, que unos años atrás había propuesto Douglas Bravo.

Otro joven asiste también, Jesús Arnaldo Pérez, quien al respecto señala: «En su casa habían muchos libros. Era un hombre muy progresista, había sido torturado en la dictadura (...) Estuvimos muy influenciados por José Esteban, que tenía una biblioteca muy grande: *El capital de Marx*, las obras de Lenin, *Platero y Yo*» (Barrera Tyszka, 2012).

Asimismo, sobre el bolivarianismo y el estudio de la historia de Venezuela, Federico Ruiz, hijo de José Esteban, dice: «La biblioteca de mi papá siempre fue una fuente nutriente para Hugo Chávez de todo el pensamiento bolivariano (...) Hugo siempre tuvo una combinación de béisbol con preocupaciones políticas, donde él ya mostraba su interés por Bolívar. Él encuentra en nuestra casa, y particularmente en papá, las fuentes más importantes. Ellos pasaban horas conversando. Yo era marxista, comunista, y no entendía. Me parecía que era una pérdida de tiempo ponerse a hablar de Bolívar» (Barrera Tyszka, 2012).

El educador e historiador comunista estaba logrando los objetivos dictados por Bravo. Ya era un grupo de seis *chamos* que iba una vez a la semana, principalmente los sábados, a escucharlo. El curso duró varias semanas y, durante todo ese tiempo, Ruiz Guevara compartía la información con su partido: «Él nos mantuvo al tanto de lo que ocurría en las escuelas de cuadro. Lo fundamental era trazar líneas políticas», señala el comandante de las FALN, Bravo (2017), haciendo referencia a que los reportes que recibía eran divulgados con el resto de los militantes del Partido de la Revolución, incluido Alí Rodríguez Araque.

Por su parte, a pesar de que de alguna manera Bravo se había distanciado de Fidel Castro, el comandante Fausto seguía viajando con regularidad a La Habana. Eso es señalado por el exguardaespaldas del primer ministro cubano en su obra *La vida oculta de Fidel* (2014). Según el general Peñaloza (2014), es porque Rodríguez Araque era, en ese momento, «el hombre de Castro», quien mantenía informado al cubano de los movimientos de Bravo.

Pasan los meses y termina un año con una guerrilla mucho más debilitada y un proyecto, el de Bravo, encaminado. Era un buen momento para un país que por primera vez en su historia gozaba de un período de estabilidad, incluso envidiable para la región: «(...) eran los tiempos en los que el país tenía la mejor calidad de vida de América Latina, en medio de "la gran Venezuela". Un país que gracias a un súbito boom petrolero se entregó nuevamente, como en la posguerra, al despilfarro y la vida bohemia, por lo que pocos eran los jóvenes interesados en la carrera militar». (Peñalver, 2016). No era muy atractivo ser efectivo en Venezuela, para aquel momento. Los períodos complicados del país habían terminado y empezó a dejar de ser un oficio atractivo para las clases medias y altas del país. Quienes ahora tocaban las puertas de la Academia, señala Thays Peñalver (2016), eran los «jóvenes vegueros, en su mayoría extraídos del ambiente rural o de sectores humildes, pero no marginales».

Sobre esto último también dice Enrique Aristeguieta Gramcko (2017), quien había sido diputado y miembro de la Junta Patriótica que derrocó al dictador Pérez Jiménez: «En Venezuela ser militar no era una profesión como es en otros países. No existía esa relación de aristocracia con el ejercicio como tal. De hecho, la carrera militar era más atractiva para los que tenían menos recursos». Y eso fue lo que, al final, convenció a Hugo —junto con el béisbol, por supuesto.

En julio de 1971 Chávez terminó quinto año de bachillerato. El año anterior su hermano, Adán, había ingresado a la universidad en Mérida y ahora le tocaba a él decidir qué haría. Sus sueños eran, o ser pintor o pelotero. El primero lo había desechado, pero aún insistía en la posibilidad de ser jugador de béisbol. Según Peñaloza (2014), a Chávez no le atraía tanto la idea de ser militar, todavía. Sin embargo, no tenía mucho sentido todo el tiempo invertido en el joven Hugo para que terminara decidiendo no pertenecer al mundo castrense, por lo que «Ruiz Guevara aguijoneó a Hugo para que tomara una decisión. Para adornar su oferta, Ruiz le hizo ver que la beca de los militares era generosa, que además de educación universitaria incluía en forma gratuita internado, uniformes, comida y hasta un estipendio» (Peñaloza, 2014). Aunque no hay precisión sobre esto y, de hecho, el mismo Ruiz Guevara asegura a Barrera Tyszka (2012) que «cuando [Chávez] entró al Ejército no estaba catequizado» —sugiriendo que de alguna manera no hubo ninguna presión—, la realidad es que, para la época, la Academia Militar ofrecía varios beneficios y los trataba de mercadear con conveniencia.

Aún no se decidía Chávez y presentó la posibilidad de irse a estudiar Física o Matemática: «Le dije a mi papá que quería estudiar lo mismo que mi hermano. En Barinas no había universidad. Mi papá me dijo: "Bueno, nos vamos a Mérida a hablar con tu primo Ángel para el cupo" (…) Pero en Mérida no se jugaba béisbol profesional, y le dije a mi padre: "No, si no hay béisbol en Mérida, no voy"» (Frías, 2013). Al final decide irse a Caracas para ingresar a la Academia Militar; sin embargo, ahora tenía otro problema. Había terminado el bachillerato, pero había reprobado una materia: Química.

Sobre este punto de la historia no hay información precisa. Mientras Chávez señala su intención de ser militar como algo genuino e inocente; otros sugieren lo contrario. El mismo Bravo expone su pretensión tras el deseo de Hugo de ingresar a la Academia. Coinciden acá Peñaloza (2014) y otros autores y protagonistas, como también José Esteban Ruiz Guevara (Ramonet, 2000). El argumento de estos últimos, para justificar los intentos de algunos personajes que buscan desmentir la premisa de que Chávez fue convencido para entrar a la Academia con el fin de ejecutar un plan, es que todo se dio con un misterio notable, hasta el punto en que ni el mismo Hugo poseía toda la información. Pero lo cierto es que, por varios años, Ruiz Guevara se había convertido en una influencia política determinante para Chávez. Y eso lo ordenó Douglas Bravo.

Chávez ya había decidido por su carrera, pero el problema de la materia, Química, era significativo y ahora se vuelve a presentar otra imprecisión sobre la historia. Aunque unos años atrás se había reformado la Ley de Universidades y se introducía una «inscripción condicional» para el ingreso en la Academia Militar; lo cierto es que una materia aplazada continuaba siendo un obstáculo enorme.

Según el general Peñaloza (2014), «Ruiz habló con el papá de Hugo, haciéndole ver que la única esperanza era recurrir a su compadre, el presidente Caldera». Hugo de los Reyes Chávez era, todavía, militante de Copei y aparentemente había conocido al presidente Rafael Caldera en una oportunidad. Una vez convencido por Ruiz Guevara, el jerarca de los Chávez viajó a Caracas y pudo lograr que el director de la Academia Militar, Jorge Ernesto Osorio García, le permitiera a Hugo ingresar. Esta suposición, aunque atrevida, es compartida ampliamente. Pero sobre ello se especula demasiado. De hecho, se llega incluso a decir que Hugo es ahijado de Caldera, quien no escatimaba a la hora de apadrinar a algún hijo de un militante de Copei.

Por otra parte, la hipótesis quizá más sensata, señala que, como la Academia buscaba reclutar, se le permitiría a Chávez presentar los exámenes de admisión bajo la reciente inscripción condicional. Sobre todo esto dice Hugo: «En la Academia no aceptaban a nadie con una materia raspada. Lo sabía, sin embargo, me aventuré a regresar, porque me quedaba una entrevista final. En ese encuentro dije que tenía una asignatura raspada. "Bueno, si lo rasparon usted no puede entrar". Mis exámenes físicos eran excelentes; las notas, hasta ese momento, excelentes. En el expediente escribieron incluso que tenía habilidades. "Hay un único chance —me dijeron—, como deportista. ¿Usted juega algún deporte?" ¡Me salvó el béisbol!» (Frías, 2013).

Al final fue admitido; sin embargo, la autora Thays Peñalver (2016) insiste en que no fue por mérito deportivo: «(…) Hugo sería aceptado en el "programa de ingreso", superando el filtro de tres meses y amparado por la Ley de Universidades de 1969 en lo que se refiera a la inscripción condicional, una excepción otorgada al alumno cuando tiene una sola materia aplazada. Las Fuerzas Armadas necesitaban a todos esos muchachos y él no tenía nada que perder, pues si no se graduaba antes del ingreso en noviembre, sería rechazado. Pero aquello de ingresar, a diferencia del resto, con una materia aplazada y graduarse por secretaría, no era propio de un líder revolucionario».

El Che, La Causa Radical y el Movimiento al Socialismo

El 8 de agosto de 1971, Hugo Chávez pisó por primera vez la Academia Militar como aspirante a cadete. Era joven, de 17 años. Flaco, quizá demasiado. Vestía una camisa de caqui blanco y estaba parado junto a otros 79 muchachos. Así lo describe el propio Hugo: «Cuando llegué a la Academia me encantó. Francamente, yo había querido estudiar Física y Matemática, y además, ser pelotero profesional, con los Magallanes. Esa era mi meta, a la que dediqué mucho entrenamiento, especialmente, a cómo se agarra la pelota, a la técnica del pitcheo. Pero la vida militar me apasionó, hasta el punto de que me subordiné a ella» (Báez M. R., 2004). Tres meses después de aquel domingo, Hugo fue investido como cadete. Al respecto, señala: «Cuando me vestí por primera vez de azul, ya me sentía soldado. Vinieron papá, mamá y Adán al acto de investidura de cadete. Fue como a los tres meses de entrar a la Academia. Cuando me vio tan flaco, mamá se puso a llorar: "¿Qué le han hecho a usted aquí, hijo?". Pero yo estaba feliz. En ese acto, a todos los muchachos recién llegados a la escuela nos entregaron la daga y nos permitieron salir a la calle. Era mi primer fin de semana como cadete en Caracas y con mi familia. Visitamos a unos parientes, nos quedamos en un motelito y nos tomamos una foto en la plaza Miranda» (Báez M. R., 2004). Tardaron más de noventa días en darle la daga a Hugo porque debía reparar Química; sin embargo, ya había sido aceptado por mérito deportivo, según él. Finalmente, ya estaba en el proceso para convertirse militar. Pero él solo quería ser beisbolista y la Academia sería un atajo para lograr eso. Tenía planes de dejarla en algún punto y quedarse en Caracas: «Pensaba que luego podía pedir la baja y quedarme en la capital, a tiempo completo para el béisbol. Era como un tránsito, como un puente» (Báez M. R., 2004).

Se ha especulado bastante en cuanto a un detalle en específico del día en que ingresó a la Academia. Aparentemente Hugo entró a la Academia cargando un libro consigo: *El diario del Che Guevara* en Bolivia. Esta versión es sostenida por el escritor Alberto Barrera Tyszka y la periodista Cristina Marcano: «Algo más traía ya el joven Hugo consigo. Basta con saber cuál fue la lectura que lo acompañó en esos primeros momentos de su nueva vida: *El diario del Che Guevara*. Con un ejemplar de ese libro bajo el brazo ingresó a la Academia Militar» (Barrera Tyszka, 2012). Asimismo, según Peñaloza (2014), ese libro se lo regaló José Esteban Ruiz Guevara a Chávez antes de que partiera a Caracas. Y le dijo en ese momento: «Léelo con atención, pero no se te ocurra presentarte a la Academia Militar con ese libro».

Sin embargo, Hugo diría a Ignacio Ramonet: «Hay ensayistas que han afirmado que yo ingresé a la Academia Militar con los libros del Che Guevara bajo el brazo. Eso es totalmente falso» (Ramonet, 2000).

Pero Hugo no es precisamente reconocido por la congruencia entre sus versiones de la historia. A los años diría que él salió de la academia con el libro del Che, no que entró (Santangelo, 2010).

Pero lo cierto es que, haya o no entrado a la Academia con el libro del guerrillero bajo el brazo, fue José Esteban Ruiz Guevara quien primero le recomendó al joven de Sabaneta que se paseara por los textos del héroe cubano, según ha declarado el librero de Chávez, Walter Rodríguez (*Información*, 2013).

El año en que Hugo inició el proceso para convertirse en militar se dio otro importante cisma en el movimiento político comunista de Venezuela. Luego de la conformación del Partido de la Revolución Venezolana de Bravo, el Movimiento al Socialismo (MAS) fue la mayor escisión que padeció la golpeada fuerza política.

La invasión a Checoslovaquia por parte de la Unión Soviética derivó, como se mencionó, en la irrupción en el escenario político de la posibilidad de llevar a cabo un *socialismo con rostro humano*. Partiendo de intensas reflexiones, producto de la incomodidad que ahora sentía Teodoro Petkoff con el Partido Comunista de Venezuela, se conformó, en 1971, el Movimiento al Socialismo. La tendencia era socialdemócrata y ahora era un partido que se parecía más a Acción Democrática que al mismo PCV.

A Petkoff lo acompañó también otro de los principales dirigentes comunistas, Pompeyo Márquez, quien se había plegado a la política de pacificación de Rafael Caldera. Y, de esa forma, se constituiría una de las fuerzas políticas con mayor relevancia en el país.

Sobre todo el proceso escribe Víctor Hugo D'Paola (2014), otro de los miembros fundadores del MAS: «Se quería hacer algo como lo que entre los partidos de Europa más tarde se conoció como "eurocomunismo" (...). Ante los retrasos de Pompeyo, que se negaba a una división del partido —comprensible, en ese partido Pompeyo había sido el alma—, Maneiro y algunos dirigentes orientales que lo acompañaban, sostenían que debíamos irnos solos, sin el pompeyismo».

Finalmente, Márquez sale: «Pompeyo fue fundamental para el nuevo movimiento que llamamos MAS, su prestigio, su entusiasmo fueron importantísimos en la estabilización y el desarrollo de la nueva fuerza que el MAS representaba (...) El Club de los Ciegos era un galpón utilizado para actos políticos y sociales que la Asociación de Ciegos tenía en Monte Piedad, entre El Silencio y El 23 de Enero. Allí se efectuó la Convención de la Mayoría Comunista, que no era sino la constitución de un nuevo partido político» (D'Paola, 2014).

Continúa Víctor Hugo D'Paola (2014): «El PCV, el viejo y heroico partido de los comunistas venezolanos vivía una crisis profunda (...). En aquella Convención, celebrada el 19 de enero de 1971, la mayoría sentía que estaba viviendo un momento estelar, que el futuro podía ser determinado por este nuevo partido político».

Alfredo Maneiro, quien había acompañado todo el proceso, disiente al final. Se suponía que iba a formar parte del Comité Central del novel movimiento, pero se aparta y conforma por su lado el partido La Causa Radical. Sobre esto, dice D'Paola (2014): «Se oye una voz disidente, Alfredo Maneiro. Venía inconforme (...) para él el nuevo movimiento debía estar dirigido por los cuatro conjurados que creían que el país necesitaba una fuerza de izquierda socialista, no estalinista, y menos comunistas (...) A las pocas semanas, Alfredo Maneiro y algunos amigos suyos como Luchas Matheus, José Lira, Pablo Medina, fundaban su partido, que llamaron La Causa R».

Usted se queda como militar

El mismo año que Chávez entró a la academia, que se conformaron las fuerzas políticas La Causa R y el Movimiento al Socialismo, también otro de los que había recibido el influjo de José Esteban Ruiz Guevara inició el proceso para ser miembro de las Fuerzas Armadas: en agosto Luis Ramón Reyes Reyes ingresó a la Escuela de la Aviación.

Por otra parte, los comunistas y miembros de la izquierda radical, ahora pacificados, empiezan a asumir cargos importantes en la vida nacional. La influencia del Partido Comunista aumenta notablemente entre los sindicatos. Y los dirigentes del Movimiento de Izquierda Revolucionaria, del Movimiento al Socialismo, de La Causa R y el Partido Comunista empiezan, igualmente, a recuperar la simpatía que habían perdido durante la época de la lucha armada. Se aproximaba un año electoral y la mayoría se prepararía para obtener algunos puestos en el nuevo gobierno.

Todos estos cambios y la renovada afinidad que ahora disfrutaba la izquierda era producto de la política de pacificación de Rafael Caldera. El presidente copeyano había permitido el reingreso a la vida social del país a quienes antes habían empuñado las armas y ello, para algunos, generaba escepticismo. El general retirado Ángel Vivas, del Ejército venezolano, insiste en lo extraño del proceso de pacificación. Para él, «se cometieron errores durante el proceso de pacificación, y quedan abiertas ciertas dudas. Ello permite a cabecillas del comunismo ejercer poder político en el futuro» (Vivas, 2016). Coincide en parte Enrique Aristeguieta Gramcko (2017): «Pienso que sí pudo haber sido un proceso viciado, pero quizá demasiado ingenuo, porque se les permitió a demasiados obtener poder político».

Durante estos años, a principios de los setenta, la situación en la academia también era diferente. El centro de formación se estaba convirtiendo en un recinto del que se podía egresar como profesional. Cuatro años antes de entrar Chávez, una resolución del Ministerio de la Defensa permitió abrir un Centro de Estudios para Formación de Oficiales del Ejército (Cefoe). Luego, en 1971, se reorganizó como Academia Militar de Venezuela. Sin embargo, había algo nuevo que se percibía, pero era ignorado. Algo peligroso.

«Al regresar a Venezuela en 1970 noté que la actitud antinorteamericana crecía en el Ejército, incluso algunos me criticaron por haber estudiado en ese país [Estados Unidos]. Aunque la guerra de guerrillas estaba siendo derrotada, la figura de Fidel era admirada, no por su izquierdismo, sino por su odio a los norteamericanos», cuenta el general Peñaloza (2014).

Durante ese tiempo el director de la academia era el general Jorge Alberto Osorio García. Según dice Peñaloza (2014), Osorio le pidió que le ayudara a desarrollar el Plan Andrés Bello, que fue mandado a hacer por Caldera y cuyo objetivo era aumentar la profesionalización de los oficiales. Pero este plan despertó la duda en Peñaloza, quien comenta: «Me intrigó el énfasis para exaltar la figura del Libertador como un semidiós. El plan contemplaba la creación de una cátedra bolivariana como centro del pensum y una nebulosa sociedad bolivariana con cadetes escogidos y una misión no definida. Para mí eso lucía como el embrión de una secta inconveniente» (Peñaloza, 2014).

El director de la academia, Osorio, no aceptó las observaciones de Peñaloza y decidió proseguir con el Plan Andrés Bello sin alterarlo. El general Carlos Julio Peñaloza (2014) insiste sobre este programa y el encumbramiento del prócer independentista: «El culto a Bolívar era de vieja data, pero a partir de la llegada de Osorio adquirió matices extremos». Y, en paralelo, el general Peñaloza empezó a dar clases de Física a los cadetes: «Uno de mis alumnos fue Hugo Chávez, un estudiante promedio, quien no llamó mi atención», señala (Peñaloza, 2014).

Ya el joven Hugo había empezado su formación, pero siempre le surgían dudas. Él realmente quería ser pelotero y había decidido atravesar el proceso militar para, luego, entrar al béisbol. Pero ello requería que aguantara con firmeza el severo proceso. Por esa razón, vacilaba constantemente. Había salido de su casa sin contar con la bendición de su abuela: «Cuando empecé los trámites para ingresar en la academia, Rosa Inés no quería que yo fuera militar. Una vez la sorprendí poniéndole velas a los santos: "¿A quién le está poniendo velas, mamá Rosa?". "Yo le pido a los santos para que usted salga de eso". Yo era cadete: "¿Pero, por qué?". "No me gusta. Eso es peligroso y, además, usted, Huguito, es rebelde; algún día se puede meter en un problema"» (Báez M. R., 2004). Y en un momento, reseñado habitualmente aunque no se tiene fecha precisa, Chávez llamó a su viejo profesor —y mentor— José Esteban Ruiz Guevara para participarle la idea de dejar la vida militar, y el marxista le contestó: «"Tú no te puedes ir de allí. Haga lo que sea para permanecer más tiempo. Siga, trabaje duro, hijo" —porque me trataba como un hijo [dice Chávez]—. "Tienes que quedarte allí. Amárrese los pantalones y quédese en el Ejército. Usted tiene que estar allí"» (Aporrea, 2006). En esa oportunidad el compañero de partido de Douglas Bravo fue extrañamente insistente con Hugo.

¡Ese hombre sí camina!

Estando en la academia, el joven Hugo Chávez aparentemente entró en contacto con Nelson Sánchez, un militante de la fuerza política de Douglas Bravo, el Partido de la Revolución Venezolana. Sobre ello realmente no hay precisión. La información es reducida, pero es importante exponerla. La suposición la hace el general Carlos Julio Peñaloza (2014) en su obra, y su versión es que José Esteban Ruiz Guevara le dejó instrucciones a Chávez. El joven cadete las siguió con disciplina y, luego de un encuentro con Ramón Santeliz Ruiz, el sobrino del profesor marxista, Ruiz Guevara, Hugo contactó a Nelson Sánchez.

Supuestamente Chávez logró reunirse con Sánchez y este último le indicó que debía inscribirse en la Sociedad Bolivariana de la Academia Militar y que, además, debía tomar clases de actuación. Tampoco se le permitiría hablar de comunismo, ni marxismo. Como se señaló, no existe información suficiente para respaldar esto; sin embargo, en la biografía que se lee en el libro de Nelson Sánchez, *Revolución Bolivariana: apuntes para la discusión*, se asegura que el del PRV fue uno de los contactos de Hugo Chávez dentro de la Academia Militar. Lo cierto es que este personaje luego tendrá una relevancia destacada.

Finalmente vuelve la fiesta democrática. Se daba otra oportunidad para que el sistema venezolano se volviese a consolidar; pero era, además, una oportunidad para que los movimientos de izquierda radical en Venezuela pudiesen afianzar su retorno a la vida democrática y política del país. Ya gozaban de legalidad y era momento de comprobar si la sociedad venezolana los había perdonado.

Además del MAS y de La Causa R, en Venezuela había surgido otra fuerza que tenía intenciones de permitir a la extrema izquierda tener otra representación democrática en la sociedad civil: Bandera Roja. El movimiento era producto de una división del Movimiento de Izquierda Revolucionaria que, a su vez, había sido producto de una división de Acción Democrática. Bandera Roja era la escisión de la escisión. Los principales líderes eran los guerrilleros Américo Silva, Jesús Márquez Finol, Carlos Betancourt y Gabriel Puerta Ponte. Sin embargo, estos no se habían acoplado a la pacificación de Rafael Caldera, por lo que terminaron convirtiéndose en simplemente otro frente guerrillero, solo que representaba el lado más rancio de la izquierda del país. Se autodenominaban estalinistas y marxistas.

Otro movimiento también surge. El líder guerrillero y dirigente del MIR, Jorge Rodríguez, decide apartarse de su partido, ahora pacificado, para mantenerse en la montaña. La decisión del Movimiento de Izquierda Revolucionaria de asumir la legalidad generaba incomodidad en algunos militantes quienes, a pesar de lo mermado de la contienda y la inviabilidad del triunfo, continuaban pensando en la lucha armada como alternativa loable para conseguir el poder. Fue la juventud del MIR, dirigida por Jorge Rodríguez, la que dio inicio al surgimiento del movimiento Organización de Revolucionarios (OR) en Mérida. A Rodríguez lo siguen Julio Escalona, Marcos Gómez y el guerrillero que había participado en el intento de invasión de Machurucuto, Fernando Soto Rojas. Este último partió al Medio Oriente para luchar por otras causas «revolucionarias», pero mantuvo su relación con la novel fuerza.

No obstante, como era año electoral, ni Jorge Rodríguez, ni Soto Rojas pretendían dejar por fuera la posibilidad de adquirir poder político a través de la vía convencional. Querían jugar en ambos terrenos, aunque fuesen incompatibles. Por ello en 1973 no solo consolidan Organización de Revolucionarios, sino además conciben una nueva forma política legal: la Liga Socialista —que no es más que una fachada de Organización de Revolucionarios.

En la clandestinidad, estos grupos, que dejaban a un débil MIR, se alían con el Partido de la Revolución y con la totalidad del Frente de Liberación Nacional para mantener encendida la frágil llama de la insurrección. Pero Bravo sabía que eso no era sostenible, por lo que ya un tiempo atrás había optado por otra alternativa para llegar al poder y desestabilizar el sistema democrático venezolano.

Para las elecciones presidenciales, Acción Democrática presentó al exministro de Interior y popular dirigente, Carlos Andrés Pérez. Había sido diputado, secretario general de AD y ahora era el candidato presidencial. Por Copei asistió Lorenzo Fernández, un abogado de la Universidad Central que también había sido ministro de Interior, pero con Caldera. A él también se le atribuía el éxito de la pacificación y la reducción de la fuerza insurreccional.

Por primera vez el Partido Comunista de Venezuela presenta a un candidato para unas elecciones presidenciales. Lo hace junto al MEP, el partido de Luis Beltrán Prieto Figueroa que había surgido de un cisma en Acción Democrática. Jesús Paz Galarraga fue su opción. Era un miembro fundador del MEP y, también, un reconocido médico. El MIR, por su parte, se une al Movimiento al Socialismo de Petkoff y presentan a José Vicente Rangel, un reconocido abogado y dirigente que había sido diputado por URD. Este último partido presentó, nuevamente, a Jóvito Villalba.

Sobre las elecciones, la campaña y la percepción que tenían los izquierdistas, señala Víctor Hugo D'Paola (2014):

«Nace el MAS y al poco tiempo se presentan unas elecciones de los integrantes de los poderes públicos: presidente, congresistas y concejales. El MAS quiere un candidato propio, no compartirlo con "frente" alguno. El candidato que luce obvio para todo el partido es José Vicente Rangel. Solo a Germán Lairet se le ocurre, y tal vez tenía razón, que el candidato del nuevo movimiento sea Teodoro Petkoff (…) La campaña de José Vicente fue dirigida por un

comando encabezado por Teodoro Petkoff y que contaba con intelectuales y artistas de primer nivel (...) La campaña mostró muchos mensajes creativos, novedosos, realizados con pocos recursos económicos. Buscábamos comunicar a las grandes mayorías (...) En los actos de la campaña cantaban Soledad Bravo y Alí Primera. Alí fue militante del MAS desde sus orígenes (...) [y] con su actuación en los actos de campaña tuvimos algunos inconvenientes, quería ser la figura central. No solo cantaba, lo que era lógico y esperado, se lanzaba también con largas peroratas políticas donde demostraba que no había entendido bien la nueva política y continuaba sosteniendo los viejos argumentos izquierdosos».

Víctor Hugo D'Paola explica que URD, el MEP y el PCV iban a lanzar un candidato unitario y, por lo tanto, hicieron primarias. Sin embargo, en esas elecciones salió ganador Paz Galarraga, pero Jóvito y URD no lo reconocen: «Señalan ser víctimas de fraude, de un arreglo ilegal con el PCV. Mantienen la candidatura de Jóvito Villalba» (D'Paola, 2014).

Otra campaña que destacó ampliamente fue la de Acción Democrática. Los adecos contaban con recursos y pudieron contratar a reconocidos estrategas políticos, como los estadounidenses Clifton White y Joseph Napolitan. Este último había llevado a la Casa Blanca al presidente John Fitzgerald Kennedy en 1960. Bajo el lema de «Ese hombre sí camina», Carlos Andrés Pérez se hizo espacio en la política nacional y empezó a conquistar terrenos en todo el país. En un momento, el entonces candidato saltó un charco y fue retratado. La imagen apareció luego en todos los medios y aún es ampliamente difundida.

Sobre la campaña del candidato de Acción Democrática, escribe la periodista Milagros Socorro (2014):

«El jefe de la campaña fue David Morales Bello. El equipo lo conformaban: Jacques Regis Etievan, presidente

de Corpa Publicidad; Nicomedes Zuloaga, socio accionista de Corpa Publicidad; Chelique Sarabia, creativo; Diego Arria, asesor de imagen; Simón Alberto Consalvi, director; Héctor Alonso López, secretario juvenil de AD; Joe Napolitan, Clifford White, George Gaither y Robert Squier, asesores internacionales; Alberto Federico Ravell, asesor estratégico».

Este trabuco diseñó una campaña triunfalista, excepcional no solo por el hecho de que duró casi un año y medio, sino porque se inauguraron prácticas que todavía tienen vigencia. Dos fueron los slogans que más sonaron: «Democracia con energía» y «Ese hombre sí camina».

Ángel Ciro Guerrero recuerda que Pérez fue el primero que llenó avenidas como la Bolívar y la Universidad, en Caracas. «La avenida Universidad, por cierto, la llenó con un mitin doble porque les habló a millares de personas ubicadas unas, desde la iglesia Corazón de Jesús hasta la Plaza O'Leary y otras desde la iglesia Corazón de Jesús hasta más allá de la Plaza Morelos. Me atrevo a decir que ningún otro candidato ha podido superar sus concentraciones, ni en Caracas ni en las restantes capitales del interior» [cuenta el reportero Ciro Guerrero, quien fue el periodista de giras de Pérez]».

No solo era la primera vez en la historia de Venezuela que algunos partidos que antes no gozaban de la legitimidad pertinente postulaban a sus candidatos; sino que de forma inédita los venezolanos afianzaron la democracia gracias a la consolidación del bipartidismo que imperaría por años. El electorado se polarizó completamente entre las dos principales fuerzas políticas del país, dejando de esa manera a los recién integrados movimientos a un lado. Al final triunfó Carlos Andrés Pérez. El 9 de diciembre de 1973, el candidato adeco obtuvo 2.130.000 votos. Le siguió Lorenzo Fernández, con 1.600.000. De tercero, cuarto y quinto lugar quedaron Paz Galarraga, de la alianza MEP-PCV; José Vicente Rangel, MAS-MIR; y Jóvito Villalba, de URD; respectivamente.

El momento de la toma de posesión también será ampliamente recordado. En su discurso, Pérez dijo: «Esta década de los años 70 será la de los grandes logros para Venezuela y la América Latina. Aquí en este Congreso, en diciembre de 1970 encendió su llama reivindicadora el petróleo. Recuperaremos el manejo de los precios de nuestra riqueza fundamental» (Pérez, 1974). Sugería, entonces, lo que sería su presidencia —y no se equivocaría—. Al día siguiente de su juramentación, el 13 de marzo, el diario *El Nacional* tituló:

«El presidente Carlos Andrés Pérez llegó caminando a Miraflores». En efecto, Carlos Andrés Pérez iniciaba su mandato haciendo honor a la efigie esbozada durante una larga campaña. También iniciaba un nuevo período para Venezuela.

Rescatemos con él las promesas marchitas
Un hombre que no engaña, enérgico y sincero
Que no equivoca el camino, que nunca tuerce su rumbo
¡Ese hombre sí camina, va de frente y da la cara!
¡Carlos Andrés!

Primeras clases de golpismo

Unos meses antes de la juramentación de Carlos Andrés Pérez, la coalición de países árabes, liderada por Egipto y Siria, inició una guerra con Israel. Fue un conflicto bélico profundo que dejó un saldo amplio de bajas. Al menos 2.000 judíos murieron en combate y más de 10.000 árabes.

La Guerra de Yom Kipur —nombrada así porque estalló en el día más sagrado para los judíos: el de la expiación— derivó en una subida sustancial de los precios del petróleo. Eso permitió a Pérez ampliar el capital económico de Venezuela y generar una ilusión de estabilidad sumamente agradable para los ciudadanos. El presidente era popular. Para el momento nadie creía que la democracia del país tuviese debilidades; pero algunos insistían en que el cambio político se debía dar.

«Nosotros continuamos con los planes. Aunque la guerrilla siguió en menor grado, ahí estaba. Pero por otro lado estaban los militares. Se empezó a generar la tesis de la unión cívico-militar», comenta Douglas Bravo (2017). Por muchos años Fidel, junto con Bravo y la guerrilla venezolana, había combatido las fuerzas del Estado venezolano, pero parecía que ahora la posibilidad de desestabilizar finalmente el sistema democrático y obtener el poder era, precisamente, utilizando a los mismos militares.

A finales de 1974, el cadete Hugo Chávez viajó a Perú. Fue enviado por el coronel Narváez Churión de la Academia Militar a un viaje breve en el que pudo conocer al dictador socialista y antiimperialista Juan Velasco Alvarado. Sobre esta experiencia, Chávez relata: «Tuve la ocasión, efectivamente, de saludar al general Juan Velasco Alvarado que pronunció un breve discurso y, a cada uno de nosotros, nos regaló y dedicó dos libritos: *El Manifiesto del Gobierno Revolucionario de la Fuerza Armada de Perú* y *La Revolución Nacional Peruana*, este último empastado en azul» (Ramonet, 2000).

Igualmente profundiza sobre el encuentro en una entrevista con el historiador Agustín Blanco Muñoz (1998): «Tenía 21 años, estaba en el último año de academia y ya andaba con una clara motivación política. Para mí fue una experiencia emocionante vivir como muchacho la Revolución Nacional Peruana. Conocí personalmente a Juan Velasco Alvarado. Una noche nos recibió en el palacio a los militares de la delegación venezolana y nos regaló un librito (…) El manifiesto revolucionario, los discursos de aquel hombre, el Plan Inca, me los leí durante años».

Velasco había invitado a una delegación de cadetes venezolanos para conmemorar el 9 de diciembre el sesquicentenario de la Batalla de Ayacucho. El régimen autoritario de Perú organizó una celebración en el Palacio de Gobierno —o Casa de Pizarro— en la que el aspirante a militar, y el militar gobernante, se estrecharon las manos. Este encuentro, al parecer, fue determinante.

«Sus ideales coincidían y el alférez [Chávez] soñaba con que algún día podría hacer algo similar en Venezuela», cuenta al respecto el general Peñaloza (2014), quien asegura que en la obra que entregó Velasco a Hugo «se desarrolla la idea de la unidad que existe entre el Ejército y los sectores empobrecidos».

«Chávez leyó ávidamente este panfleto y lo convirtió en su libro de cabecera (…) Al regresar a Caracas, Chávez estaba convencido de que en Venezuela podía repetirse la experiencia peruana y panameña. Su idea, influenciada por el pensamiento de Douglas Bravo, era crear una alianza cívico-militar de izquierda», escribe Peñaloza (2014).

Esto último es, de alguna manera, confirmado por el mismo Chávez a Ramonet (2000): «Pude comprobar las relaciones estrechas de Velasco con el pueblo peruano y con las Fuerzas Armadas de la nación. Me leí esos libritos y me aprendí casi completos algunos discursos (…) Creo que [Velasco] fue un gran soldado, un gran patriota y un revolucionario. Su gobierno demostraba que las Fuerzas Armadas pueden constituir un factor de desarrollo y de cambio social para un país».

Ya Hugo ha confesado que, para el momento, tenía una «clara motivación política» (Muñoz, 1998). Se sabe quiénes han sido su única influencia y de dónde obtuvo sus primeros libros. Y esto fue, al parecer, reforzado por el encuentro con el dictador Velasco y por las obras que este le regaló. Ahora Chávez cree que los militares pueden tener un rol decisivo en el desarrollo de la política nacional.

Sobre esto apunta Thays Peñalver (2016): «Pero como entró [Chávez] a la Academia venezolana fue enviado más bien al Perú, donde aprendió su primera lección de golpismo internacional, pues cayó en manos del general Juan Velasco. Así aprendió Hugo que el asunto de que los militares mandaran en el tercer mundo no era exclusividad de sus generales venezolanos, siempre prestos a la conspiración, sino que le parecía una tendencia normal en todas partes, pues todos los cuarteles tienen el golpismo como modelo».

Operación Jesús Alberto Márquez Finol

En enero de 1975 un grupo conformado por miembros del PRV, FALN, Bandera Roja y la Liga Socialista construyó un túnel de setenta metros que daba acceso al Cuartel San Carlos. Por esa vía lograron rescatar a 23 guerrilleros» (Peñaloza, 2014).

La operación fue denominada Jesús Alberto Márquez Finol, se llevó a cabo el 18 de enero, y constituyó un hito en la historia contemporánea de Venezuela. Luego de la fuga de Pompeyo Márquez, Teodoro Petkoff y Guillermo García Ponce en 1967, la de los 23 guerrilleros ha sido la más importante.

«Un grupo comando integrado por seis revolucionarios tomaría militarmente una casa de dos plantas, ubicada en el ángulo derecho de la esquina San Rafael. Esta casa, cuya fachada principal estaba orientada hacia el norte en un trozo de calle ciega (...) tenía en el segundo piso un balcón, desde el cual se dominaba plenamente toda la calle que, en subida, caía perpendicularmente sobre la calle perimetral de la fachada lateral derecha del Cuartel San Carlos», señala en un relato el guerrillero y protagonista Pedro Reyes Millán (2004).

Continúa el rebelde contando que el guerrillero de Bandera Roja, Tito González Heredia, fue el encargado de asaltar la casa desde la que vigilarían toda la operación.

«Carlos y yo empezamos a caminar calle abajo, a un ritmo moderado; llegamos a la esquina de San Rafael, dimos una mirada disimulada al balcón y cruzamos a la derecha, subiendo por la acera del mismo lado, hasta llegar a la casa marcada con el número 20-1; era la segunda, contando de la esquina del Cuartel hacia abajo (...) Dotado de un estetoscopio, un taladro de percusión, una mandarria y un palín, golpeé de nuevo el piso;

ahora los compañeros debían emitir con precisión la respuesta, para ayudarme a ubicar en la superficie el sitio donde debía empezar a perforar» (Millán, 2004).

«Me arrodillé sobre el piso con el taladro en las manos: iniciaba una tarea en la que estaban seriamente comprometidas nuestras vidas. Empecé a perforar, pensando cómo hacer para que el ruido no nos delatase. Fueron dos horas de intenso trabajo», relata el guerrillero (Millán, 2004).

De aquel orificio que había logrado excavar salieron, luego, 23 combatientes del Partido de la Revolución y Bandera Roja. Fue un golpe fuerte para la presidencia de Carlos Andrés Pérez y para la democracia —el primer embate en años—. Un enemigo que ya había sido derrotado volvía para ejecutar otra agresión contra un sistema mucho más sólido. Aquello de ninguna manera iba a ser tolerado por el presidente.

«A los revolucionarios, según las teorías y prácticas represivas, hay que darles donde más les duele. El enemigo herido por la fuga del Cuartel San Carlos, con posterioridad, capturó a un menor de edad; no valieron los alegatos de esa condición, ni mucho menos instituciones o jueces que hicieran justicia; tampoco, las voces, las denuncias y los reclamos de los sectores revolucionarios», dice el autor Rafael Pineda Piña (2014).

Inició de esa forma una fuerte persecución en Venezuela. Y el blanco, esta vez, era el propio Douglas Bravo, quien se vio forzado a huir del país para evitar ser detenido por las fuerzas del Estado. Carlos Andrés Pérez lo responsabilizó directamente por ser el máximo comandante de las Fuerzas Armadas de Liberación Nacional y el líder del Partido de la Revolución. Lo obligó a resguardarse un tiempo en Francia. Y al abandonar Venezuela, Douglas tuvo que dejar como encargado a Alí Rodríguez Araque, Fausto, del PRV.

Por supuesto que sí, pa'l PRV

El hermano de Hugo, Adán Chávez, era un activo militante de la izquierda radical. En 1969 se había unido al Movimiento de la Izquierda Revolucionaria (MIR) y ahora estaba a punto de tomar otra decisión. En una entrevista con el político británico y escritor marxista, Alan Woods (2005), Adán dijo al respecto: «Cuando tenía 16 me uní al grupo revolucionario de la izquierda MIR, una organización marxista-leninista vinculada al MIR chileno. Ahí empecé a tener mi educación política y revolucionaria».

El joven Adán estudiaba en la Universidad de Los Andes. Todavía —aunque ahora prácticamente estaba suprimida la insurrección— las academias del país eran espacios en los que se debatían ampliamente las ideas socialistas y antiimperialistas. Era la tendencia en todo el país, sobre todo en las universidades públicas. El martillo y la hoz seguían impregnando los espacios en los que se esculpían los ideales de toda una juventud. Cuenta el hermano de Hugo Chávez, que durante esos años se formó. Sin embargo, llegó un punto en el que se volvió incómodo seguir siendo parte del Movimiento de Izquierda Revolucionaria: «Luego de tres años este partido se empezó a degenerar, se convirtió en un partido revisionista que incluso se dividió (…) Decidí no seguir. No estaba de acuerdo con el revisionismo y tenía la creencia de que necesitábamos crear un partido revolucionario genuino, que tuviese contacto con las masas» (Woods, 2005).

El revisionismo, en cuanto al marxismo se refiere, fue esta corriente que propuso el alemán y promotor de la socialdemocracia moderna, Eduard Bernstein. Surgió a finales del siglo XIX y lo que se planteó en ese momento fue, literalmente, la revisión de las obras de Marx. Partía de la premisa de que las ideas y predicciones de Karl Marx y Friedrich Engels podrían estar equivocadas. Aunque el epíteto «revisionista» se empleó inicialmente de forma peyorativa hacia todos aquellos que, aún formando parte del sistema comunista, veían con escepticismo lo que ocurría.

De esa manera, «revisionista» era todo aquello que se alejaba del dogma marxista tradicional y planteaba, en cambio, una reforma gradual y un acercamiento a la democracia liberal. Para Adán Chávez, el MIR era ahora tan revisionista como para Guillermo García Ponce era el MAS o La Causa Radical.

Los dirigentes, para el momento en el que se sale Adán, son «Américo, Moisés Moleiro y en Mérida estaba este compañero Carlos Bobes. La dirección nacional del partido había enviado, por lo que significaba a Mérida, como fuerza política para el MIR», cuenta en una entrevista al periodista Gustavo Villapol (2015).

Luego de abandonar al MIR, Adán Chávez dura un tiempo sin militancia política. Se estaba graduando en la Universidad de Los Andes como físico y le habían ofrecido un puesto para quedarse como profesor (Peñaloza, 2014). Apunta: «Entonces, una buena cantidad de muchachos nos quedamos sin militancia por unos meses, sin militancia partidista pues, nos quedamos en los movimientos estudiantiles (...) Y en esa etapa entonces, ya yo estaba como profesional de Física, tenía muy buena relación con dos profesores, sobre todo de ahí, de la facultad» (Villapol, 2015).

Adán Chávez cuenta que fue el profesor que le dirigió la tesis de grado, Juan Salazar, quien le planteó la posibilidad de militar en un nuevo y prometedor movimiento. Lo que dice ahora el hermano de Hugo en la entrevista con Villapol es realmente notable. Aunque al mismo Gustavo Villapol le había confesado que no tenía interés en ese momento en cualquier militancia, algo le atrajo de la propuesta del profesor Salazar.

«Un día, este compañero Juan Salazar me dijo: "Mira, tengo que hablar contigo, yo pedí autorización, pensamos que tú puedes ser un buen cuadro en el Partido de la Revolución, si estás de acuerdo, y si no, no. Bueno, sabemos que tú no dirás nada". Claro, tampoco me estaba diciendo mucho en concreto. Y bueno, yo dije que sí, estoy buscando una militancia así, de ese tipo. Unos meses después, hablando, yo lo he dicho en otros momentos, una de las cosas que hay que reconocerle al PRV, hasta donde yo sé, es el único partido que discutía con mucha fuerza la necesidad de consolidar un movimiento cívico-militar; era el PRV; y sobre todo Douglas Bravo, que era uno que insistía bárbaramente en eso» (Villapol, 2015).

Sobre la fecha no hay precisión. Ni el mismo Adán Chávez es capaz de determinar cuándo decidió unirse al Partido de la Revolución. Uno podría decir que fue entre 1974 y 1975. En el MIR, el hermano de Hugo duró unos tres años. Luego, duraría más de un año sin tener militancia, hasta que decidió unirse a las filas de Douglas Bravo.

Ahora Adán era militante de un partido. Además, sabía que el objetivo de este no era llegar al poder a través de las vías convencionales, pero tampoco empleando las armas. Le atrajo profundamente que el Partido de la Revolución planteaba como disciplina la edificación de un movimiento integrado entre civiles y militares que pudiera, después de un tiempo, desestabilizar por completo el sistema político venezolano y, de esa forma, tomar el poder.

Es muy posible que ya Adán Chávez supiese del Partido de la Revolución y haya habido alguna vinculación, antes de unirse a la fuerza. José Esteban Ruiz Guevara militaba en él y era cercano a los Chávez. Sobre esta relación, ahora Adán dice: «Teníamos, en el caso mío, unos vecinos. Ya con esa llama ahí por dentro, comienzan también, las buenas influencias diría yo, porque para precisarlo en el punto histórico, unos vecinos de los cuales nos hicimos muy amigos, porque había muchas coincidencias» (Villapol, 2015).

Confiesa Adán que de esos vecinos pudo recibir sus primeras inclinaciones ideológicas. Pero, además, al relatar, agrega otros personajes y encuentros. Pareciera que las denominadas escuelas de cuadros trascendían, incluso, al mismo Ruiz Guevara: «Estos compañeros tenían un hermano mayor que ya estudiaba en la Universidad Central, se llama Baudilio Mendoza (...) era militante del viejo MIR (...) Cuando él venía de vacaciones, reunía a los muchachos, que éramos los zagaletones de la época, y los que más atención le prestábamos, sus hermanos, Hugo y yo, los Ruiz Guevara y otros. Nos enseñaba cosas, nos estimulaba a leer, estudiar, analizar documentos, revistas, más allá de los materiales del liceo y eso nos llevó a iniciar la militancia» (Villapol, 2015).

Hugo ya ha dicho que Adán Chávez, junto con Ruiz Guevara, fue una de sus principales influencias ideológicas. Él hablaba con su hermano y discutía quedamente. Aunque Hugo no podía recibir ningún tipo de adiestramiento doctrinario por ser aspirante a militar, no eludía los diálogos sobre política con su hermano.

«Yo conversaba con él [Hugo] bastante; pero él estaba más pendiente de la pelota. Más adelante fue que asumió con más fuerza lo que ya sabemos, sobre todo en los años de la Academia Militar», cuenta Adán (Villapol, 2015). Y, también señala: «Por supuesto Hugo y yo, con esa relación que teníamos desde siempre, comentábamos y conversábamos muchas cosas, desde que estaba en el MIR, yo le prestaba documentos y él los leía y me preguntaba que cuándo nos encontrábamos. Debatíamos».

Hugo pensaba igual, como se ha planteado. En una cita que hace Barrera Tyszka (2012) de Chávez, dice: «(…) tiene una gran responsabilidad en mi formación. Mi hermano estaba en Mérida y era militante del Movimiento de Izquierda Revolucionaria. Yo no lo sabía, solo me llamaba la atención que él y sus amigos iban todos de pelo largo, algunos con barba. Aparentemente yo desentonaba con mi cabello cortico, mi uniforme. Me sentía bien con ese grupo».

Hugo no dejó de coquetear con la izquierda mientras se formaba en la Academia Militar. Sabía que era un riesgo, como él mismo se lo dice a Ramonet (2000): «Los servicios de Inteligencia perseguían sin piedad a cualquier simpatizante de izquierda dentro de la Fuerza Armada». Pero el joven insistía. Parecía temerario, sin duda. Estaba a punto de graduarse como subteniente y ya tenía formada su inclinación política. Le gustaba discutir con su hermano las ideas de la izquierda radical. Había pasado por el aula de Ruiz Guevara y había estrechado la mano del dictador socialista Velasco. De él recibió libros, que después leyó. Ahora solo tenía que ver qué podía hacer con esas ideas que se generaban en su cabeza y que entraban en disputa directamente con el uniforme que vestía.

Hugo, donde Maisanta y Zamora

> *«Cuando veo al nuevo presidente,*
> *desearía que un día tuviese yo la responsabilidad*
> *de conducir la patria del gran Bolívar»*
> Hugo Chávez en su diario en 1974

Finalmente, el 8 de julio de 1975, Hugo Chávez egresó de la Academia Militar con el título de licenciado en Ciencias y Artes Militares. Era la primera promoción que se graduaba como profesional y recibió el pomposo nombre de Promoción Simón Bolívar. Sin duda, denominación más que pertinente. Era, asimismo, la primera promoción que egresaba bajo el Plan Andrés Bello, que el general Peñaloza denunció por «hacer énfasis, para exaltar la figura del Libertador como un semidiós» (Peñaloza, 2014). Aquello, para Carlos Peñaloza (2014), «facilitaba la creación de una logia militar centrada en Bolívar».

La ceremonia fue tan suntuosa como el nombre de la promoción. Hugo Chávez, luego de juramentarse, ahora como subteniente, recibió la espada de mando por parte del presidente Carlos Andrés Pérez. Sobre el acto y ese día, escribe el mismo Hugo (1992): «La Promoción Simón Bolívar estaba ya por salir, primer embrión de una nueva época, producto del plan educativo "Andrés Bello". El 8 de julio de aquel año, sesenta y seis jóvenes subtenientes prestaron juramento ante la Bandera Nacional, en el patio de honor de la Academia Militar, con el grado de subtenientes y el título universitario».

Al parecer, Chávez no estaba tan satisfecho como él trata de insinuar. Para Hugo, el rango de subteniente no era realmente digno. Lo aborrecía, de hecho. Sobre esto escribe Thays Peñalver: «Su vida como subteniente lo hizo renegar de las Fuerzas Armadas, e incluso pensar en darse de baja, porque los subtenientes eran una especie de muchachos de mandado que terminaban sin hacer algo útil» (Peñalver, 2016).

Pero inesperadamente, sobre la época en la academia y las asignaturas que había tomado, también denuesta Hugo: «Cuando yo salí de subteniente, salí egresado como licenciado en Ciencias Militares, mención Ingeniería, y la rama militar era Comunicaciones. Cuando me entregaron el diploma y la medalla del curso básico en Escuela de Comunicaciones y Electrónica de la Fuerza Armada Nacional, yo no estaba satisfecho de lo que había sido el curso, pues. Mucha teoría» (Peñalver, 2016).

Cuenta Hugo a Ignacio Ramonet (2000) que en esta época leía «sobre todo a Bolívar, sus textos, su correspondencia, análisis de pensamiento, biografías de él... También, más tarde (…) fui incluyéndome en círculos universitarios. En el barrio Los Chaguaramos solía ir al bar El Águila, un lugar de discusiones revolucionarias... Y de mujeres muy bonitas —apureñas, por cierto— que trabajan ahí. Uno tenía doble motivación: las mujeres y la política».

Hugo seguía siendo temerario y no desistía en sus intentos de profundizar en la política. Era claro que esa se estaba convirtiendo en su motivación más acentuada. Era lo que le llamaba la atención. Quería saber más. Finalmente, luego de graduarse, vuelve a Barinas para presentarse en el comando del cuartel en el estado. Adonde fue designado inmediatamente.

«Las coincidencias abundan», escribe el periodista e investigador Juan Carlos Zapata (2000) sobre este hecho. En su libro *Plomo más plomo es guerra: proceso a Chávez*, el periodista señala algo realmente relevante sobre esta designación: «Al graduarse en 1975 fue enviado como oficial de comunicaciones del Batallón de Cazadores Manuel Cedeño en Barinas y jefe del pelotón acantonado en La Marqueseña, una finca ubicada en tierras que en el pasado pertenecieron a Pedro Pérez Delgado» (Zapata, 2000). Sí, a Pérez Delgado, Maisanta.

«Chávez se crio viendo desde lejos las tierras de La Marqueseña. Por eso cuando el destino lo coloca a los 21 años como jefe del pelotón que custodia la finca, algo le impacta directamente», continúa el periodista Zapata. Pero hay algo más: «(…) Con el tiempo se entera de que allí también acampó Ezequiel Zamora» (Zapata, 2000).

Por alguna razón Hugo Chávez, recién graduado, había sido designado para prestar servicio en Barinas. Fue enviado a su tierra y, especialmente, a un lugar vinculado estrechamente con dos héroes y motivaciones ideológicas del militar: Maisanta y Zamora. Pero, además, su designación no tenía mucho sentido tampoco, tomando en cuenta las habilidades del joven Hugo.

«Así llegué al Batallón Manuel Cedeño, como oficial de comunicaciones, de un batallón de cazadores. En operaciones, y apenas habíamos visto dos horas [teoría] de los radios 13-10, que eran los que había. Los teléfonos PA-312 apenas los tocamos (…) Salí con algo de teoría y algo de práctica, pero cuando llegué al batallón tuve que aprender con los soldados, mis sargentos y mis cabos, que me enseñaron», cuenta Hugo Chávez (Peñalver, 2016).

La designación de Chávez a Barinas genera desconfianza. De alguna manera algo no cuadra. Allí Hugo se podía desenvolver sin mucho peligro y podía, al mismo tiempo, visitar viejas amistades: «Volvía a esa ciudad, pero ahora venía con otro nivel. En apenas cuatro años —y cuatro años es poco tiempo— había adquirido una clara motivación política. Ahora sí me iba a conversar con el viejo Ruiz Guevara y lo invitaba y salíamos (…) ¡Regresé a Barinas politizado! ¿Y dónde me politicé? En la Academia Militar», cuenta él mismo a Ramonet (2000). Y también resalta: «Yo a Barinas regresé en 1975, después de graduarme en la Academia Militar; y evidentemente, yo ya era otro; ya tenía veintiún años y una conciencia política… Entonces, siendo subteniente, volví a casa de los Ruiz Guevara».

Tal vez una forma de explicar la coincidencia sea asistiendo a lo sugerido por el general Carlos Peñaloza (2014) en su obra. El oficial asegura que «luego de la caída del general Pérez Jiménez, Douglas sembró como empleado en la Dirección de Personal del Ejército a un joven civil, apodado Guerrita. A través de Guerrita era relativamente fácil ubicar a ciertos oficiales en cargos de interés e incluso limpiar expedientes, eliminando informes o calificaciones que afectaran su carrera». Es una proposición aventurada, ciertamente; sin embargo, esto fue plenamente confirmado por el mismo Douglas Bravo (2017): «Guerrita es uno de los amigos de la Fuerza Armada. Fue infiltrado por nosotros. Él tenía la capacidad para designar militares».

¡Por supuesto que sí! ¡Bravo es legendario!

En esta época, Adán Chávez, dentro del Partido de la Revolución, recuerda que tiene un hermano que es militar. Imperaba entonces la necesidad de hacer algo con esa información. Después de todo, formaba parte de una fuerza política cuyo único objetivo era formar una alianza cívico-militar, con el fin de obtener el poder algún día, a través de métodos no convencionales. Por lo tanto, notifica la existencia del joven Hugo al partido.

Puede que ahora se presente una incoherencia. Es factible, ciertamente, porque la información es limitada —incluso entre los mismos protagonistas—. Es muy posible que ni Adán ni Hugo dominaran toda la información alusiva al proyecto. Como no hay fecha exacta, se podría asumir que Adán Chávez informó sobre su hermano al Partido de la Revolución antes de que Hugo fuese designado al Batallón de Infantería Cedeño. Ya Bravo sabía de la existencia del joven oficial. Él mismo lo reconoce, aunque dice que no le daba importancia. Cuando José Esteban Ruiz Guevara lo catequizó de joven, Bravo estaba enterado. Pero ahora se daba una proposición formal por parte del mismo Adán.

«Estábamos juntos en la universidad [Adán y el profesor de su tesis, Juan Salazar]. Él me daba la cola hasta la casa en un volkswagito que tenía, íbamos a las reuniones clandestinas (…) Como estábamos debatiendo esa línea de acción, un día yo le dije que tenía un hermano militar y bueno (…) Y yo pensaba que Hugo estaría dispuesto a participar en la conformación de ese movimiento cívico-militar», confiesa Adán Chávez al periodista Gustavo Villapol (2015).

Es importante lo que dice el mayor de los Chávez, porque si propone a Hugo es porque, como él mismo señala, tiene la confianza de que asumiría el desafío. «"¿Y tú crees que de verdad él estaría de acuerdo en entrar en contacto con nosotros y ayudar en esa conformación?", le pregunta Salazar a Adán, quien responde: "Yo creo que sí, pero si ustedes me autorizan, yo hablaría con él" y él me dijo: "Bueno, déjame consultar a mí". Él fue, consultó con el comando central y dijeron que sí» (Villapol, 2015).

Cuando Adán dice que Juan Salazar consultó con el comando central, se refiere a, principalmente, dos personajes: Douglas Bravo y Alí Rodríguez Araque. Este último, justo en 1975, había estado en Cuba. Sobre esto escribe el exguardaespaldas de Castro, Juan Reinaldo Sánchez en su obra *La vida oculta de Fidel* (2014): «(...) En 1975 [Fidel] funda el célebre Departamento América, cuya responsabilidad confía a Manuel Piñeiro [Barbarroja], hasta entonces a la cabeza de la Dirección General de Inteligencia (...) este maestro del espionaje, astuto como un zorro, tiene como misión, detectar, reclutar y formar a simpatizantes de la Revolución Cubana (...) un ejemplo de recluta del Departamento América (...): Alí Rodríguez Araque».

Adán contaría la misma historia, también, al periodista Alan Woods (2005): «Fue durante ese tiempo que mi hermano Hugo estaba sirviendo en la Fuerza Armada Nacional, como un oficial joven. Un pequeño grupo de oficiales que no estaban contentos con la situación del país y que pensaban que algo se tenía que hacer. Estos eran hombres patrióticos y progresistas. Yo le informé al liderazgo del partido la existencia de mi hermano. De esta forma se estableció un contacto entre ambos bandos».

Finalmente, el vínculo explícito se había concretado. Hugo dijo que sí. Ya no hay ambigüedades e indeterminaciones. Aunque probablemente ya Chávez había venido estando bajo la mira de Bravo, la proposición de Adán establecía, de una vez por todas, el vínculo concreto entre el líder guerrillero y Hugo Chávez.

A Ignacio Ramonet (2000), Hugo le hablaría sobre la proposición de Adán y por qué la aceptó: «Es normal que lo intentara [integrarlo al grupo de Douglas]. Yo le dije una vez más: "Para que no me dé de baja el Ejército, dime qué es lo que ustedes están preparando". Me contesta: "Hugo, no estoy autorizado para hablarte de nada, por disciplina; pero debo confesarte que he informado, y mis jefes saben de ti, quién eres y qué piensas" (…) Ya era legendario Douglas Bravo». Ni Hugo ni Adán conocerían al jefe del PRV por esos días. Sería varios años después, ya que Bravo se encontraba fuera del país, en el exilio.

A Cumaná con la guerrilla

Según cuenta Thays Peñalver, Chávez pasó el tiempo en el Batallón Manuel Cedeño jugando béisbol y vigilando algo que en ningún momento se movería. No había adrenalina en La Marqueseña: «Así fue como la vida del joven subteniente transcurría, entre juegos de pelota y nada que cuidar, porque las antenas instaladas en la hacienda de La Marqueseña no eran siquiera importantes y tampoco se irían a ninguna parte. En su única acción de patrullaje fuera de allí, en el cerro de El Cutufí, lo sacaron porque se enfermó de paludismo, el veintisiete de febrero de 1976» (Peñalver, 2016).

Mientras Hugo estaba con los cazadores en Barinas, Venezuela aparentaba prosperar. La industria petrolera del país fue nacionalizada en enero de 1976, bajo el plan económico de La Gran Venezuela. Todas las propiedades, plantas y equipos de las compañías concesionarias extranjeras Exxon, Shell y otras, pasaron a manos del Estado. Unos meses antes, el 29 de agosto de 1975, el presidente Carlos Andrés Pérez ordenaba la ejecución de la Ley que Reserva al Estado, la Industria y el Comercio de los Hidrocarburos. Entró en vigor el día de año nuevo.

Venezuela se consolidaba, entonces, como un país rentista. Dependiente. Aunque jamás había dejado de serlo, la transformación ya era plena. Referente a esto escriben Moisés Naím y Ramón Piñango en su obra *El caso Venezuela: una ilusión de armonía* (1986): «Como sabemos, el telón de fondo de todo lo anterior es el petróleo, o más precisamente, los ingresos públicos que se obtienen de su venta en el exterior (…) Desde el comienzo de la explotación petrolera en 1914, Venezuela ha producido 36.000 millones de barriles de petróleo. Si bien el petróleo ha tenido un

"

precio promedio de venta en el exterior que ha variado mucho (pasando de dos dólares por barril en 1968 a 14 en 1974 y 30 en 1981, para colocarse en cerca de 25 dólares en 1983), sus ventas internacionales han generado un constante flujo de ingresos para el Estado. Este proceso se disparó en la década de los años 70, cuando los ingresos del gobierno central se multiplicaron 10 veces (...) Para sorpresa de nadie, el gasto público siguió una tendencia casi idéntica a la de los ingresos del petróleo, llegando incluso a sobrepasarlos durante ciertos períodos».

Había, entonces, una ilusión de riqueza inmensa como muy bien lo señalan los autores Naím y Piñango (1986) en su obra. Pero, al fin y al cabo, esa era la percepción: «Venezuela era un país rico, al igual que sus ciudadanos».

De esa forma, con la nacionalización, empezaba 1976. Carlos Andrés era popular. El nivel de vida aumentaba en un país que parecía desarrollarse raudamente. Sin embargo, según cuenta el mismo Chávez, dentro de las Fuerzas Armadas la percepción no era la misma: «Intuía que había entre la oficialidad joven, un gran descontento porque, como ya le dije, el nivel de corrupción de muchos oficiales superiores era escandaloso. Y el mal gobierno del país era muy preocupante (...) [el desarrollo] era en apariencia. La realidad de Venezuela seguía siendo la pobreza, muy extendida, y la inmensa corrupción existente entre las capas dirigentes» (Ramonet, 2000).

«La democracia era una simple fachada, detrás de la cual gobernantes y hombres de negocios habían establecido un pacto mafioso para enriquecerse (...) en 1976, Carlos Andrés nacionalizó el petróleo. Una excelente decisión, muy positiva en términos de soberanía. Pero que agravó el problema, porque los nuevos y cuantiosos recursos del Estado no sirvieron para reducir las desigualdades. Al contrario, se acentuaron las diferencias entre pobres y ricos», continúa Hugo, exponiendo su malestar (Ramonet, 2000).

Pero al joven subteniente no solo le incomodaba el rumbo por el que Carlos Andrés Pérez dirigía al país; tampoco estaba muy complacido con lo que él mismo hacía. Con el ambiente. Era aburrida la vida en el cuartel en Barinas, como ya se mencionó; y además le deprimía: «De repente, aquella vida de cuartel empieza a aburrirme. Todo era muy rutinario. Y a veces absurdo. Por ejemplo, me prohibían jugar béisbol en un equipo civil. Nunca entendí eso. No cumplí la orden y me arrestaron. Hasta que un día, le dije al comandante: "Mi comandante, por jugar béisbol me arrestan, pero los oficiales que se pasan las noches en el burdel de La Guayanesa y allí amanecen, se les permite. No entiendo". El comandante al final me autorizó» (Ramonet, 2000).

Aparte de cuidar las antenas en La Marqueseña, Chávez no tenía nada que hacer. Por ello, para matar el tiempo, se inscribió en un curso de locución y empezó a escribir artículos en un medio de la zona. «[me aburría] hasta el punto que le pedí permiso al comandante para escribir una columna en un diario local, El Espacio. (…) Era una crónica semanal, salía los jueves y empezó a ser leída. Recogía el acontecer del cuartel», cuenta (Ramonet, 2000). A la columna la tituló «Proyección Patriótica Cultural Cedeño» y, además, tenía un programa de radio.

Hugo estuvo casi dos años en el Batallón Manuel Cedeño. Fue en ese tiempo cuando llegó a leer el libro que, años atrás, había estado preparando su amigo, José Esteban Ruiz Guevara, pero que terminó de elaborar el doctor José León Tapia: «Un día, siendo yo subteniente llegó a mis manos el libro: *Maisanta, el último hombre a caballo* (…) Me bebí el libro en una noche, como quien se traga un vaso de agua. Esa lectura me disparó. Fue una revelación», relata Chávez. Como se dijo, la lectura de aquella obra había sido «una llamarada» para el oficial. Pero, además, el contexto ayudaba profundamente. Hugo estaba cuidando La Marqueseña, donde años atrás había estado Pérez Delgado, Maisanta.

Finalmente, en mayo de 1977 el Batallón Cedeño es transferido a Cumaná, en Oriente, y para allá va el subteniente Hugo Chávez. La decisión la tomó el Ejército porque en el estado Sucre se había producido, como le cuenta Hugo a Ignacio Ramo-

net (2000), «un rebrote guerrillero». En Barinas, Chávez andaba con una joven mujer, Nancy. Estaba enamorado, por lo que
se la llevó consigo a Oriente. Iniciaba para el oficial una nueva
etapa, ahora relacionada con la guerrilla, que influiría de forma
determinante en su vida.

Hugo guerrillero

Mientras el joven Hugo era trasladado a Cumaná, Fidel Castro estaba concentrado en otras operaciones. A partir de 1975, colaboró con el establecimiento del régimen comunista de José Eduardo dos Santos, en Angola. Luego, durante la guerra civil en Etiopía, Fidel envió tropas cubanas a la nación africana para apoyar el autoritarismo marxista del líder Hailé Mariam Mengistu. Castro parecía apartarse de la causa en Latinoamérica; sin embargo, es posible que haya puesto su confianza en el eficaz desenvolvimiento del nuevo proyecto que se estaba gestando —del cual tenía conocimiento por Alí Rodríguez Araque.

Chávez ya tenía una relación indirecta con el Partido de la Revolución, donde estaba Fausto, «el hombre de Fidel» (Peñaloza, 2014). Le había dicho que sí a su hermano, Adán, y, por lo tanto, empezó a trabajar para llevar a cabo la estrategia que Douglas Bravo había elaborado, en sustitución de la lucha armada. Hugo se estaba convirtiendo en la pieza de Bravo. Una de muchas, claro. El joven subteniente solo era uno de los embriones que serían regados, con la esperanza de que alguno se desarrollara adecuadamente.

«Ya Chávez tenía contacto con su hermano, Adán. Y Adán era militante del PRV, profesor de matemáticas en Mérida. Chávez en la Academia avanzaba recibiendo información e ideas de Adán (...) Su influencia principal era su hermano, que era del PRV. Había una relación indirecta entre el PRV y Chávez», dice Bravo (2017). Hugo no era aún oficialmente un militante del Partido de la Revolución; pero había decidido colaborar, desde la Fuerza Armada Nacional, con el plan de Douglas.

Estando en Cumaná, Hugo volvió a dudar. Su nuevo compromiso con el PRV consistía un riesgo enorme para una carrera que no terminaba de convencerlo. Además, había sido enviado a Oriente a asesinar guerrilleros. A combatirlos. Aquello, de alguna manera, le generaba serios conflictos internos. Chávez, como él mismo señala, era admirador de quien en algún momento fue el máximo comandante guerrillero del país. Su inclinación ideológica era clara. Hugo simpatizaba con los movimientos que, desde su posición como subteniente, debía combatir. Entonces, surge nuevamente el titubeo y Hugo decide comunicarse con familiares y su antiguo profesor, militante también del Partido de la Revolución.

«Esa fase es de mucho vaivén, en lo personal. Caigo en una especie de dilema existencial, una incertidumbre: ¿sigo la carrera militar, o me voy a tiempo? Una vez le dije a Ruiz Guevara: "A lo mejor me decido pedir la baja y me salgo del Ejército". [Me aconsejó] que no podía salirme, que era más útil y más importante que siguiera en las Fuerzas Armadas. Me dijo: "Mira Hugo, tú ahí, en el Ejército, vales más que veinte sindicatos en manos de la izquierda. No te puedes ir"», cuenta Chávez (Ramonet, 2000).

A Adán también le hizo saber su incertidumbre, y este le dijo: «No te puedes ir, eres uno de los nuestros ahí, en el Ejército» (Ramonet, 2000). A Hugo lo estaban presionando quienes le convenían que se llevara a cabo el proyecto. Ya había un compromiso y no era momento de claudicar.

El subteniente decidió seguir. Es importante recordar que no es la primera vez que Hugo dudaba de su decisión de ser militar. Desde el principio, era claro que no estaba entre sus prioridades. Pero, además, ya ni el béisbol representaba la importancia que antes tenía entre sus objetivos. Por alguna razón se mantenía en la vida castrense. Por alguna razón entró a la Academia y siguió. Siempre presionado por otros. De alguna manera, siempre en contra de su voluntad.

«Estaba en el período de incertidumbre, de vaivén; un dilema existencial (…) Yo lo cuestionaba todo, y cada vez me sentía más de izquierda, más atraído por el movimiento revolucionario. Leía libros» (Ramonet, 2000).

Estando en Cumaná, Hugo se reencontró con Luis Reyes Reyes, con quien había compartido parte de su juventud en la casa de Ruiz Guevara. Era sargento técnico en ese momento. También hizo otras amistades, pero prácticamente estaba solo. No conocía la zona y su única compañera era Nancy. Aquel aislamiento no contribuyó con sus dilemas, por lo que se planteó la posibilidad de alzarse en armas en ese momento contra sus mismos compañeros de la Fuerza Armada.

«Las guerrillas estaban derrotadas ya, política, social y militarmente, y pensé que era una locura. Sin embargo, en Oriente, donde quedaban focos guerrilleros y el frente estaba abierto, y donde yo tenía acceso a información de inteligencia, comencé de nuevo a fraguar… Me dije: "Bueno, yo pudiera irme a la guerrilla"», confiesa a Ramonet (2000).

Aquella afirmación inquieta. En Hugo se desarrollaba la posibilidad de unirse a un grupo de rebeldes, cuyo fin era tomar el poder político de Venezuela a través de la lucha armada. Es decir, asesinando soldados. «¿Quién querría irse a matar a la gente con la que ha convivido años, con los que ha ido a las discotecas, de quienes conoce sus familias, hermanas, novias o con los que ha jugado cientos de juegos de pelota?», se pregunta Peñalver (2016) con pertinencia. Y aquí estaba Chávez, queriendo ser guerrillero.

«Menos mal y fallaron unos contactos que íbamos a hacer, por allá por Bergantín, no sé dónde más, que no se presentó nadie; menos mal que no me fui para la guerrilla con unos diez soldados, que era lo que podía comandar en ese tiempo», diría Hugo después (Peñalver, 2016).

El propósito de Chávez en Cumaná era capturar, combatir o asesinar guerrilleros. Sin embargo, en todo momento trató de entorpecer o esperar que ninguna de sus operaciones antiguerrilleras tuviera éxito: «Yo ligando que no viniera, porque ya mi corazón y mi alma andaban dudando» (Peñalver, 2016), diría sobre la aprehensión que se preparaba contra un combatiente.

Al final, Hugo desiste de su intento de cambiarse de bando. Lo hace, pero no por algún principio ético o moral, sino por Nancy, su mujer: «El freno más poderoso que tenía era Nancy, una responsabilidad. Hubiese sido una locura» (Ramonet, 2000).

Vietnam, I y II en América Latina

El subteniente Hugo ocupaba el puesto de mando de la guarnición del Batallón Cedeño, en Cumaná. Además de su vinculación indirecta con el Partido de la Revolución, a través de su hermano, el joven oficial confiesa a Ignacio Ramonet (2000) que en Oriente logró tejer relaciones con algunos guerrilleros de Bandera Roja. Esto evidentemente era un riesgo inmenso para un miembro de la Fuerza Armada.

A donde llegara, parecía que la inquietud lo forzaba a crear vínculos peligrosos y a adentrarse en el campo de la extrema izquierda. Era lo que le atraía, sin duda. Pero además esta relación estaría asociada de una forma perturbadora con un dantesco incidente, que se generaría casi al finalizar 1977. Pero para dar los primeros pasos en el mundo de la perversión, primero Hugo tenía que crear una plataforma. El comando de Chávez es trasladado a un pueblo cercano a Cumaná, para neutralizar algunos movimientos guerrilleros. Los enfrentamientos no eran comunes, aunque el Batallón Cedeño iba tras los rebeldes. De hecho, según señala Thays Peñalver (2016), Hugo jamás vivió algún encuentro bélico. Lo más cerca que estuvo fue el 22 de octubre de 1977, cuando varios compañeros de armas de Hugo son asesinados por los rebeldes de Bandera Roja. Ese episodio, según él mismo comenta, lo llevó a conformar la primera logia militar que comandaría.

«(…) me movió el piso. Tanto, que durante esas operaciones, se me ocurrió conformar la primera célula del Ejército de Liberación del Pueblo Venezolano, con un grupo de soldados de mi pelotón de comunicaciones. Esa célula se componía por cuatro hombres: Mario Núñez Hidalgo, sargento; Agustín

Moros, cabo primero; José Rodríguez Toro, cabo; y Esteban Silva, soldado raso, el más campesino», relata el subteniente a Ignacio Ramonet (2000).

Sobre esto escriben Domingo Irwin e Ingrid Micett para la revista *Argos* de la Universidad Simón Bolívar (2011): «(...) para Hugo Chávez Frías el intercambio de ideas con su hermano, en este caso Adán, vinculado al PRV de Douglas Bravo, lo llevó a proponer constituir un grupo conspirador militar (...) El grupo conspirador lo bautiza Chávez Frías con el pomposo nombre de Ejército de Liberación del Pueblo de Venezuela».

Había nacido la primera logia militar de Hugo Chávez. Bajo la necesidad de responder al Partido de la Revolución Venezolana y el deber de conformar un movimiento cívico-militar; además conmovido por el incidente en el que murieron varios compañeros, se conformó la logia. El 25 de octubre, el subteniente escribiría en su diario: «Vietnam I y II Vietnam en América Latina» (Peñalver, 2016), una clara referencia a la frase del Che: «¡Crear dos, tres, muchos Vietnam!».

La responsabilidad de Hugo Chávez en la masacre

El 18 de noviembre de 1977, una criminal emboscada acabó con la vida de seis soldados y dejó cinco heridos. Fue un acto dantesco, sobre el que impera la incertidumbre. Los responsables fueron los guerrilleros de Bandera Roja; sin embargo, es muy posible que el ataque haya sido ejecutado gracias a información proveída por algún traidor de la Fuerza Armada.

Unas semanas antes de aquel 18 de noviembre, el Batallón Cedeño había sido trasladado a Barcelona, capital del estado Anzoátegui, para neutralizar un grupo de guerrilleros comandado por el antiguo rebelde del MIR, y ahora militante de Bandera Roja, Gabriel Puerta Aponte.

Puerta Aponte no se había sumado a la pacificación y se había mantenido luchando contra el sistema democrático venezolano. Su movimiento, Bandera Roja, era prácticamente el único que aún empuñaba la lucha armada como método de participación política. El 9 de noviembre, el escuadrón insurgente del comandante fue visto cerca del caserío La Gloria, ubicado en el municipio Aragua, de Anzoátegui.

Cinco días después se produjo el secuestro de Domingo Guzmán Adrián, propietario de una hacienda de la zona. En respuesta, la Fuerza Armada ordenó el despliegue de batallones de cazadores para rescatar al hacendado. Fueron cuatro pelotones, dos del Batallón Silva y dos del Batallón Cedeño.

El convoy militar de los pelotones partió para la zona, el 18 de noviembre. La idea era llegar al área de despliegue y, a partir de ahí, iniciar la operación de rescate. Sin embargo, aquello no pudo ser llevado a cabo. En los camiones del Batallón Cedeño estaban Hugo Chávez y Wilmer Moreno —un subteniente que había sido compañero de Hugo en la academia—. Iban de primero en el convoy y, detrás, estaban los camiones del Batallón Silva. Los vehículos de Hugo pasaron primero por la vía Los Dividives, a la vía de Aragua de Barcelona. No ocurrió nada. Pero varios minutos después, los camiones del Batallón Silva fueron atacados por un grupo de guerrilleros que logró huir.

«Cuando el vehículo cayó en la emboscada, los 14 efectivos no pudieron repeler el ataque dirigido por los bandoleros con armas automáticas, debido a lo sorpresivo de la acción, a la distracción del personal de tropa en el vehículo, quienes iban tertuliando y no tenían las armas en orden de combate», se lee en una página web dedicada a narrar los incidentes de la lucha armada en Venezuela (línea, 2010).

La emboscada fue ejecutada por al menos 12 guerrilleros. Habían pernoctado la noche anterior y estaban al tanto de la operación, como señala el informe sobre el ataque (Peñalver, 2016). Sabían que pasaría el convoy militar. Estaban preparados para atacar, pero no emboscaron a los primeros camiones que pasaron, del Batallón Cedeño. Aquello, evidentemente, generó desconfianza. Algo no concordaba.

«Al regresar a su guarnición a Cumaná, Chávez fue sometido a varios interrogatorios sobre la emboscada, por ser considerado sospechoso», cuenta el general Carlos Peñaloza (2014). Todo indicaba que algún miembro de la Fuerza Armada había filtrado información a la guerrilla para ejecutar a los soldados en la emboscada. Y sobre el Batallón Cedeño pesaba el escepticismo.

Para investigar el incidente fue designado el teniente coronel José Murga Cabrices. Según señala el general Peñaloza (2014), Murga suponía, desde un principio que el responsable de la filtración había sido el subteniente Hugo Chávez; sin embargo, no tenía cómo comprobarlo. El teniente coronel pasó un informe a la Dirección de Inteligencia de Ejército y, a raíz de ello, sobre Chávez se puso la mirada.

Hugo ha expuesto abiertamente que, para este momento, mantenía contacto con algunos grupos guerrilleros. Hace la pertinente pregunta Thays Peñalver (2016) en su obra: «¿Podría haber ocurrido la delación por parte de Hugo Chávez, que causó aquella emboscada y de lo cual fue culpado años más tarde?». «Es posible», escribe Peñalver, «porque la operación militar que se desarrolló fue justo para buscar el frente guerrillero con el que Hugo supuestamente se estaba reuniendo (…) Los únicos que sabían [de la operación] eran los muertos de la masacre y los del viejo pelotón de comunicaciones de Hugo Chávez. Los guerrilleros contaron con 24 horas y toda la información para llevar adelante la emboscada».

Chávez trató de justificarse frente a las investigaciones. Enfatiza Thays Peñalver (2016) que «cuando se hizo el informe, los únicos hombres que faltaban y que no estaban en el frente de operaciones en el batallón era los subtenientes Hugo Chávez y Wilmer Moreno». Pocos le creyeron al subteniente. Las sospechas eran demasiadas y lo amenazaron con un juicio militar. Aquello, impulsado por el teniente coronel José Murga Cabrices, quedó como una mancha en el expediente de Hugo Chávez —algo que podría obstaculizar cualquier ascenso dentro de las Fuerzas Armadas.

Ciertamente no hay precisión sobre la responsabilidad de Hugo Chávez en la masacre de La Gloria, como sería denominada. Él mismo jamás hablaría abiertamente, más que para justificarse. Sin embargo, la información es clara. Algo no cuadraba. Para el momento, Hugo quería pasarse para la guerrilla, tenía contacto con los subversivos y mantenía reuniones con ellos. Sobre esto no hay ambigüedades. Y se sabe también lo que ocurrió durante la emboscada. La racionalidad sugiere la adecuada condena.

Si cada trabajador y cada campesino...

En diciembre de 1977 el subteniente Chávez fue expulsado del Batallón de Cazadores Manuel Cedeño. Luego de los recientes incidentes, imperaba la necesidad de hacer algunos cambios. Y, misteriosamente, Hugo fue transferido al Batallón Bravos de Apure en Maracay, uno de los más poderosos del país.

Chávez venía de atravesar un incidente extremadamente delicado que lo exponía a la posibilidad de ser sometido a un juicio militar. Sus superiores lo creían responsable de aquella masacre y en el Batallón Cedeño ya no lo querían. Pero, a pesar de eso, fue trasladado a la poderosa 4ta División Blindada en la que estaba el Batallón Blindado Bravos de Apure. Además, se le dio un pelotón con tanques —algo de lo que él no tenía conocimiento.

«Mi comandante, mire que yo soy de comunicaciones, yo era de los radios y antena y todo eso (...) ¡Yo no sé nada de tanques!», trata de explicar Hugo Chávez, a lo que el comandante que lo recibió le responde: «¿Y quién le preguntó a usted si sabía o no sabía de tanques, subteniente? Yo no le pregunté eso. Vaya y se le presenta al capitán Alvarado» (Peñalver, 2016).

Hugo termina, entonces, comandando un pelotón de tanques en el Batallón Bravos de Apure en Maracay. Aquella designación también podría levantar dudas. Es difícil explicar cómo a un oficial al que están a punto de enjuiciar lo trasladan a una unidad tan apartada de sus superiores, y además lo ponen a comandar un pelotón del que no tenía información. Hugo no sabía nada de tanques. Era nuevo en Maracay. Nadie lo conocía —y mucho menos sabían de su relación con la emboscada en La Gloria.

Para el general Peñaloza (2014) aquello era nuevamente obra de Bravo y las infiltraciones que había logrado en la Dirección de Personal del Ejército. Tiene sentido, claro. Según él mismo asevera, los cambios en las Fuerzas Armadas «normalmente se producen en el mes de julio». «Transferencias extemporáneas como esta revelan la existencia de algún tipo de problema, que debe ser informado al comando de la unidad que recibe al oficial. En ese momento nadie reportó al comando del Batallón Bravos de Apure que había sospechas contra Chávez. Tampoco se impartieron instrucciones para mantenerlo bajo observación, una medida que es rutinaria en estos casos», espeta el general (Peñaloza, 2014).

Ya anteriormente se ha señalado la posibilidad de que Guerrita, el infiltrado de Bravo, haya tenido alguna relación con las designaciones de Chávez. Hugo había pasado de estar en la tierra de Maisanta y Zamora, a combatir con guerrilleros —y reunirse con ellos. Ahora estaba en Maracay, situado en un punto estratégico y lejos de aquellos que habían querido enjuiciarlo.

Pero, además, a Guerrita se le sumaba un compañero. A finales de 1977 el oficial Ramón Santeliz Ruiz, sobrino de Ruiz Guevara, se unió a la Dirección de Personal del Ejército. Aquello coincidió con la extraña designación de Hugo Chávez en el Batallón Bravos de Apure.

El subteniente se llevó a Maracay a su pareja, Nancy, ahora embarazada de una niña. Y arrancó, de esa forma, una nueva etapa en su vida. En Cumaná había dejado el Ejército de Liberación del Pueblo de Venezuela, su primera logia. Pero no la perdería, por supuesto. Él mismo diría que entró «en el congelador» para luego crecer. Lo que sí conservaría serían sus dudas y su propósito de conformar un movimiento cívico-militar.

En Aragua, Hugo se encontró con un amigo de la Academia: Pedro Ruiz Rondón. Con él concordaban sus inclinaciones ideológicas y había compartido años atrás un momento íntimo de entusiasmo dogmático: «De cadete oímos juntos el discurso que pronunció Fidel Castro al regresar de la India, después del golpe de Estado que derrocó, en Chile, al gobierno de Unidad Popular de Salvador Allende (…) [En ese discurso, Fidel dice:] "¡Si cada trabajador y cada campesino hubiesen tenido un fusil en sus manos, no habría habido golpe fascista!". Ruiz Rondón y yo nos grabamos eso, que confirmaba en mi mente la necesidad de una alianza cívicomilitar revolucionaria. Toda la vida, cada vez que nos encontrábamos: "Si cada trabajador…", decía yo, y él respondía: "… y cada campesino"» (Ramonet, 2000).

Prepararse para ser un buen golpista

En Maracay, Chávez vivía en un rancho de lata y cartón con su mujer, Nancy, que estaba embarazada. Impulsos aniñados lo habían forzado a tomar decisiones imprudentes. A su mujer se la llevó de Barinas sin casarse —algo que no agradó ni a su familia, ni a la de ella—. Ahora no podía ni pagarse un hotel. Como no se había casado con su pareja, estaba cometiendo un delito al vivir con ella. Por eso tuvo que instalarse en una vivienda miserable en la ciudad. «¿No le da pena vivir en ese rancho, entre nosotros los pobres?», le preguntó una vez un vecino a Hugo (Ramonet, 2000).

Al integrarse a los blindados del Batallón Bravos de Apure, Chávez tuvo que aprender sobre tanques. Otro subteniente que venía de Francia, Pedro Alastre López, fue quien le explicó a Hugo el funcionamiento de los carros de combate. Así lo relata: «Yo no sabía ni por dónde encaramarme en un bicho de esos. ¡Ah! Entonces recuerdo (…), apareció Pedro Alastre en ese momento. Alastre López venía llegando de Francia, hizo un posgrado allá no sé de qué, de tanques y de mecánica de tanques y los sistemas eléctricos (…) Bueno, Alastre fue uno de mis profesores» (Chávez, 2009).

El 5 de julio de 1978, Hugo fue ascendido a teniente. Según el general Carlos Peñaloza (2014), fue promovido «entre los últimos de su promoción, debido al incidente de "La Gloria"». Fue una época extraña y de cambios, según él mismo comenta, en la que se aclaró su destino: «(…) mi mujer se hallaba embarazada, nació Rosa, ascendí a teniente y estaba en un verdadero batallón, al que me sentía orgulloso de pertenecer: el Bravos de Apure que, en aquella época, disponía de tanques franceses AMX-30» (Ramonet, 2000).

Pero no fue aquella presunta satisfacción lo que tranquilizó a Hugo. El joven, ahora teniente, había podido despejar sus dudas porque, finalmente, había asumido un propósito. Su vida tenía un sentido que parecía trascender cualquier aspiración. Chávez por fin le había encontrado una razón a su existencia. La podía justificar, porque ahora formaba parte de una causa mucho mayor. Hugo le cuenta a Ignacio Ramonet (2014) que después de comprometerse con el Partido de la Revolución, clarificó su destino: «Sí, conseguí mi camino. Estaba asumiendo un compromiso revolucionario».

En este punto, el teniente Chávez continúa la conformación de su logia en Maracay. Ya estaba un poco más estable. Tenía bajo su mando el pelotón de transmisiones del Batallón Blindado Bravos de Apure. Luego, le ordenaron comandar dos pelotones: «Seis tanques enormes», dice (Ramonet, 2000). Gozaba de cierta relevancia y eso le permitió al teniente empuñar un presunto nacionalismo para atraer a oficiales más jóvenes. Hablaba habitualmente de Bolívar, de Zamora y de la patria. Esgrimía premisas marxistas, disfrazadas bajo el bolivarianismo. Como Simón Bolívar era un insigne hombre de la historia, alabado incluso dentro de los cuarteles, aquello no levantaba tantas sospechas.

Asimismo, Hugo le confiesa al periodista español, Ramonet, su compromiso con la causa de Bravo. Le explica cómo en este punto, en 1978, se involucra activamente y empieza a bosquejar su carrera militar alrededor del proyecto de conformar un movimiento cívico-militar para, luego, tomar el poder. Primero le explica la relevancia del Partido de la Revolución: «[tenía una gran influencia] por los conceptos políticos, económicos y sociales que elaboraron: sobre la exclusión social, la negritud...; o sobre el petróleo; o sobre la necesaria alianza entre América Latina y el mundo árabe-musulmán. También porque en él militaban intelectuales de la talla del escritor y artista Carlos Contramaestre, el novelista Salvador Garmendia, el doctor Bernard Mommer, el arquitecto Fruto Vivas, Alí Rodríguez...» (Ramonet, 2000).

«Ellos [Douglas y Alí Rodríguez Araque] llevaban tiempo planificando el proyecto de infiltrar la Fuerza Armada con la idea también de constituir una alianza revolucionaria cívico-militar», revela Hugo a Ramonet (2000). Luego, señala: «Yo era partidario, igual que Douglas, de una alianza cívico-militar, pero mi idea era que el movimiento debía iniciarse y surgir en el seno mismo de la Fuerza Armada Nacional, en el interior».

«Ya, a partir de ahí, yo tengo una doble vida: una dentro del Ejército y otra clandestina», espeta; quien continúa testificando: «Siempre clandestino. Esa actividad cerró la alternativa de irme del Ejército. Asumí un rol en el seno del movimiento para el largo plazo, para una insurrección general cívico-militar (...) Todo eso contribuyó a que me atrincherara en los valores de soldado. Yo no era un mal soldado, pero me decía: tengo que ser el mejor, y rodearme de compañeros con el mismo propósito» (Ramonet, 2000).

Ya las dudas eran inadmisibles. Si Hugo había pensado en dejar la carrera militar, ya esto quedaba en el pasado. Se había comprometido con la causa de Douglas Bravo y Alí Rodríguez Araque y esto lo satisfacía enormemente.

«Tenía que constituir una red. Y para constituir esa red, para atraer a mí a otros militares, tenía que ser de los mejores oficiales y estudiar más. Entonces empiezo a prepararme, a leer...» (Ramonet, 2000), dice Chávez. Si antes Hugo se desarrollaba en las Fuerzas Armadas sin avidez, ya no sería así. Ahora Hugo tenía que ser un buen oficial, para también ser un buen golpista.

Un país hipotecado

Era nuevamente año electoral. Carlos Andrés Pérez dejaba su popular presidencia tiznada por cargos de corrupción. Su gestión había sido afable para toda una sociedad que se sentía adinerada, pero eso no le impidió al presidente ganarse importantes enemigos. Desde el Congreso fue acusado de comprar con sobreprecio un buque. Sin embargo, al principio eran puras acusaciones, pero eso empañó profundamente los últimos días de su gestión y la candidatura de Acción Democrática para las elecciones de diciembre.

Otro hecho enturbió la campaña electoral. El candidato más popular parecía ser, para el momento, un *outsider*. El *statu quo* estructurado sobre el Pacto de Puntofijo se veía amenazado por un popular hombre de la televisión. Renny Ottolina era querido por toda la nación. Era la cara más reconocida de la televisión venezolana y en 1977 fundó el partido Movimiento de Integridad Nacional, de tendencia nacionalista. Impulsado en una nueva plataforma política, anuncia su candidatura para 1978.

Ottolina aprovechó los espacios que tenía en diferentes medios del país para su campaña. Hablaba de Simón Bolívar y lo presentaba como un hombre de pensamientos pertinentes y vigentes. Era el candidato que irrumpía en la escena política para amenazar el poder y la hegemonía de los partidos tradicionales; sin embargo, aquello no duró mucho. El 16 de marzo de 1978 se supo la trágica noticia: «Murieron Renny Ottolina y sus cuatro compañeros», titulaba el diario *El Mundo*. Otros, simplemente, «Murió Renny». El prometedor *showman* se encontraba en una avioneta que se estrelló en el Pico Naiguatá. Todos los que estaban dentro de la avioneta murieron y la noticia conmocionó al país.

Aunque no se pudo relacionar la muerte de Ottolina con algún candidato a presidente de Venezuela, el accidente afectó principalmente a Carlos Andrés Pérez y a su partido, Acción Democrática. Aunado a ello, la opción adeca, Luis Piñerúa Ordaz, era débil. El nuevo candidato del partido gobernante no tenía carisma, ni era muy popular; pero además venía de salir victorioso de unas primarias completamente polarizadas.

El bipartidismo se volvió a consolidar en el país en las elecciones de 1978. El 3 de diciembre los oficialistas salieron derrotados, pero la tutela se cedió nuevamente al otro partido, Copei, que había presentado a un reconocido abogado que gozó del apoyo irrestricto de todo su partido, incluido Rafael Caldera.

Luis Herrera Campins obtuvo el 46,64 % de los votos con 2.487.000. Le siguió Piñerúa con el 43,31 %. Y, nuevamente, el resto fue repartido entre los candidatos de la extrema izquierda y los independientes: de tercer lugar quedó José Vicente Rangel, del MAS, quien antes había quedado de cuarto; luego siguió el independiente Diego Arria. Por último, el candidato de los comunistas, Luis Beltrán Prieto Figueroa, solo obtuvo el 1,12 % del electorado.

A finales del mandato de Carlos Andrés, los precios del petróleo empezaron a bajar y eso desveló lo que se encontraba detrás de la ilusión rentista: Venezuela realmente no era un país rico. La economía del país empezó a perder el rumbo y Luis Herrera, al recibir Venezuela por parte de los adecos, esgrimió una dramática frase que aún resuena: «Hoy en cambio me toca recibir una economía desajustada y con signos de graves desequilibrios estructurales y de presiones inflacionarias y especulativas, que han erosionado alarmantemente la capacidad adquisitiva de las clases medias (...) ¡Recibo una Venezuela hipotecada!» (Calle, 1979).

HUGO, LA CUARTA PATA DE LA MESA

Fue acertado Luis Herrera Campins al señalar que la economía del país se había erosionado. El modelo rentista había dado todo lo que podía ofrecer y de ahí en adelante solo se seguiría desarrollando la ruina definitiva de un sistema que imploraría a gritos la rectificación. El candidato copeyano llegaba con ofertas para ejecutar el viraje necesario; sin embargo, las ofrendas se quedaron en retórica.

«Hemos comenzado a sentir, sin embargo, los males de la debilidad del ciudadano ante el Estado, la rigidez de los organismos públicos y el muy limitado apoyo que ha recibido el talento y el esfuerzo excepcional (…) se necesita tener una concepción clara del lugar adonde se quiere llevar al país o a cualquiera de sus organizaciones. A decir verdad, se necesita tener un destino más preciso que el vago objetivo de ser "nación desarrollada" (…) de muy poco sirve definir adónde dirigirse si no se presta atención especial al cómo hacer las cosas», escribían Moisés Naím y Ramón Piñango en la década de los ochenta (1986).

Campins recibió de Pérez a una Venezuela en época de «vacas flacas», como lo denominan Naím y Piñango en su obra *El caso Venezuela: una ilusión de armonía* (1986). Eso forzaba la necesidad de un cambio de políticas, pero además evidenciaba la profundización de la crisis. Se revelaba un agónico sistema.

Y, sobre esto, tiene su opinión Hugo Chávez, quien veía en el deterioro del país el contexto apropiado para seguir desarrollando el proyecto con el que se había comprometido: «La situación del país se iba deteriorando. La economía se degradó, la corrupción se desbocó. Carlos Andrés Pérez termina su mandato a principios de 1979, y deja a Venezuela endeudada, quebrada. Viene el "enfriamiento" de la economía, decidido por su sucesor Luis Herrera Campins» (Ramonet, 2000).

Para finales de 1978 e inicio de 1979, Hugo ya está plenamente involucrado en el movimiento de Douglas Bravo. Aunque aún no era un miembro oficial del Partido de la Revolución, su relación era intensa. En Maracay logró unir a la causa al teniente de blindados, Ramón Alonso Carrizales, a quien conocía de la Academia. Debido a su carisma y a su descollante capacidad para hablar en tarima, el teniente Chávez pudo desenvolverse ampliamente entre todas las unidades de la 4ª División Blindada de Maracay. Lo elegían para animar prácticamente todos los eventos (Peñalver, 2016). Eso le permitió al joven teniente conocer oficiales de todos los batallones de la ciudad.

Mientras Chávez se esforzaba en la estructuración del movimiento, el Partido de la Revolución Venezolana empezaba a establecer otros vínculos. Douglas seguía en el exilio y era difícil conservar la solidez de un movimiento que, además de ser ilegal, no contaba con los recursos necesarios. Se estaba empezando a crear la fachada legal del PRV, Ruptura, pero aún no estaba completamente constituida. Por esta suerte de depresión, Alí Rodríguez Araque decide contactar a su antiguo compañero de lucha, Alfredo Maneiro.

Según señala Peñaloza (2014), en 1978 Rodríguez Araque le informa a Maneiro los planes de la conformación de un movimiento cívico-militar con la intención de tomar el poder. Ya el fundador de La Causa R había intentado anteriormente infiltrar las Fuerzas Armadas. Un coronel, Alberto Müller Rojas, era su ficha dentro del mundo castrense. El coronel Rojas había pertenecido, primero, al movimiento de Douglas Bravo; sin embargo, decidió plegarse a Maneiro e iniciar el reclutamiento dentro de las Fuerzas Armadas. Dice el general Peñaloza (2014) que a él mismo Müller Rojas lo intentó captar.

Maneiro se interesa, afirma Peñaloza, y solicita conocer a Hugo Chávez —un oficial que generaba inmensas expectativas para el Partido de la Revolución Venezolana—. No hay precisión sobre cuándo exactamente se dio el contacto entre el fundador de La Causa Radical y el teniente Chávez, quien dice que pudo haber sido a finales de 1978. No obstante, Hugo habla abiertamente de la relación con él: «[Conocí] mucho a Maneiro. Estando en Maracay, de teniente» (Ramonet, 2000).

Asegura Carlos Peñaloza (2014) que «Alí [Rodríguez Araque] organizó una entrevista entre Maneiro y Chávez, a la cual no pudo asistir por problemas de salud. La reunión fue en Maracay, en el apartamento de Maisanta [Hugo]». La versión del mismo Chávez es: «Maneiro vino a ese apartamento [ya él y Nancy habían podido dejar atrás el rancho de cartón]. El enlace era mi amigo de Barinas, Federico Ruiz, el hermano de Vladimir [e hijo de José Esteban Ruiz Guevara, el militante comunista del Partido de la Revolución]. Nos encontramos en la plaza Bolívar de Maracay, yo iba con mi carro delante; Maneiro con otro dirigente de La Causa R, llamado Pablo Medina y Federico venían en un jeep detrás» (Ramonet, 2000).

Revela Chávez al periodista español (Ramonet, 2000) que Maneiro se alegró por haber encontrado a alguien que impulsara el movimiento cívico-militar que tanto el líder de La Causa R, como Bravo, aspiraban. «Me dijo algo así como que, conmigo, ellos "habían encontrado la cuarta pata de la mesa" (...) Ya tenían las "tres primeras patas": la clase obrera, la clase media y los intelectuales; y ahora, con la Fuerza Armada que yo representaba, conseguían "la cuarta pata"».

Cuba se sacrificará más por los demás

Cuando en una revolución todo está mal planteado desde el principio al fin, basta un casquillo de bala que caiga de una caja, o una confidencia adversa o el asesinato de un hombre clave para que todo se venga a tierra en un minuto
Fidel Castro

«La fama internacional de Fidel alcanzó las cotas más altas en 1979 cuando fue nombrado presidente del Movimiento de Países No Alineados, erigiéndose en el portavoz del Tercer Mundo», precisa el catedrático Clive Foss (2007). El Movimiento de Países No Alineados (MNOAL), es una organización que se conformó en 1961 durante los momentos más tensos de la Guerra Fría. La idea era reunir en un bloque aparte a las naciones que no estuvieran parcializadas, ni con la Unión Soviética, ni con Estados Unidos.

Sin embargo, al final esta organización se terminó transformando en la representación estructurada de los países no desarrollados. La mayoría de los que conforman el MNOAL se encuentran en el hemisferio sur del planeta. Prácticamente toda América Latina, África, Asia y Medio Oriente son miembros de la organización, por lo que la designación de Castro como jefe del grupo fue realmente notable. Se suponía que los países no alineados estaban claramente apartados de la Unión Soviética; pero ahora se atrevían a nombrar líder a alguien prosoviético. Eso evidencia que, incluso en 1979, después de los horrores y la intervención cubana, Castro seguía siendo la vedette de la izquierda mundial.

«En cualquier caso, Fidel presidió con orgullo la cumbre de los no alineados que se celebró en septiembre de 1979 en La

Habana y ese mismo año dirigió palabras a las Naciones Unidas. Habló como estadista de los derechos humanos y la pobreza y defendió el trabajo conjunto por encima de la Revolución. Mientras los representantes aplaudían, los manifestantes protestaban en el exterior del recinto y su hermana Juana lo acusó por radio de ser un cruel déspota», continúa Foss (2007).

De forma paradójica, en la declaración final de esa VI Conferencia del MNOAL, celebrada en Cuba y presidida por Fidel, se condena abiertamente cualquier tipo de intervención entre países y empuña la libre determinación y la independencia de naciones como «derechos inalienables» (MNOAL, 1979).

En la sesión inaugural de la Conferencia Cumbre del Movimiento de Países No Alineados, Castro dio un discurso. En el alegato dejó claro que sus inclinaciones eran comunistas y, por lo tanto, apoyaba a la Unión Soviética. A los presentes no les importó ese pequeño detalle que entraba en pugna directamente con los principios básicos y fundacionales de la organización. No importó. Igual fue aplaudido: «¿Que mantenemos relaciones fraternales con la comunidad socialista y la Unión Soviética? Sí, somos amigos de la Unión Soviética. Estamos profundamente agradecidos con el pueblo soviético, porque su colaboración generosa nos ayudó a sobrevivir y a vencer en momentos muy difíciles y decisivos de la vida de nuestro pueblo, cuando incluso corríamos peligro de ser exterminados» (Castro, F., 1979).

Fidel empezaba, de esa manera, a gozar del reconocimiento de naciones aparte de las comunistas. Se convertía en un líder mundial, pero no solo de aquellos con quienes compartía sensiblería ideológica, sino con los marginados, los subdesarrollados de todo el planeta. Incluso, de aquellos con los que en algún momento había tenido serias diferencias y hostilidades.

Lo que no logró terminar de hacer Rafael Caldera, lo hizo Carlos Andrés Pérez. Aunque el ahora expresidente y exministro de Interior había sido uno de los enemigos acérrimos de Fidel durante la época de la lucha armada; por alguna razón, su postura cambió radicalmente una vez asumió como mandatario de Venezuela. La situación en Cuba no había cambiado. El régimen de Castro continuaba violando los derechos humanos y suprimiendo cualquier tipo de disidencia; pero, a pesar de eso, Carlos Andrés decidió restablecer las relaciones con la isla el 29 de diciembre de 1974. Antes de eso, el jefe de Estado de Venezuela había solicitado en la Organización de Estados Americanos la suspensión de las sanciones a Cuba. Aquello no dio fruto, por lo que decidió en diciembre tomar la decisión de forma unilateral.

Al parecer a Pérez le caía bien Castro. Esto es pura especulación, claro; pero se habla abiertamente de la simpatía que tenía el exmandatario venezolano por el dictador cubano. El general Peñaloza (2014), en su obra, habla de unos presuntos encuentros entre Fidel y Carlos Andrés Pérez (CAP) en la isla venezolana La Orchila, ubicada a unos 160 kilómetros de la capital, Caracas. Se sabía que, en la isla, Pérez tenía una casa para vacacionar, por lo que es posible que ahí se hubiesen dado los encuentros. Esta es una aseveración temeraria, ciertamente; pero, al consultarle, Douglas Bravo (2017) lo confirma: «Cuba manda regalos a Carlos Andrés Pérez y Carlos Andrés Pérez a Fidel. Es verdad, ellos se reunían en La Orchila».

Pérez era un político mundial. Fue líder y reconocido en cada nación que pisaba. Y además era recibido con euforia. Nadie duda de su sagacidad, su agudeza. Por lo tanto, según el general Ángel Vivas (2016), aquellos encuentros y acercamientos a Castro se justifican por las pretensiones ambiciosas del expresidente Carlos Andrés Pérez: «CAP sabía que Fidel era un político del mundo y era aclamado en todos lados. Pérez se le acerca con la intención de hacer lobby. Era muy ambicioso y quería obtener puestos que trascendían la presidencia; y en eso podía ayudar su cercanía a Fidel».

Carlos Andrés Pérez, al abandonar su presidencia, deja un país en buenos términos con Cuba, aquella nación que tan solo unos años atrás había tratado de invadir Venezuela. De desestabilizar el sistema democrático a través del financiamiento directo a movimientos insurgentes. Pero la isla no había desistido, y eso probablemente no fue un tema que tocó Pérez con Fidel en las reuniones secretas. Al final, el mandatario confiaba plenamente en que Castro ya era un hombre de buenas intenciones.

Al clausurar la VI Conferencia Cumbre de los Países No Alineados, Fidel volvió a hablar. Fue un discurso un poco más corto que el de la sesión inaugural —y mucho más reducido que las homilías tradicionales del líder cubano—, pero fue tajante. «Esta Conferencia le ha dado a nuestro país un gran prestigio, le ha dado a nuestro país una gran autoridad; pero ese prestigio y esa autoridad no los utilizaremos jamás en beneficio de nuestro país. Lo utilizaremos todo para luchar y trabajar por los demás", dijo Castro (1979). Luego, espetó el comandante: "Una cosa podemos decir: ¡Cuba se sacrificará más! ¡Cuba trabajará más por los demás!"» (Castro, 1979).

EL QUE TRASLADÓ EL CADÁVER, EL SEMINARISTA Y EL SOBRINO DEL COMUNISTA

Para 1979 Hugo Chávez ha logrado ampliar su logia. El nombre se seguía manteniendo: Ejército de Liberación del Pueblo Venezolano. Según señalan Barrera Tyszka y Cristina Marcano (2012), el joven teniente logra captar a su compañero de promoción, Jesús Urdaneta Hernández, quien «le promete hablar con otros compañeros, Miguel Ortiz Contreras y Felipe Acosta Carlez». Otro de los que se une a la logia es el oficial que llegaba de Francia, Pedro Alastre.

Sobre la «doble vida» que lleva el teniente, los autores Barrera Tyszka y Marcano también apuntan: «Frente a sus superiores en el Ejército simula obediencia y disciplina. Ante su familia finge siempre ser "neutral", como diría su madre, y se muestra completamente ajeno a la política. Pero, clandestinamente, es otro. Se vincula con gente de izquierda, debate sobre el futuro político del país con sus amigos Ruiz, conspira y afina el olfato para comenzar a captar adeptos en los cuarteles» (Barrera Tyszka, 2012).

Pero mientras, otros oficiales andan en lo mismo —y la mayoría relacionados con Douglas Bravo, el Partido de la Revolución Venezolana y Alí Rodríguez Araque, «el hombre de Fidel».

En 1979 vuelve a Venezuela el alto oficial de la Fuerza Aérea Venezolana, William Izarra, y organiza la logia Revolución 1983 (o R-83). La idea de Izarra era tomar el poder e imponer una junta de gobierno, «se declararía el estado de emergencia nacional, se suspenderían las garantías y se procedería a suprimir todos los poderes públicos» (Barrera Tyszka, 2012).

El alto oficial William Izarra tenía relaciones estrechas con el régimen de Cuba. Se debe recordar que fue él quien, en 1967, luego del desembarco en Machurucuto, acompañó el cadáver deformado del «héroe» cubano Antonio Briones Montoto. Eso, según él mismo relata, lo marcó (Izarra, 2001). Siendo oficial activo, Izarra viaja en varias ocasiones, y de forma clandestina, a La Habana. Y, durante esos años, «Bravo comienza a proporcionarle a William Izarra nombres de oficiales para acercarlos a la conspiración y lo vincula a sectores políticos nacionales e internacionales» (Barrera Tyszka, 2012).

Otro de los que conspira, que también tenía contactos con el Partido de la Revolución, es Ramón Santeliz Ruiz, el sobrino de José Esteban Ruiz Guevara. El general Peñaloza (2014) lo conoció bien y de él dice: «Nunca ocultó su simpatía por la izquierda, pero por instrucciones de Ruiz Guevara se cuidó de manifestar ser comunista». Asegura Carlos Peñaloza que Santeliz Ruiz lo intentó captar a él y a muchos otros oficiales de la Fuerza Armada; sin embargo, el sobrino del mentor de Chávez no tenía carisma. Sobre Santeliz Ruiz, en una entrevista posterior, Hugo confiesa que confabulaba al llamarlo «un viejo conspirador» (Runrun.es, 2011).

Por último, un oficial andino, Francisco Arias Cárdenas, andaba en lo mismo. Cárdenas había egresado de la Academia Militar un año antes que Chávez, en la Promoción General en Jefe José Ignacio Pulido, en 1974. Antes de entrar a la carrera militar, el joven Arias Cárdenas fue monaguillo y seminarista. Esto, de alguna manera, influiría en sus decisiones.

En 1968, unos años después de concluir el concilio ecuménico de la Iglesia católica, Vaticano II, se dan las Conferencias de Mar del Plata y Medellín (II Conferencia General del Episcopado Latinoamericano). Se habla de la dimensión política de la fe, la relación entre desarrollo, pobreza y salvación y se trata también de ajustar la iglesia de la región. De estos encuentros surge, finalmente, la denominada Teología de la Liberación, que no es más que una corriente progresista y socialista de la Iglesia en la que se enarbola una apología constante a la pobreza. «Pobrista», como escribe el brillante filósofo español Antonio Escohotado (2018): «La preferencia de Dios por el pobre» o «la rama comunista más suave de finales del siglo XX» de la Iglesia.

Sobre la corriente y un episodio de su juventud, Hugo Chávez dice: «Por esos años estaba naciendo, en efecto, lo que se llamó más tarde la "Teología de la Liberación". Creo que caí en manos de un cura progresista, un sacerdote bueno, joven, humanitario, muy conservador que nos inducía a leer y que hablaba de la "opción preferente de la Iglesia por los pobres"» (Ramonet, 2000).

Arias Cárdenas fue influenciado profundamente por esa corriente y, asegura Peñaloza (2014), «había sido infiltrado un año antes que Chávez por un grupo de sacerdotes izquierdistas. Esos curas eran seguidores de la Teología de la Liberación y estaban asociados con el grupo subversivo Bandera Roja». Y el mismo oficial andino dice en una entrevista: «(…) fui al seminario Santo Tomás de Aquino, en el cual estuve casi nueve años. Allí viví el Vaticano II, que significó la irrupción de la Iglesia, desde cambios de forma, como el idioma de cada país. El cura se voltea y ya no está haciendo una cosa mágica; sino se coloca de frente a la gente. Y cambios de fondo, como fue el nacimiento de la Iglesia latinoamericana, primero fue Medellín y la avanzada del padre Gutiérrez, Leonardo, Sobrino, entre otros; la aparición de Puebla y lo que fue el intento de detener la Teología de la Liberación; se avanzaba de una manera particular de entender y comprender la de en América Latina. De allí salgo directo a la Academia Militar» (Villapol, 2015).

Durante los últimos años de la década de los setenta, ya el oficial Arias Cárdenas estaba «generando grupos» y se acercó a «compañeros que tenían cercanía con el PRV y con Douglas Bravo» (Villapol, 2015). «Siempre entrábamos en las clases de Filosofía de la Guerra y eso nos permitía generar debates y reflexiones, sin ser acusados de conspiraciones. Nos fuimos juntando quienes teníamos un planteamiento transformador dentro del Ejército», cuenta al periodista Gustavo Villapol (2015).

Hugo y los comunistas, a la Academia

Hugo Chávez confiesa a Ignacio Ramonet (2000) que, estando en Maracay, en 1979, Nelson Sánchez es el enlace con Douglas Bravo. Esta afirmación es importante porque invoca la aserción del general Peñaloza de que Sánchez, el profesor militante del Partido de la Revolución Venezolana, fue el contacto de Hugo desde que este entró a la Academia Militar en agosto de 1971. Con él se reúne en varias ocasiones, y también con los demás oficiales que conformaban su logia.

A principios de 1980 —se presume que en marzo— Chávez es designado para prestar servicio en la Academia Militar de Venezuela. *A happy coincidence*, se podría decir. Si había un lugar ideal dónde captar seguidores para una logia, ese era la Academia. Y, además, lo nombran profesor de dos cátedras relacionadas estrechamente con sus nuevos intereses revolucionarios: Liderazgo e Historia Militar.

Nuevamente surge la duda. Es una pertinente sospecha que aparece cada vez que a Hugo lo cambian de sitio. De forma realmente excepcional, cada nueva posición que asume dentro de la Fuerza Armada se adecúa a sus pretensiones de conformar un movimiento cívico-militar con la intención de tomar el poder. Y además había otro oficial también dando clases de historia y vinculado a Hugo: Felipe Acosta Carlez. Demasiadas casualidades. «(…) pareciera que todo conspirara para ayudarme, como si hubiera un plan oculto o una conspiración», reconoce el mismo Chávez (Ramonet, 2000).

El general Carlos Peñaloza (2014) se atreve a señalar con osadía que el responsable de estos cambios es, directamente, Ramón Santeliz Ruiz y los otros infiltrados del Partido de la

Revolución Venezolana (como Guerrita). Aparentemente la designación de Chávez podría levantar sospechas, por lo que se inventó un cargo para que ingresara a la Academia como oficial. «La Dirección de Personal creó el cargo de oficial asistente en el Departamento de Educación Física y Deportes» (Peñaloza, 2014). Efectivamente, Hugo ocupó ese cargo a partir de 1980.

La designación la cuenta así el teniente Chávez: «Un buen día, en marzo, me llama Humberto Prieto, el nue vo comandante, y me dice: "Chávez, ¿usted pidió cambio?". "No", le digo. Los cambios normalmente son en agosto. Pero él me dice: "Pues de todos modos me alegro por usted, porque ha sido cambiado, va para Caracas, a la Academia Militar"» (Ramonet, 2000). Se evidenciaba, de esa forma, lo excepcional del caso. Asimismo, junto con Chávez, también ingresaron otros oficiales: Yoel Acosta Chirinos y José Ortiz Contreras. Todo ello era inusual, porque no suelen designarse tantos compañeros de una misma promoción.

Durante estos días, Chávez también reconoce que ayudó a que hijos de antiguos guerrilleros y comunistas pudiesen entrar a la academia. Normalmente el ingreso de individuos relacionados con movimientos de izquierda a la carrera militar era prohibido. «Si usted era de nombre Lenin, o Stalin, o Vladimir, ni le daban chance de entrar», apunta Enrique Aristeguieta Gramcko (2017). Sin embargo, durante esos meses logran colarse varios hijos y familiares de reconocidos miembros de la izquierda radical venezolana.

«José Vicente [Rangel] le permitió a su hijo que entrara a la Academia Militar. A mí me tocó afeitarlo, llegó con una melena y le cortamos el cabello. Llegó flaquito y le pusimos las pilas», cuenta Chávez, quien también señala: «Pedro Alastre, su papá fue guerrillero (…) ahí comenzó a crecer la célula del Ejército Bolivariano (…)» (Peñalver, 2016).

Sobre esto escribe Thays Peñalver (2016): «Reconocía Hugo Chávez que con el transcurrir del tiempo ayudaría a futuros aspirantes a la Academia y a la carrera conspirativa a no colocar en la planilla de inscripción que sus padres pertenecían al

Partido Comunista. No sabemos si de la mano de Chávez, pero también podemos encontrar a familiares de Domingo Alberto Rangel o Simón Sáez Mérida (...)».

Finalmente, se consolida la conformación de un nuevo grupo conspirativo que nacía con el traslado de Hugo Chávez a la Academia Militar. Ya había dejado atrás al escueto Ejército de Liberación del Pueblo Venezolano; y ahora emergía el Comité de Militares Bolivarianos, Patrióticos y Revolucionarios (CMB-PR). «Estaba constituido por oficiales muy jóvenes del Ejército, como, por ejemplo, el teniente David López Rivas; el hermano de este, el sociólogo y profesor universitario (...) Samuel López Rivas» (Micett, 2011).

Fin del proceso de infiltración

Ya para 1980 Hugo es militante oficial del Partido de la Revolución Venezolana. Estaba sumamente vinculado con el movimiento político ilegal. Conocía bien a Alí Rodríguez Araque y a Nelson Sánchez. Se reunía permanentemente con ellos, pero no había podido ver en persona al máximo líder del movimiento y a quien, para él, era «legendario».

A principios de ese año, Douglas Bravo vuelve a Venezuela y pide reunirse inmediatamente con Hugo Chávez —aquel teniente era la principal esperanza para ejecutar con efectividad los planes del PRV—. Al fin iba a ocurrir el necesario encuentro. Ambos personajes sabían del otro, pero no se habían visto. Sobre la fecha no hay precisión. En varias entrevistas Hugo Chávez la altera; sin embargo, Douglas Bravo asegura que fue por los primeros meses de 1980. «Ya Chávez tenía años con nosotros, y aprueba el plan que teníamos previstos para los levantamientos. En los primeros meses del año ochenta se da, por fin, el contacto. Conocí a Chávez en la casa de una dama, Elizabeth Sánchez, que era prima de un militante de nosotros. Ahí fueron las primeras reuniones» (Bravo, 2017).

El primo de Elizabeth Sánchez era Nelson, el militante del Partido de la Revolución Venezolana y enlace principal entre Hugo y Bravo. La casa quedaba exactamente en la zona residencial de la Parroquia Santa Rosalía en Caracas, Prado de María. «Fui en el Volkswagen, cambiamos de carro en algún sitio y me llevaron a una casa en una zona del sur de Caracas. Ahí conocí a Douglas Bravo», relata Hugo (Ramonet, 2000) y completa Bravo (2017): «Hablamos del plan, del movimiento. Todos coincidimos en que se debía dar el alzamiento cívico-militar. Hugo ya llevaba tiempo trabajando».

«[Pregunto] "¿Cuál es el plan?". Douglas me responde: "El plan es la insurrección cívico-militar-religiosa". Esa idea me gustaba porque coincidía con lo que yo pensaba desde hacía tiempo (...) Me pongo entonces a leer documentos, textos y manifiestos de Douglas Bravo, a participar en reuniones» (Ramonet, 2000).

Se dio el encuentro y Hugo salió impactado. Ya admiraba a Douglas Bravo, pero ahora empieza a tomar de él los apostolados necesarios para terminar de pulir sus doctrinas e inclinaciones ideológicas. Al respecto, escriben Barrera Tyszka y Marcano (2012): «De Bravo tomará Chávez lo que, posteriormente, presenta como la nuez de la ideología que anima al movimiento bolivariano: el "árbol de las tres raíces", basado en el pensamiento y la praxis de Bolívar, su mentor Simón Rodríguez y el federalista Ezequiel Zamora. Hugo Chávez mantendrá durante varios años frecuentes reuniones con el legendario rebelde. Y hará suyas sus ideas».

Luego de esta reunión, Douglas Bravo también se encontró con William Izarra. Conocía al oficial de la Fuerza Aérea porque el hermano de Izarra, Richard, dirigía la publicación de izquierda radical, *Reventón*. Se actualizó de las conspiraciones que se estaban desarrollando dentro de la Fuerza Armada Nacional.

Por último, el líder del PRV pide a Arias Cárdenas, a Izarra y a Hugo Chávez unir sus logias para conformar, de esa forma, una unidad monolítica y mucho más poderosa que pudiese garantizar la efectividad del proyecto. «Tú andas solo por ahí, tratando de organizar conciencia dentro de los cadetes, y hay otros que también andan solos, ¿por qué no juntarnos, por qué no sumar esfuerzos en la misma dirección?», le preguntó un militante del Partido de la Revolución a Arias Cárdenas, según le cuenta el oficial al investigador Alberto Garrido (2007). «Así los oficiales conspiradores se van relacionando, en muchas ocasiones a través de Douglas Bravo y su gente, y tejiendo lentamente una red» (Barrera Tyszka, 2012).

La pieza que faltaba se ha posicionado. Ya Bravo y Chávez se conocen. En este punto, ya el teniente no titubea. Si antes había pensado en abandonar la carrera militar, ya eso no era una posibilidad. Su vida tenía sentido. Luego de intensas reflexiones decidió asumir la senda revolucionaria y se comprometió, de esa forma, con causas que trascienden cualquier aspiración banal. El proceso de infiltración había sido exitoso. Ya parecía incontenible el movimiento que se gestaba en las entrañas de la Fuerza Armada. Se esparcía rápidamente. Iniciaba, ahora, otra etapa: la de desarrollar el movimiento que logre consolidar la toma definitiva del poder político en Venezuela.

PARTE TRES: LA CONSOLIDACIÓN

En el Comité Central del PRV

«Yo conocí a Hugo ingresando a la Academia, yo tenía 17 años. Conocí al comandante que estaba en otra compañía, era instructor. Era teniente. Él estaba como oficial de planta en la Academia, que eran los oficiales que contribuían a formar a los cadetes. Y sobre los cuales ejercen cierta influencia», cuenta Clíver Alcalá (2017).

Chávez había tenido varios roces con superiores en ocasiones anteriores. Relata él mismo que en una oportunidad, estando en el Batallón Manuel Cedeño, encaró a un oficial que estaba a punto de golpear con un bate a un guerrillero capturado. Aquello no gustó, por supuesto. Luego de su traslado, en Maracay, también tuvo un encontronazo. En las elecciones de 1978 Chávez acusó públicamente a los partidos Acción Democrática y Copei de haber cometido fraude. Según él, los comunistas habían triunfado. Un despropósito, cierto; pero él insistía. Entonces, le hicieron un informe: «Me acusaron de comunista, que estaba defendiendo al comunismo, y no, mi comandante, yo no estoy defendiendo al comunismo, sino la honestidad», dice al respecto (Peñalver, 2016).

Hugo entró a la academia con un historial dudoso, y así recibió dos cátedras. Ya se le había acusado de coquetear con movimientos radicales de izquierda; además, sobre él recaía la sospecha por una masacre. Esto no se puede tomar con ligereza. Eran señalamientos graves; por lo que era inadmisible que en Hugo no estuviesen puestas, al menos, las miradas. Pero parecía que no. Con eso y todo, le permitieron dar clases a varios jóvenes.

«Uno es muchacho, de 17 o 18 años. Y bueno, uno estaba abierto a recibir mucha información. A ser impactado. Uno se encontraba con gente que empieza a hablar de moral, de buenas costumbres, de patria, de valores», continúa Clíver Alcalá (2017), quien unos meses antes había entrado a la Academia Militar.

Chávez empieza a cambiar, de forma gradual, el pensum de la academia. Dejaba de pedir los libros que tradicionalmente se exigen, y empezó a sugerir otras lecturas como la *Historia de la rebelión popular de 1814*, de Juan Uslar Pietri — obra que versa sobre un joven militar, que provenía de una familia pobre, y que logra desarrollar una revolución contra la oligarquía del momento.

Luis Reyes Reyes vuelve a aparecer para trabajar con Hugo en la logia. Pero ya el oficial, y amigo de Chávez, tenía contactos con William Izarra, a quien había conocido en Lara. De alguna manera todos estaban relacionados. Y fue, entonces, cuando el teniente Chávez conoce por primera vez al mayor Izarra de la Fuerza Aérea.

No hay precisión sobre la fecha, pero la mayoría de las versiones concuerdan que fue en 1981. Lo que sí es un hecho es que el contacto se hizo, oficialmente, a través de los hombres de Douglas Bravo. Luis Reyes Reyes acompañó a Chávez a la casa de Izarra, y cuenta: «[Fuimos a Los Palos Grandes] un barrio adinerado en Caracas. Lo que el señor nos expuso entonces fue la idea de un gran movimiento cívico-militar» (Báez M. R., 2004). Ya Reyes Reyes venía reuniéndose desde hace un tiempo con el mayor William, quien le aseguraba que había que cambiar a las Fuerzas Armadas desde adentro.

A Arias Cárdenas también lo conoce Chávez ese año. Casualmente los tres se encontraban en el mismo lugar: la Academia Militar. Antes de entrar en contacto con el teniente Hugo, ya el oficial andino se había reunido con William Izarra. Todo se da prácticamente de forma simultánea y siempre bajo la mirada atenta de Douglas Bravo y Alí Rodríguez Araque. Este último, según Peñaloza (2014), también había establecido años atrás una relación con el destacado funcionario del régimen de Fidel Castro, Pedro Miret, quien había estado en Venezuela en 1959.

Las reuniones se intensifican. Por la puerta de la casa de Elizabeth Sánchez pasaban Hugo y Bravo con frecuencia. También se le suma Arias Cárdenas. «Yo andaba en reuniones permanentes con Douglas Bravo», confiesa Hugo, quien luego señala que «un tiempo después me eligieron miembro del Comité Central del Partido de la Revolución Venezolana» (Ramonet, 2000).

Había que dejarlo madurar

La conspiración ahora marcha bien. Estaban en plena «campaña de captación para la revolución», como el mismo Hugo la denominó (Ramonet, 2000). Arias Cárdenas también era instructor en la escuela militar, y ahí atraía a los muchachos. Izarra, por su lado, trabajaba con los de la Fuerza Aérea. También le colaboraba Luis Reyes Reyes.

En 5 de julio de 1982 Hugo Chávez fue ascendido a capitán. Venía de cumplir un curso por correspondencia de blindados. «Obtengo el N° 5 de mi promoción», cuenta. «(...) de teniente yo había sido como el número 40, entre ochenta compañeros… En ese tiempo llegó de director de la Academia el general José Antonio Olavarría, un hombre de clase alta», continúa Hugo (Ramonet, 2000).

Olavarría, como señala el ahora capitán, era el director del recinto para el momento. Según dice el general Fernando Ochoa Antich, en esa época había fuertes defectos en el sistema de educación militar. «En la década de los ochenta, siendo el general José Antonio Olavarría director de la Academia Militar, se hizo una revisión de dicho plan, eliminándose las especialidades civiles y orientándose la formación del cadete a un objetivo fundamental: crear un líder militar», escribe el general Ochoa (Antich, 2007).

Asimismo, se estaban dando una serie de sucesos, en el país y el contexto internacional, que generan también influencia en la historia. La guerra de Afganistán estaba en pleno desarrollo, como también la invasión del Líbano. Aquello avivó el antiimperialismo en el rojerío. En Reino Unido gobernaba como primera ministra la conservadora Margaret Thatcher y, en Estados

Unidos, el presidente era Ronald Reagan. Ambos mandatarios establecieron una alianza que, de alguna manera, empezaba a definir el curso de las naciones. Desde la izquierda se esgrimía que el neoliberalismo asediaba como nunca.

En paralelo, la influencia de Fidel se acentuaba en la región latinoamericana. Las FARC en Colombia empezaban a coquetear con el narcotráfico y en Nicaragua, la Revolución Sandinista se consolidaba con el respaldo irrestricto de Cuba y la Unión Soviética. Castro empezaba a conquistar victorias mientras en todo el mundo se generaban conflictos entre comunistas y detractores de la hoz y el martillo.

El escenario social y político en Venezuela, por su parte, también se adecúa para el desarrollo de la conspiración. La situación no mejoraba. El precio del petróleo volvió a subir debido a la guerra Irak-Irán y llegó a cifras sin precedentes; pero eso elevó la fuga de divisas e incrementó la deuda externa. Nuevamente se erigía la percepción de riqueza en un país que estaba muy lejos de esa realidad. Volvían los tiempos de «vacas gordas» y todas las reformas económicas que se debían llevar a cabo, fueron postergadas. Como una carreta desbocada, el país se acercaba cada vez más al inminente impacto con el muro. Por último, el 24 de octubre de 1982 murió de forma abrupta el fundador de La Causa R y amigo de los conspiradores, Alfredo Maneiro.

Es en este contexto de incertidumbre cuando Hugo Chávez decide dar el siguiente paso en su logia y conformar, por fin, un nuevo y renovado movimiento. En diciembre de 1982 el Comité de Militares, Bolivarianos, Patrióticos y Revolucionarios (CMB-PR) muta y se transforma en el Ejército Bolivariano Revolucionario. «Ese diciembre de 1982 nace el EBR, el Ejército Bolivariano Revolucionario, que también significaba: Ezequiel Zamora, Simón Bolívar y Simón Rodríguez», cuenta Hugo (Ramonet, 2000).

Al surgir el Ejército Bolivariano Revolucionario también emerge, de alguna manera, el concepto teórico e ideológico que será base del movimiento de Hugo Chávez: «El árbol de las tres raíces», con relación a Zamora, Bolívar y Rodríguez. Sobre esta construcción de palabras se alzará cualquier dogma bolivariano. Y aquí, nuevamente, sale a relucir la influencia que tuvieron sobre Hugo Chávez, tanto Ruiz Guevara, como Douglas Bravo. Al respecto escriben Barrera Tyszka y Marcano (2012), como se mencionó: fue de Bravo de quien tomó «la nuez de la ideología» que motivará a su movimiento. Refuerza esta idea el mismo Francisco Arias Cárdenas: «(…) los conceptos esenciales de referencia histórica que nosotros adoptamos venían del Partido de la Revolución Venezolana. Eso es innegable» (Garrido, 2002). Finalmente, el 18 de febrero la carreta se estrelló. Venezuela no pudo más. El modelo caducó. Ese viernes, el Gobierno de Luis Herrera Campins se vio forzado a imponer un control de cambio y a devaluar la moneda frente al dólar. El 18 de febrero de 1983 fue conocido como el Viernes Negro.

«Venezuela era un país en crecimiento, pujante, pero también una nación petrolizada que tenía en su interior el germen de futuros desequilibrios. La economía dependía en extremo de la renta petrolera, un recurso que no tenía que ser producido, solo extraído y repartido por un Estado que expandía su presencia velozmente mientras que empresarios y trabajadores se organizaban para captar recursos. Los gobiernos no se habían preocupado por crear un sistema efectivo de recaudación de impuestos; el Estado daba, no pedía y, como contrapartida, tampoco existían ciudadanos organizados que exigieran transparencia en la administración pública», escribe en su obra *Petróleo y desmadre* el periodista especializado en economía, Víctor Salmerón (2013).

A partir de ese viernes la economía venezolana sería solo un cadáver que se degeneraría gradualmente. El impacto fue fuerte y se acentuó, evidentemente, la desestabilización. «La crisis estalló brutalmente ese día, pero venía madurando como un volcán. Ahí afloró la pobreza, el desempleo, la corrupción… Es lo que, en alguna ocasión, he calificado de "teoría de las crisis". Esa acumulación de crisis unas sobre otras. Venezuela entró en situación de entropía, un grado de desorden en todos los sectores. La crisis moral vino a añadirse a la crisis económica; y ambas se unieron» (Ramonet, 2000), relata Chávez.

Pareciera que se aceleraran los momentos. Sin duda todo se ha adecuado para el surgimiento de una fuerza que termine de derribar el agónico modelo, también producto del Pacto de Puntofijo. La corrupción no cesó con el gobierno de Luis Herrera. El sistema democrático que por muchos años defendieron con entereza las administraciones adecas y copeyanas, parecía decrépito. Decadente. Y surge, por supuesto, la pertinente pregunta que hace Ignacio Ramonet (2000) a Hugo: «¿Sentían ustedes la urgencia de actuar?»; «Sí, pero recordando el aviso de Maneiro: aquello había que dejarlo madurar. Para que nuestra idea llegase a su hora», responde Chávez.

Yo lo defiendo, Hugo

Para su libro, Thays Peñalver entrevistó a un experto que prefirió mantenerse bajo el anonimato. El individuo, quien parece cercano a las Fuerzas Armadas en esa época, le presenta a la investigadora y abogada una información que es realmente oportuna: «El GRU soviético (inteligencia militar) a través del G2 cubano ya había reclutado numerosos agentes de penetración de diversos rangos dentro de las Fuerzas Armadas en la década de los sesenta y setenta. Uno de los principales hombres fue un general llamado Rafael Arráez Morles. Los sucesos de "El Carupanazo", "El Porteñazo" y "El Guairazo" fueron una escuela para los soviéticos y cubanos de lo que se debería jamás repetir, y esa fue la orden» (Peñalver, 2016).

El experto le asegura a Peñalver que lo que está ocurriendo en las Fuerzas Armadas, con las logias de Izarra, Chávez, Arias Cárdenas y otros, está, de alguna manera, relacionado con Fidel Castro y la Unión Soviética. Continúa: «Así que ya entre el 78 y 79 había un plan perfectamente ideado por los rusos y cubanos, estaba organizado por el famoso general de inteligencia Semonov y contaba con numerosos hombres de las Fuerzas Armadas Venezolanas (…) la más significativa era la de Izarra-Bravo» (Peñalver, 2016). El hombre le insiste a la escritora que Douglas Bravo, junto con William Izarra, estaban relacionados con el plan ideado desde la Unión Soviética y Cuba. Izarra, añade, «era uno de los líderes indiscutibles [de su logia], con Emilio Arvelo, Ramón Santeliz y Sánchez Paz». Por último, sostiene que el movimiento de Hugo Chávez «tenía relación con distintas ramas de la inteligencia cubana» (Peñalver, 2016).

Lo cierto es que Izarra, como él mismo ha dicho, durante esos años (1980-1983), viajaba constantemente a La Habana,

Trípoli y Bagdad (Izarra, 2001). Asimismo, está el elemento de Alí Rodríguez Araque, quien, según Peñaloza, mantenía relaciones con Pedro Miret y ha viajado a Cuba en esa época. Araque, por cierto, había salido de la clandestinidad para 1983. Esto habría sido acordado con Douglas Bravo, con el fin de que pudiese desenvolverse con mayor facilidad.

Por otra parte, a Chávez por alguna razón lo designan para dar cursos de Desarrollo de Inteligencia, en la Academia. Y el general José Antonio Olavarría asiste de vez en cuando. Van civiles, cadetes y otros oficiales. En una oportunidad, por el curso, lo quieren llevar al reconocido programa del periodista Napoleón Bravo, *Buenos días, Venezuela*. Chávez insiste en no acudir, porque es militar activo; pero el general Olavarría le da el permiso y le dice: «Chávez, vaya; pero no hable nada de política. ¡Mucho cuidado!» (Ramonet, 2000).

Bueno, al parecer la participación de Hugo en el programa de Napoleón Bravo gustó tanto, que el director de la Academia, Olavarría, mandó a reproducir la entrevista en todos los salones y comedores del recinto militar. Estaba impulsando y dando a conocer al capitán Hugo el mismo director de la Academia Militar.

En otra ocasión, cuenta Chávez que, en las clases, puso a los cadetes a leer a Mao Zedong y el general Olavarría lo escuchó: «"Chávez, siga. Como si yo no estuviera aquí. Siga". Yo estaba citando (...) El pueblo es al Ejército, como el agua al pez. Y a Bolívar (...)». Luego, relata: «La clase se termina, y me llama [Olavarría] al pasillo: "Chávez —me dice—, lo felicito. Usted es el único que está aplicando los métodos"». Olavarría lo mandó a exponer para unos días después lo mismo que recitaba y, al terminar la exposición, «se levanta entonces un coronel que era instructor invitado y oficial de Inteligencia; el general le da la palabra y el coronel declara, clarito y raspado, que yo estaba "induciendo a los cadetes a la subversión" (...) Estaba empezando y ya me descubren [se ríe]... De inmediato levanto la mano. Olavarría me dice: "No hace falta que intervenga, respondo yo". Y se tira una ardiente defensa de mí» (Ramonet, 2000).

La decadencia del país y de las Fuerzas Armadas

El cadete Clíver Alcalá Cordones fue captado por Hugo Chávez. «Él me contactó, por supuesto», dice Alcalá Cordones (2017). «Chávez nos explicó cómo fue su despertar en función de crear un movimiento. Yo era primer brigadier. Él nos daba clases de historia. Y bueno, él generaba la polémica e iba observando la respuesta de cada uno en función. Era profesor de historia militar, recuerdo. Pero todo se prestaba para eso. Uno no estaba contento, había una situación país que se podía prestar, en el contexto del Pacto de Punto Fijo. Él explotó mucho esa situación», asevera Alcalá Cordones (2017). Junto a él, varios. Jesús Alberto Aguilarte Gámez, Jesús Alberto Santiago Carmona, Hipólito Izquierda García, Humberto Ortega Díaz y Luis Rafael Valderrama Rosales son otros de sus seguidores.

Fueron días intensos, según el mismo Hugo relata. Entre Arias Cárdenas y él se ayudaban. Uno sugería a otro qué cadete se podía captar, y así. La logia crecía velozmente. Ese año, 1983, al nombre de Ejército Bolivariano Revolucionario, se le agregó una coletilla: 200. «Al comienzo los cuerpos de inteligencia explicaban que nos llamábamos EBR-200 porque éramos doscientos… Lo cual nos hacía reír y recuerdo que contábamos: "Ojalá fuéramos 200…" (…) En realidad es porque estábamos en el año del doscientos aniversario del nacimiento de Simón Bolívar. Y, en ese marco, agarramos el 200 y se lo anexamos al nombre», cuenta Chávez (Ramonet, 2000).

La organización, explica Hugo, fue así: «Empieza a estructurarse el movimiento en sus escalones de capitanes, que éramos los más antiguos —tenientes, subtenientes y cadetes— porque también comenzamos a trabajar en la Academia Militar. Constituimos pequeños grupos. Ya veníamos, como lo he contado, trabajando individualidades» (Ramonet, 2000).

Ya el movimiento está más estructurado. Existen jerarquías. Pedro Alastre trabaja arduamente. También Reyes Reyes y el subteniente de paracaidistas, Ronald Blanco La Cruz. Algo que es esencial destacar es que casi ninguno de los que conforma la logia de Hugo Chávez está al tanto de los contactos del capitán con la extrema izquierda —a excepción, quizá solamente, de Arias Cárdenas—. La mayoría no tiene ni idea que detrás del Ejército Bolivariano Revolucionario-200 está Douglas Bravo, el legendario guerrillero. Hugo logra exitosamente disfrazar las doctrinas marxistas, que empuña, con el bolivarianismo. Todos creen que simplemente se trata de un movimiento patriótico, cuyo objetivo es reivindicar el pensamiento de los grandes hombres de Venezuela.

«Era un movimiento exclusivamente militar, y sobre todo del Ejército. Era más que todo nacionalista, y así lo expresaba Chávez», asegura Clíver Alcalá (2017). El militar retirado, profesor e historiador Fernando Falcón (2016), quien formaría parte de la logia, asegura firmemente, al hablar con él, que el movimiento no tenía ningún tipo de tendencia de izquierda. Estaba convencido e incluso parecía irritarle lo contrario. «Era algo nacionalista», insiste Falcón. Sobre esto, llegó el mismo Chávez a decir que «el grupo de compañeros no estaba preparado para ir hasta ese nivel [el de relacionarse con el marxismo]» (Ramonet, 2000).

En agosto de 1983 —aunque no hay precisión sobre la fecha, los hechos sugieren que fue en el año del Viernes Negro (Barrera Tyszka, 2012)— Chávez es enviado a Maracay, de nuevo, por tres meses. Dura hasta diciembre y lo designan comandante del Batallón Nicolás Briceño, de paracaidistas. Según dice Thays Peñalver en su obra, realmente fue enviado a hacer el curso avanzado de blindados. En la ciudad están Acosta Carlez y Urdaneta Hernández y allí empiezan a «rehacer viejos grupos» (Ramonet, 2000). El movimiento conspirador continuó creciendo, también en Maracay. Hacía metástasis por todo el país. Arias Cárdenas, por ser del estado Táchira, lo llevó a los Andes.

Finalmente, ese año, hubo elecciones otra vez. Era la primera vez que se celebraban en medio de una crisis económica tan ardua. La sociedad venezolana, aún aturdida, debe elegir nuevamente entre los candidatos del *establishment*, y así lo hizo. El Movimiento al Socialismo (MAS) no desiste. Terco, decide nuevamente lanzar a un candidato, pero ahora prueban con el fundador del partido, Teodoro Petkoff. Es la opción más temeraria y, al parecer, la última que tienen. José Vicente Rangel ya había fracasado de forma dramática en dos ocasiones. Pero no funciona.

El 4 de diciembre de 1983, Petkoff queda de último con 4,17 % de los votos (277.498). Herrera Campins dejaba la presidencia con un alto índice de rechazo, algo que afectó directamente a su partido, Copei. Rafael Caldera, el líder tradicional de los socialcristianos, padeció una fuerte derrota. Solo pudo captar 34,54 % de los votos. Al final ganó Acción Democrática con su candidato, Jaime Lusinchi, un médico robusto que no gozaba ni de carisma ni contó con el apoyo del máximo fundador de la tolda blanca, Rómulo Betancourt, quien unos años atrás había muerto en Nueva York, de 73 años y alejado completamente de la política. Se especulaba sobre a quién le daría su apoyo Rómulo si estuviese vivo, y nadie decía que Lusinchi podía ser el afortunado.

Pero igual ganó el médico. Lo favoreció, evidentemente, la baja popularidad de los copeyanos y lo gastado que estaba Caldera —era la quinta vez que se postulaba—. De alguna manera los venezolanos recordaban con nostalgia la época de Carlos Andrés Pérez, y por ello volvieron a apostar por los adecos. Pero nada mejoró; salvo lo contrario. La presidencia de Lusinchi no fue sino la maximización de todos los vicios de las administraciones anteriores.

«[El gobierno de Jaime Lusinchi] pasará a la historia como uno de los más corruptos. Es una administración caracterizada por la impunidad para los delincuentes de cuello blanco y la notoria influencia de Blanca Ibáñez, secretaria privada y amante de Lusinchi, que cobra mayor visibilidad que la propia primera dama, Gladys Castillo. El tufo de la gestión anima a los conspiradores en los cuarteles. En una ocasión, Ibáñez se exhibe en un acto público ataviada con uniforme militar que le ha regalado un general adulante y se convierte —además de un irritante para los uniformados— en el símbolo de la decadencia del país y de las cúpulas de las Fuerzas Armadas», escriben Barrera Tyszka y Marcano (2012).

Bolívar tiene que hacer en América todavía

Al celebrar el aniversario de la muerte de Simón Bolívar en ese diciembre de 1983, Hugo no estaba en Caracas para el acto; sin embargo, las circunstancias habían decidido que, en Maracay, Chávez fuese designado para ser el orador. Ya el capitán había demostrado sus habilidades frente al público, por lo que la decisión fue sencilla: «Chávez, mañana es 17 de diciembre, quiero que se reúna todo el regimiento y que tú digas unas palabras», le dijo el coronel Manrique (Ramonet, 2000).

Ese discurso lo denomina Hugo Chávez como «el acontecimiento de más relevancia en los meses pasados en los paracaidistas». «Así que ese 17 de diciembre, a las doce y media del día, los dos batallones —una compañía de comando y una de comunicaciones—, estaban formados en el patio. Raúl Isaías Baduel, que era teniente, comandaba la compañía de comunicaciones; Jesús Urdaneta era capitán en el Batallón Chirino, y Felipe Acosta Carlez capitán en el Batallón Briceño. Hubo un minuto de silencio. Inmediatamente después, un mayor, maestro de ceremonia, anunció: "Palabras a cargo del capitán Hugo Chávez Frías"» (Ramonet, 2000).

Hugo ese día no guardó ningún respeto por la tradición y las normas. No llevó un discurso preparado, ni lo entregó antes para su revisión. Llegó, agarró el micrófono e improvisó en medio del cuartel La Placera en Maracay. Al principio todos lo miraron con escepticismo y los superiores no estaban contentos. Con osadía, inició citando al revolucionario cubano José Martí: «¡Así está Bolívar en el cielo de América, vigilante y ceñudo, sentado aún en la roca de crear, con el Inca al lado y un haz de banderas a los pies; así está él, calzadas aún las botas de campaña, porque lo que él no dejó hecho, sin hacer está hasta hoy; porque Bolívar tiene que hacer en América todavía!» (Ramonet, 2000).

«¿Cómo no va a tener que hacer Bolívar en América todavía, cuando tenemos un continente poblado de miseria?», continuó Chávez. Parecía un arrebato. Espetaba a cada rato que la situación, para el Libertador, sería intolerable. No se refirió a Venezuela, claro; pero sugería mucho con cada palabra. Así siguió, hablando de Bolívar e invitando a la reflexión. Prosiguió hasta que un mayor lo detuvo y le dijo: «Chávez, pareces un político» (Barrera Tyszka, 2012).

Hugo ya llevaba tres años de reuniones permanentes con Douglas Bravo. Pero, muchos más, recibiendo influencias políticas. No hay duda de que tenía formada una opinión sobre todo, y no desperdiciaba las oportunidades para dejarlo claro. Se atrevía, incluso, a hacerlo frente a sus superiores. Si algo se debe reconocer es que Chávez era audaz.

«En esa época, llamarle "político" a alguien era como un insulto; como si le dijeran a uno: "corrupto", "mentiroso" o "demagogo". Estábamos parados, el coronel ahí, Urdaneta, Acosta, los comandantes, los capitanes, los tenientes, más de treinta oficiales alineados en semicírculo en torno al comandante. Todo el mundo lo oyó. Yo le iba a responder, pero Acosta Carlez, que era rápido como un rayo, le dijo con voz de trueno: "Mi mayor, ¿cómo que político?" Lo que pasa es que somos capitanes de la promoción Simón Bolívar, capitanes bolivarianos. Y cuando hablamos como Chávez, ustedes se mean en los pantalones», relata Hugo a Ignacio Ramonet (2000).

Al terminar el acto, a los oficiales les dan el día libre por ser 17 de diciembre. En eso, Acosta Carlez, quien «andaba como un potro desbocado» (Ramonet, 2000), propone una carrera a Chávez, Jesús Urdaneta y Raúl Baduel. Todos salen corriendo y llegan hasta el Samán de Güere, un famoso árbol de samán ubicado en la avenida intercomunal Santiago Mariño en Aragua. Ahí, en el árbol, Simón Bolívar había descansado varios años atrás, bajo la enorme sombra que produce el Samán de Güere.

En este punto de la historia, se encuentran diferentes versiones. Primero, la más grandiosa quizá es que, estando en el Samán, los cuatro militares se detienen y Hugo Chávez propone hacer un juramento.

«Juro por el Dios de mis padres —repiten en coro—, juro por mi patria, juro por mi honor, que no daré tranquilidad a mi alma ni descanso a mi brazo hasta no ver rotas las cadenas que nos oprimen y oprimen al pueblo por voluntad de los poderosos», dicen todos (Barrera Tyszka, 2012). Al respecto, cuenta Raúl Baduel: «Tomamos unas hojitas, una cosa muy simbólica, muy ritualista como somos nosotros los soldados. Promovidos por el presidente parafraseamos el juramento del Monte Sacro y manifestamos que no íbamos a ser cómplices por omisión o comisión de todo ese estado de cosas que veíamos en el país» (Barrera Tyszka, 2012).

El engolado y pomposo acto se convirtió en un hito del movimiento conspirador de Hugo Chávez. Aquello, posteriormente, fue mercadeado, incluso por los mismos protagonistas, como un compromiso sublime por reivindicar la lucha de los oprimidos. Se generó toda una absurda fábula en torno al juramento; sin embargo, es posible que la divina ceremonia no haya sido tal.

La otra versión la expone el general del Ejército, Ángel Vivas (2016). Según señala, los cuatro hombres sí fueron a trotar hasta el Samán de Güere, pero fue un recorrido ida y vuelta que terminó en el casino del Cuartel Páez con aguardiente. Asegura el general que, «si hicieron un juramento esa tarde fue frente a una botella».

La versión de Vivas no es popular, ni favorecería en lo absoluto a Hugo Chávez, quien de la glorificación de aquel famoso juramento sacó provecho. La primera versión es, sin duda, más romántica y grandiosa. La segunda, no tanto. Sin embargo, la de Vivas pudiese ser cierta, porque, de hecho, hay inconsistencias en la versión más folclórica y divulgada.

Thays Peñalver expone alguna de estas incoherencias en su obra. Y el general Vivas coincide. «Los adversarios presentes sostienen que ese día 17 jugaron softbol al menos con uno de ellos (Acosta Carlez) hasta altas horas de la noche y "bebieron aguardiente" hasta pedir permiso para retirarse del casino, por lo que al menos uno, de acuerdo a los testigos, no habría participado en el juramento» (Peñalver, 2016). Asimismo, continúa señalando Peñalver (2016): «(...) Baduel, como dijimos, recuerda que la idea [del juramento] jamás fue de Chávez, sino de Acosta Carlez». Y Hugo, ese día, tenía puestos zapatos de softbol, por lo que es probable que haya jugado también esa tarde.

En fin, no hay precisión y la historia puede no ser tan sublime como la han enarbolado. Pero lo cierto es que aquello, haya sido en un bar o bajo el Samán con un aire místico y teatral, fue improvisado. Por lo tanto, no obedecía al lineamiento establecido por el Partido de la Revolución Venezolana.

Como un miembro más

Termina 1983, un año marcado por la inestabilidad. El Ejército Bolivariano Revolucionario-200 de Chávez tiene solidez y se expande con celeridad. Una vez terminado el curso, se mantiene como instructor y, finalmente, vuelve a la Academia a comienzos de 1984. «Allí me nombraron jefe de la Oficina de actividades culturales o del Departamento de Cultura, no recuerdo el nombre exacto. Ya yo había sido jefe de la oficina de deportes», cuenta Chávez (Ramonet, 2000). Durante estos meses en la Academia Militar, Hugo se encargó de dirigir, orquestar e incluso animar los actos culturales. Ya era conocido por ser un personaje histriónico y con carisma. Sabía manejarse en tarima. «El director de la Academia de la época era Luis Castellanos Hurtado y recuerda el episodio así: "Cuando recibí la dirección de la Academia, como maestro de ceremonias en el coctel de bienvenida en el casino de oficiales actuaba un capitán larguirucho y desgarbado. Andaba con un conjunto de arpa, cuatro y maraca. Acto seguido recitó muy bien Florentino y el Diablo. A mí me llamó la atención lo engolado de su voz y lo afectado de sus manierismos, que no es común en los militares"» (Peñalver, 2016).

Ya para entonces, la logia de William Izarra, R-83, muta. El nombre se había constituido alrededor de la posibilidad de ejecutar un golpe de Estado en 1983, pero una delación lo impidió. Por lo que pasa a llamarse Alianza Revolucionaria de Militares Activos (ARMA). «ARMA tenía su epicentro en la oficialidad de la Fuerza Armada. Izarra la coordina; otros pilotos de combate activos como Luis Reyes Reyes y Visconti Osorio actúan como sus manos izquierda y derecha», apunta Domingo Irwin

(Micett, 2011). La presencia de Reyes Reyes en ARMA evidencia las conexiones entre las diferentes logias, ya que él también formaba parte del Ejército Bolivariano Revolucionario-200. Asimismo, enfatiza el investigador Alberto Garrido que «uno de los contactos de Arias fue el general Ramón Guillermo Santeliz Ruiz, enlace en la conspiración entre ARMA y el Ejército, persona muy próxima a Altuve Febres y vía de comunicación entre los conspiradores y generales» (Garrido, 2007).

Las diferentes logias están prácticamente constituidas y, «alrededor de 1984, Bravo no recuerda con precisión, convergen los representantes de grupos conspiradores de las tres fuerzas —Ejército, Aviación, Marina— en la ciudad de Maracay» (Barrera Tyszka, 2012). Se reunían, finalmente, todos los principales cabecillas de los movimientos revolucionarios. Va Chávez, por el EBR-200; Izarra por ARMA; un oficial por la Armada; y, también, se suma el coronel retirado Hugo Trejo, aquel militar de izquierda que había encabezado un alzamiento contra Marcos Pérez Jiménez y, durante estos años, se reunía con frecuencia con Hugo Chávez.

En esa primera reunión está presente Douglas Bravo y se constituye, entonces, el primer congreso del Ejército Bolivariano Revolucionario-200. A partir de ese momento, las logias continuarán juntándose con frecuencia, pero sin la presencia del guerrillero. «Comienza a gestarse un movimiento (...) Nos reuníamos en viviendas, nos reuníamos en Maracay. Hubo en Caracas, en Maracaibo. Ahí nos reuníamos los oficiales. Había algunos que eran la cabeza de las células y asistían a ese congreso. Si había en Maracay, también iban. Éramos una organización celular, para impedir cualquier fuga de información (...) Un período de gestación, de reuniones, de acoplamiento», cuenta el oficial Clíver Alcalá (2017).

«Eran varios líderes. Estaba Arias Cárdenas, estaba Chávez. Chávez era muy carismático. Había otros comandantes, incluso algunos de mayor graduación de Chávez; pero los que más incidían era él, Acosta Chirinos, Urdaneta Hernández, Ortiz

Contreras. Era una organización que fue creciendo, donde ya uno podía asumir la posibilidad de juramentar oficiales más jóvenes», continúa relatando Alcalá (2017).

Pasados algunos meses, un oficial juramentado podía captar a otros. Y así. La idea era que el movimiento creciera de forma exponencial. Todos debían tener el criterio suficiente para saber cuál cadete podía funcionar para la logia, y cuál no. «Cada miembro tenía el deber de captar y, claro, sin posibilidad de fuga. Los riesgos eran gigantes», añade Alcalá (2017), quien no recuerda haber visto jamás a Douglas Bravo. El guerrillero no participaba en los encuentros, pero se seguía viendo con Chávez. De hecho, las reuniones con el Partido de la Revolución Venezolana se intensifican y la mayoría son en la casa de Elizabeth Sánchez, en Prado de María. La prima de Nelson Sánchez no vivía sola en su casa: la acompañaba una amiga. Sin embargo, cada vez que Douglas Bravo —o "Martín", pseudónimo que utilizó para esas reuniones— iba a la casa, Herma Marksman tenía la orden de no salir de su cuarto. A veces llegaba primero Chávez a la casa de Elizabeth, y preguntaba por Martín. Ahí, Marksman debía subir a la habitación. Cuenta ella misma que pasó un tiempo largo hasta que un día, limpiando la casa, encontró varios documentos del Partido de la Revolución Venezolana. Al llegar Elizabeth, Marksman la increpó. Y finalmente la hermana de Nelson Sánchez le confesó a su amiga que Martín era, en verdad, el legendario guerrillero Douglas Bravo (Vales, 2003).

«La profesora Marksman había llegado a Caracas en 1984 para hacer un postgrado en Historia y se estaba quedando con una amiga en Prado de María, un vecindario al sur de Caracas (…) [A las reuniones] Hugo va de civil. Pasados cinco meses ya ella está segura de que andan en algo (…) Al final, Hugo decide revelarle el mismo día dos cosas: "Mira, Herma, tú me gustas más de la cuenta y te voy a confesar, primero, que estoy casado pero mi relación es una relación traumática porque es alguien que no termina de entenderme, manejo horas con ella al lado y no tengo de qué hablar... Pero eso no es nada. Yo tengo una doble vida: en el día soy oficial de carrera que cumple con su trabajo, pero en la noche estoy trabajando para lograr las transformaciones que necesita el país", recuerda Marksman» (Barrera Tyszka, 2012).

Parecía que Hugo se había enamorado sin conocerla mucho. Apenas habían tenido alguna que otra comunicación ya que, cada vez que visitaba Martín, Herma debía desaparecer. Sin embargo, eso no impidió que, en septiembre de 1984, a pesar de tener a su pareja, Nancy, y tres hijos, Chávez le pidiera a la joven Marksman que fuera su mujer y, además, que lo acompañara en su aventura revolucionaria. Ella no lo dudó. «Y en ese mismo momento no solo decide unirse como mujer a Hugo Chávez, de entonces 30 años, también se suma a su movimiento conspirativo como un miembro más», escriben Alberto Barrera Tyszka y Cristina Marcano (2012).

Una conspiración abierta

Un par de meses antes de que Chávez empezara su *affaire* con Marksman, llega Carlos Peñaloza a la Academia Militar. Ya el director no era Castellanos Hurtado ni quien le siguió, el general Eliodoro Guerrero. Se había designado al general Peñaloza para regir la institución. El oficial Olavarría, por su parte, ahora era comandante del Ejército.

Primero fue la ceremonia de transmisión de mando y, posteriormente, se hizo un brindis en el casino de oficiales para celebrar la nueva designación del general Carlos Julio Peñaloza. Ahí se encuentran Chávez y el nuevo director de la Academia Militar. «Durante ese convite nos sentamos en la mesa principal los generales Olavarría, Guerrero y yo. En medio de esa celebración entró al casino un grupo de música llanera integrado por cadetes y dirigidos por un capitán flaco. Este oficial empezó a fungir como maestro de ceremonias tomando el micrófono para darme la bienvenida a la Academia con un cálido "saludo bolivariano"», relata Peñaloza (2014).

«Terminada la presentación, el capitán vino a nuestra mesa a despedirse. Al presentarse ante el comandante del Ejército, el general Olavarría le dio la mano con efusividad, demostrando que lo conocía bien», continúa Carlos Peñaloza (2014). Inmediatamente después de asumir el mando de la Academia Militar, el general empezó a hacer las revisiones pertinentes. Y, en ese momento, se percata de algo inusual: la mayoría de los capitanes que estaban como oficiales de planta pertenecían a la promoción Simón Bolívar.

«Entre ellos estaban Hugo Chávez, José Miguel Ortiz Contreras, Felipe Acosta Carlez, José Luis García Carneiro y Raúl Enrique Salmerón. A mí me llamó la atención esa concentración de oficiales de una sola promoción y que el más antiguo fuera Chávez, quien se había graduado de número 8. A mí me extrañó que ninguno se hubiese graduado entre los siete primeros de su curso. Generalmente a la Academia van oficiales ubicados en esas posiciones», recalca el director del recinto (Peñaloza, 2014). Era algo inusual, ciertamente.

Una experta en los temas militares aclaró que lo acostumbrado es que solo se lleguen a concentrar máximo tres o cuatro oficiales de la misma promoción y, normalmente, estos ocupan los primeros puestos de sus cursos. La historia contemporánea de Venezuela había estado marcada por dramáticos eventos relacionados al mundo castrense; y precisamente todo se estructuraba con el fin de evitar la tentación al complot.

Justo cuando llega el general Peñaloza a la Academia, Hugo deja el Departamento de Cultura, en el que se encargaba de organizar «exposiciones de pintura, intercambios del orfeón, la estudiantina, elecciones de reina» (Ramonet, 2000) para ser comandante del Curso Militar. Aquello fue una designación sorprendente, incluso para el mismo Chávez; y lo sintió como «uno de los honores más grandes» de su vida.

A sus estudiantes, Chávez los llamó «centauros». Eran suyos, como él insiste. A ellos los puso a leer sobre Bolívar, a «hurgar en su pensamiento». «Releer y estudiar sus textos era un indispensable regreso a la fuente madre, al manantial original, a los fundamentos. Pero los análisis de historiadores y eruditos también eran necesarios», cuenta Chávez (Ramonet, 2000). El capitán también solicitaba estudiar los movimientos indígenas y la aparente «resistencia» a la colonización de España. Hablaba sobre Ezequiel Zamora y Simón Rodríguez. Instruía, por lo tanto, sobre el árbol de las tres raíces. «Hurgamos asimismo en el pensamiento del maestro Simón Rodríguez, su visión social, sus ideas éticas, educativas, económicas... En el de Ezequiel Zamora... Nos propusimos ensamblar las principales ideas de cada uno de ellos para constituir un cuerpo de doctrina original, y un pensamiento político revolucionario», dice a Ramonet (2000).

Chávez calificó esos años como de expansión. El Ejército Bolivariano Revolucionario-200 crecía, sobre todo desde que Chávez se había reintegrado a la Academia Militar. «(…) Se incorporan Ronald Blanco La Cruz, Diosdado Cabello, Jesse Chacón, Edgar Hernández Behrens, Moreno Acosta, Florencio Porras (…)» (Ramonet, 2000). El capitán expandía su movimiento, sin saber que ahora tenía dentro de la Academia a alguien que sería incómodo para él. El general Peñaloza no estaba dispuesto a tolerar conspiraciones, y sobre Chávez ya había puesto la mirada.

Al llegar a la Academia, el nuevo director no solo detectó el inusual número de capitanes de la misma promoción, sino que además percibió pequeños cambios en el ambiente y en el recinto. La cara de Bolívar estaba en todos lados, ya no se escuchaba música clásica, como en sus tiempos: «En el comedor de cadetes y en el casino se oía fundamentalmente música llanera de arpa, cuatro y maracas» (Peñaloza, 2014). Y nota, además, que había 312 cadetes de segundo año. «Al llegar a la Academia nadie me pudo explicar por qué se había triplicado el número de cadetes de ese grupo. Al averiguar en la Dirección Personal me dijeron que la propia Academia había solicitado ese número de aspirantes», añade (Peñaloza, 2014). Se debe recordar que en la Dirección de Personal se encuentra el conspirador del grupo ARMA y sobrino de José Esteban Ruiz Guevara, Ramón Santeliz —también el infiltrado de Bravo, Guerrita.

Todos esos detalles generaron desconfianza en Peñaloza. Ya a sus oídos había llegado la información de que había movimientos entre los oficiales y cadetes. Según él mismo señala, luego de la mística juramentación en el Samán de Güere, empezaron a surgir rumores. Se hablaba de unos oficiales que conspiraban, pero no había ningún tipo de claridad. No se sabía nada, pero había ruido. Y en esto no colabora el gárrulo Hugo Chávez.

«Los demás conspiradores tenían una forma de captar a los cadetes; la táctica era ir captándolos uno por uno, en secreto, hablando en voz baja, con discreción. En cambio, Hugo daba largas peroratas antiimperialistas en el patio de la Academia.

Todos lo escuchaban, era imposible que la "información" no llegara por los gritos a los cadetes y a otros que, evidentemente, se hacían los locos», escribe Thays Peñalver (2016).

Y el mismo Chávez confirma su falta de discreción: «[aquello se mantenía en secreto] y eso que a veces hasta provocábamos... Por ejemplo, cuando íbamos trotando, con el coronel al frente, yo delante cantaba el canto de Zamora: "El cielo encapotado anuncia tempestad... / ¡Oligarcas temblad, viva la libertad!". Y los cadetes —¡ciento y pico!— repetían en coro. El día que se cumplió el centenario de la muerte de Ezequiel Zamora, el 10 de enero de 1985, toda la madrugada la pasamos pegando en el bloque del curso militar, arriba, con letras gigantes de anime, la frase: "¡Mi general Zamora, a cien años de tu muerte, tu canto sigue con nosotros!". ¡Era una conspiración abierta!» (Ramonet, 2000).

El cielo encapotado anuncia tempestad,
y el sol tras de las nubes pierde su claridad
¡Oligarcas temblad Viva la libertad!

Marchemos, liberales en recia multitud
a romper las cadenas de vil esclavitud
¡Oligarcas temblad Viva la libertad!

¡MISIÓN CUMPLIDA! ¡A ELORZA!

En octubre de 1984 llegó al general Peñaloza la primera denuncia de una conspiración dentro de la Academia Militar. El padre de uno de los reclutas se lo confiesa. Le dice que un capitán invitó a su hijo a ser parte de un grupo subversivo. Le da el nombre del oficial: Hugo Chávez. En consecuencia, el director de la Academia Militar ordena una ardua investigación al comandante del curso militar. Se entera Peñaloza, entonces, que Chávez, además del curso militar, dirige un curso denominado Cátedra Bolivariana. Se entera de que es profesor de Liderazgo y que suele, al estar de guardia, ofrecer largos sermones.

Sin embargo, al revisar el historial de Chávez, Peñaloza se percató de que no había información negativa. No había ninguna referencia al incidente en La Gloria, ni al informe que le habían levantado por defender al Partido Comunista. Tampoco el que redactó el teniente Murga Cabrices en 1977.

«Algo que me llamó la atención fueron algunos reportes de visitas de Santeliz a la Academia para hablar con Chávez», escribe Peñaloza (2014) sobre la lectura de su expediente.

Con las denuncias y el escepticismo del director de la Academia Militar inicia el año 1985. Peñaloza aún necesitaba pruebas más contundentes para confirmar sus sospechas y poder actuar. Si lograba demostrar que Hugo era el líder de un movimiento conspirador, debía ser sometido a un juicio militar. Peñaloza le habla a su superior, Olavarría, general y comandante del Ejército, quien le sugiere investigar bien a Chávez. Sin embargo, insiste en que no le gustaría perder «a un excelente oficial» (Peñaloza, 2014).

El 11 de marzo de 1985 el general Carlos Peñaloza pide que se le ordene a Chávez presentarse en su oficina en la Academia Militar. El encuentro lo relata el director de la institución así: «Cuando entró a mi despacho lo puse al tanto de lo que estaba pasando y le recomendé que, si esos informes eran ciertos, debía pedir la baja. De continuar en el Ejército, sería detenido y enviado a prisión por sedición. Si la información no era cierta, debía revisar su comportamiento (...) Chávez me dejó hablar en silencio con la cabeza agachada. Al concluir mi admonición, me afirmó con mucha seriedad que lo que me habían dicho era falso, que seguramente alguien quería perjudicar su carrera y que él deseaba seguir siendo militar. Al terminar le informé que había solicitado su transferencia a otro destino» (Peñaloza, 2014).

Y así termina, nuevamente, la estadía de Chávez en la academia, sitio que, para él, «era un semillero» para la logia (Ramonet, 2000). Sin embargo, no todo le salió bien a Peñaloza; en cambio, Chávez terminó favorecido. El director de la academia había solicitado que enviaran a Hugo a «un lugar aislado, sin mando de tropas y vigilado cerca por Dirección de Inteligencia Militar» (Peñaloza, 2014). Eso no ocurrió. Al capitán sí lo enviaron a un lugar aislado, pero no se le investigó, ni detuvo; sino que se le dio un cargo y libertad.

«Con la complicidad interna de la inteligencia lograron burlar la orden del general Peñaloza y lo mandaron al escuadrón Farfán, un pequeño comando de unos 100 hombres en un lugar inhóspito», escribe Thays Peñalver (2016). A Hugo le designan, por primera vez, un mando de tropas en Elorza, un pueblo de no más de 30 mil habitantes ubicado en el estado Apure, cerca de la frontera con Colombia. Sobre el traslado, dice Chávez a Ignacio Ramonet (2000): «Quizá pensaron que así me desterraban... [se ríe] (...) tampoco lo percibí como un castigo. Al contrario. Me recomendó para ese puesto Ramón Carrizales, que era un gran oficial de caballería y un amigo. Me confiaban una responsabilidad militar importante en un lugar estratégico: la frontera con Colombia».

«Recuerdo que cuando me llegó la orden de traslado para Elorza, recogí mis corotos, salí de la Academia, arranqué el motor y exclamé: "¡Misión cumplida!". La gestación estaba en marcha y el parto que venía nada iba a detenerlo», asevera Chávez (Ramonet, 2000).

Nuevamente la designación parecía favorecer enormemente a Chávez. El Ejército Bolivariano Revolucionario-200 no recibió un golpe, como hubiese esperado Peñaloza. Se le presentaba nuevamente otra oportunidad. Por el ruido, ya la academia no era segura para Hugo, por lo que este cambio lo benefició bastante. En agosto de 1985 el capitán Chávez llegó a Elorza.

«Las aventuras de Hugo comenzaron con gran accidente y terminaron con otro peor (…) uno de los vehículos del pequeño convoy cayó desde la rampa de la chalana a las aguas del Arauca y se hundió sin dejar rastro alguno. Semejante catástrofe fue su tarjeta de presentación», escribe Peñalver (2016) en su libro.

Por su parte, Peñaloza (2014) insiste: «El Escamoto Farfán era lo contrario que había recomendado. Allí podía actuar a sus anchas sin dejar que sus superiores se enteraran. Dado su carisma, pronto se adueñó del pequeño pueblo perdido en la sabana y se hizo muy amigo de Jesús Carmona, el principal hacendado en la región. Carmona era el hermano de la poetisa Lucila Velásquez, la amiga de Fidel en México».

En el pueblo, Chávez, ahora alejado de sus superiores y de cualquiera que pudiese impulsar una investigación en su contra, se sentía libre. Era jefe del Escuadrón de Caballería Motorizada Francisco Farfán y de la guarnición de la ciudad. Tenía un cargo privilegiado, sin duda. «Comandaba una Unidad Fundamental Aislada, así se llama. Es decir, no tenía superiores en 500 kilómetros a la redonda. Me sentía como pez en el agua», dice Chávez (Ramonet, 2000).

El Ejército Bolivariano Revolucionario-200 no se atrofió. Todos los miembros principales de la logia —que también fueron esparcidos— se mantuvieron en contacto. Y cada uno invirtió el tiempo en ampliarla y diversificarla. El capitán Hugo, por su parte, aprovechó la oportunidad para trabajar en el movimiento: llegó captando oficiales. Cuenta el general Fernando Ochoa Antich (2007), en su libro *Así se rindió Chávez*, que «los subtenientes Ramón Valera Querales, Luis Eduardo Chacón Roa, Eduardo Adarmes Salas y Carlos Kancer Desir, designados a realizar distintos cursos de capacitación en el comando de división, empezaron a reunirse de noche en las distintas habitaciones de oficiales a conversar sobre la situación política nacional y el fortalecimiento del movimiento conspirativo».

Crecía la logia, así como, según Thays Peñalver, crecía el resentimiento de Hugo Chávez contra los empresarios y la gente adinerada. En Elorza tuvo varios encuentros antipáticos con productores, hacendados y ganaderos de la zona, que lo llevaron a denostar del comercio. Pero al final, su estadía en el pueblo de Apure le sirvió para ensayar lo que, según él, era «la tesis con respecto a la relación Fuerza Armada-pueblo» (Ramonet, 2000).

Manejaba su vida y era feliz. Aunque se había alejado de sus contactos en Caracas, incluida su amante, Herma Marksman, pudo llevarse a Nancy y a sus hijos. De alguna manera había podido, por primera vez, estabilizarse. Era popular en la zona y aprovechó la libertad que gozaba para invertir tiempo en el Ejército Bolivariano Revolucionario-200.

En marzo de 1986 se llevó a cabo otro congreso del movimiento. La participación de los miembros de la logia era estricta. Ya no era un movimiento insípido e intrascendente. Había agarrado forma y cada oficial que entraba se debía juramentar. Ello implicaba un compromiso arduo y prioritario. «Hubo un congreso en Táchira [en 1986], y para ese día no pude ir. Fui sancionado por Chávez. A uno lo sancionaban si no iba», cuenta al respecto Clíver Alcalá (2017).

Ese congreso se llevó a cabo en San Cristóbal, la capital del estado andino Táchira. Fue una reunión determinante para el movimiento. «Francisco Arias Cárdenas, recién ascendido a mayor, se mueve desde Bogotá, donde realiza estudios en la Universidad Javeriana. El capitán Hugo Chávez —en una maniobra imprudente que le sirve para demostrar su osadía— se desplaza con una columna de tanques desde Elorza» (Barrera Tyszka, 2012). «Llevó los tanques hasta Vega de Asa, como a unos 20 kilómetros de San Cristóbal, pero ya era como una demostración de muchachos que tenemos mando, ya podemos movilizar tropa (...) Hugo puso como excusa que iba a una campaña de entrenamiento, pero los jefes tenían que ser torpes para permitir que se vinieran a entrenar a otra guarnición», dice Arias Cárdenas (Barrera Tyszka, 2012).

Cada miembro del movimiento plantea su posición con respecto a cómo se debe desarrollar todo. Exponen sus inclinaciones políticas y discuten. Fueron varias horas de disentimientos y debates. Hablan. Pelean. Se levantan la voz. Además de Arias Cárdenas y Chávez, están Ronald Blanco La Cruz, David López Rivas, Ramón Antonio Valera Querales y cinco civiles, entre los que está Herma Marksman y un tío de Hugo y militante del Partido de la Revolución Venezolana: Narciso Chávez.

«Están en un quinto piso. En las ventanas del pequeño apartamento hay cuerdas listas para escapar y mucho nerviosismo. Se teme que de un momento a otro puedan irrumpir por la puerta los agentes de la Dirección de los Servicios de Inteligencia y Prevención, Disip», escriben Marcano y Barrera Tyszka (2012). El planteamiento de Chávez es más subversivo que el de Arias Cárdenas, quien se muestra moderado. El primero sugiere generar anarquía desde ya. El segundo lo detiene y pide paciencia: «Tenemos que fortalecernos, crecer, politizar a la gente dentro del mundo militar» (Barrera Tyszka, 2012).

Al final, vence la proposición de Arias. Se acuerda, entonces, «una conspiración clásica». Y se esboza, por primera vez, una ruta clara. «Los jóvenes oficiales realizan reuniones permanentes; los problemas que discuten no son de estrategia puramente militar, más bien realizan insólitas investigaciones: se asesoran con sociólogos y economistas y deciden que la rebelión debe realizarse, aproximadamente, para el año 1992. ¿Por qué para ese año y no para otro? Están a comienzos del año 1986. ¿Se puede prever una crisis social o económica con tantos años de distancia? La respuesta inicial de todos los sociólogos y economistas consultados es afirmativa», escribe en su obra *La rebelión de los Ángeles*, la periodista Ángela Zago (1992).

Los militares le apostaban a la acentuación de la crisis. Creían con firmeza en que el presidente Jaime Lusinchi, que ya no gozaba de popularidad, iba a entregar el Gobierno con unos índices de aceptación paupérrimos. Probablemente el próximo presidente iniciaría con una aprobación mayor; pero, y debido al endurecimiento de la crisis, esta menguaría y se generaría el ambiente pertinente para ejecutar el asedio contra la estabilidad democrática. Se partía, por lo tanto, de la «tesis del chinchorro»: «La tesis supone que todo gobierno tiene mayores índices de popularidad entre sus extremos, en su comienzo y en su final, y que en la mitad de sus períodos están decaídos y no poseen capacidad de respuesta. Ese es el movimiento que retrata visualmente la curva de hamaca» (Barrera Tyszka, 2012). Sin embargo, como señalan los mismos escritores de *Chávez sin uniforme* (2012), otra razón, quizá más apropiada para adherirse a esta ruta, es la de que ya para 1991 la mayoría de los integrantes de la logia tendrían mando de tropa.

De alguna manera también triunfa la teoría de Douglas Bravo. El legendario guerrillero había insistido a Chávez en que la idea era conformar un movimiento cívico-militar y religioso que, acompañado de una revuelta de los civiles, ejecutara la toma del poder. Eso con el fin de que los militares gozaran del respaldo de la sociedad, lo que le da legitimidad a cualquier acción temeraria y posiblemente impopular.

Todos concuerdan. Vuelve la armonía. Se logró mantener el carácter monolítico de la logia. Y surge, finalmente, la última etapa del movimiento. El Ejército Bolivariano Revolucionario-200 elige su nombre definitivo: se transforma en el Movimiento Bolivariano Revolucionario-200 (o MBR200). «Ahí es cuando decidimos cambiar el EBR-200 por MBR-200. Cambiamos de la "E" de Ejército por la "M" de Movimiento, porque decíamos: "Como ya tenemos un grupo importante en la Fuerza Aérea, no podemos definirnos solo como del Ejército". Además, había también compañeros de la Marina; pocos, pero los había; y asimismo había movimientos civiles incorporados. Por eso decidimos cambiar el nombre. Nos convertimos en el MBR-200», precisa Hugo Chávez (Ramonet, 2000).

El congreso fue sellado con un juramento entre todos los que estaban presentes. El capitán Chávez había demostrado su músculo al lograr la movilización de los tanques. Los otros ya veían una fuerza militar estructurada. Agarraba forma. Al final todos hacen un círculo y juramentan oficialmente a Arias Cárdenas como parte del MBR-200 y a los otros miembros. Se juramenta también el acuerdo al que llegaron:

> «Juro por Dios de mis padres juro por mi patria
> juro por mi honor
> que no daré tranquilidad a mi alma, ni descanso a mi brazo,
> hasta no ver rotas las cadenas que oprimen a mi pueblo
> por voluntad de los poderosos. Elección popular,
> tierras y hombres libres,
> horror a la oligarquía» (Zago, 1992).

Mayor y a Santa Rita

Antes de los ascensos de julio, a Chávez vuelven a señalarlo por conspirador. Otra delación atenta contra el ahora Movimiento Bolivariano Revolucionario-200. El general Fernando Ochoa Antich (2007) cuenta que el subteniente Valera Querales, quien había sido captado en Elorza, trató de atraer al oficial Marcelino Pérez Díaz a la logia y le revela que el mayor capitán Chávez es el jefe del movimiento. Pérez Díaz, en vez de integrarse al grupo, denuncia a Hugo. «Nosotros, por precaución, habíamos decidido suspender las captaciones de nuevos oficiales para el movimiento. Pero un teniente de los nuestros me pidió que le autorizase a terminar el trabajo de adhesión que se estaba realizando con un subteniente [Pérez Díaz]. Se lo permití. Y resulta que ese subteniente, nervioso, temeroso, se fue a hablar con el comandante y le confesó todo (...) Da la casualidad que, cuando me enteré de la delación, me acababan de operar un ojo y estaba fuera, en Fuerte Tiuna [Caracas]... Menos mal que pude avisar a unos amigos y limpiaron mi habitación, quemaron todos los documentos peligrosos. Se pudo hacer a tiempo; al día siguiente, en una avioneta, llegaban a Elorza unos agentes de la DIM y de la Disip que lo registraron todo. No encontraron nada. Pero cuando regresé a Elorza, me quitaron el comando; me quedé sin tropas, sin presupuesto, sin nada», cuenta Chávez sobre el incidente (Ramonet, 2000). No solo le quitaron las tropas; sino que también le redactaron un informe.

Para celebrar los 165 años de la Batalla de Carabobo, el Escuadrón de Caballería Farfán organizó una actividad fenomenal y poco sobria. Algo inédito. «"Vengan con nosotros a revivir las glorias del Ejército Libertador", reza la invitación impresa que llegó a manos de los pobladores de diferentes ciudades, pueblos y caseríos de la región», escribe la periodista Zago (1992). Luego, apunta: «Un mes antes, mujeres del MBR-200 se dedican con esmero y delicadeza a copiar la bandera negra con una calavera en un costado, que llevó Páez en sus trotes libertarios. Más de 100 banderas negras son entregadas como parte del trabajo del Movimiento. El comandante Chávez, con sus centauros, se dispone a recorrer el camino que el general Páez realizó con sus hombres hasta llegar al campo Carabobo» (Zago, 1992).

Hugo orquestó una cabalgata de más de 500 kilómetros. Era la ruta que décadas atrás había emprendido el prócer José Antonio Páez. Alzan la bandera que utilizó el héroe nacional, mientras atraviesan caseríos, pueblos y ciudades. Según señala el general Carlos Peñaloza (2014), la actividad fue financiada por Jesús Carmona, el amigo izquierdista de Chávez que tenía vínculos con Fidel Castro y que había recibido al cubano en la Universidad Central de Venezuela cuando viajó a Venezuela en 1959 —la relación con Carmona la confirma Hugo a Ignacio Ramonet (2000).

Finalmente, la cabalgata llegó al paseo monumental histórico en Carabobo, el 24 de junio de 1986. Habían estado tres días seguidos recorriendo la ruta y arribaron justo a tiempo para incorporarse al tradicional desfile militar. Los del escuadrón Farfán resaltaron sobre todas las unidades. Ángela Zago (1992) agrega al respecto: «[No] se imaginaron los canales de televisión en cadena aquel 24 de junio de 1986 que miembros del MBR-200, representados en los centauros, cerrarían el desfile militar conmemorativo. Las propias integrantes civiles o militares del Movimiento Bolivariano Revolucionario-200 se sorprendieron al ver ondear sus banderas por televisión». «El general José Humberto Vivas, comandante general del Ejército, y quien tenía que ver con la programación de las celebraciones del 24 de junio, se impresionó profundamente con aquella llegada de hombres a caballo con sus respectivas banderas negras y, por ello, pidió al comandante Chávez realizara una breve descripción de la bandera para iniciar el desfile (…)», añade la periodista (Zago, 1992).

Al comandante del Ejército le caía bien Chávez. Y, a pesar de los informes, del acto temerario e imprudente del 24 de junio y las claras sospechas que recaían sobre él, Chávez fue considerado candidato para ascender a mayor. Al final, el capitán fue promovido en julio de 1986. «Sorpresivamente (...) Hugo fue ubicado de primero en la lista de ascensos. Alguien que movía los hilos internamente no solo le borró de su expediente todo (...) sino que además le suministró unas calificaciones óptimas, necesarias para guiar nada menos que un batallón», escribe Thays Peñalver (2016).

Y así, vuelve Chávez a estar limpio. Se había dejado a un lado la reciente delación y todo lo que recaía sobre el ahora mayor. No obstante, eso no le duró mucho. A pesar de la buena fortuna, siempre se imponía alguna adversidad. «En 1986 asciendo a mayor; y un día, al regresar de una zona de indios yaruros con una pequeña unidad que comandaba, cuyos soldados —harapientos, melenudos, barbudos— tenían realmente aspecto de veteranos guerrilleros, se presenta a pasar revista el general Arnoldo Rodríguez Ochoa», cuenta Chávez (Ramonet, 2000).

«Comenzó contra mí una persecución, dentro del Ejército, que duró todos esos años (...) Todo comenzó porque yo andaba con un grupo de cuibas y yaruros [indígenas], desde entonces comenzaron a acusarme de que yo andaba con la guerrilla colombiana», dice Chávez (Peñalver, 2016). Sin embargo, la Fuerza Armada Nacional sí tenía motivos para preocuparse. El mismo Chávez confiesa: «Yo tenía un grupo de indígenas y me los llevaba, claro que no había ninguna orden, yo lo hacía por mi propia cuenta y eso me causó algunos problemas, pero yo les daba entrenamiento allá en el cuartel, a disparar un fusil y a movimientos militares; de ahí surgió la información sesgada de que yo andaba preparando guerrillas con los cuicas» (Peñalver, 2016).

El incidente le costó a Chávez otro informe y nuevos problemas en Elorza. En un momento le reviró al gobernador de Apure por, presuntamente, haberle faltado el respeto a sus oficiales —pero él confesaría que también le «quitó la avioneta prestada» al gobernador (Peñalver, 2016)—. Le hicieron otro informe. Al ascenderlo a mayor, también se le responsabilizó de la comandancia del Núcleo Cívico-Militar del Desarrollo Fronterizo Arauca-Meta; pero su gestión no fue buena. Ya la estadía de Chávez en el pueblo alejado no estaba generando los beneficios convenientes.

«El 9 de agosto de 1986 el mayor Chávez deja el Núcleo de Caballería Motorizado Coronel Francisco Farfán y le transmite el mando al capitán Andrés Castillo» (Zago, 1992). Hugo fue designado para la recuperación y protección del hato Santa Rita, que se encontraba en la frontera con Colombia. Ahí estuvo varios meses y utilizó el tiempo, también, para pensar en el Movimiento Bolivariano Revolucionario-200 y la ejecución del proyecto que había iniciado años atrás. «Cierto es decir que mientras el mayor Chávez Frías realiza este trabajo, donde estrecha profundas relaciones con la tierra y la defensa de la nación, se agudiza su posición crítica sobre lo que sucede en el país», escribe la periodista Ángela Zago (1992).

Una conspiración cósmica lleva a Hugo a Miraflores

El 14 de abril de 1988 Hugo Chávez dejó Apure. El MBR-200 ya estaba plenamente constituido. En cambio, la Alianza Revolucionaria de Militares Activos de Izarra había menguado. El coronel ya había padecido algunas delaciones y todos en la Aviación estaban al tanto de que simpatizaba con la izquierda radical. Finalmente, William Izarra no pudo mantener por mucho tiempo el movimiento y decidió, al final, pedir la baja en 1986. «Como resultado de lo anterior, ARMA prácticamente se desarticula o, mejor dicho, se atomiza; se ve reducido a unos grupúsculos; mantienen su carácter básicamente Fuerza Armada Venezolana y persisten en la labor proselitista conspirativa, no solo Reyes Reyes y Visconti Osorio, sino también otro aviador, Wilmer Castro Soteldo» (Micett, 2011).

Sin embargo, Izarra no se alejó completamente de la labor. Mantuvo las reuniones con Douglas Bravo y se ampliaron las relaciones políticas. Otro personaje como Luis Miquilena, quien antes había pertenecido a URD y era admirador de Castro, se suma (Micett, 2011). Chávez, por su parte, también acentúa sus vínculos con civiles. Se reúne con militantes del Partido de la Revolución Venezolana, La Causa R y, también, Bandera Roja.

Igualmente, los congresos del MBR-200 continúan. Es necesario señalar que aquel ahínco de Chávez por estas reuniones se debía a la inspiración e influencia que recibía de la izquierda radical. «Esa idea de los congresos me vino observando lo que hacía el PCV, anoté cómo los organizaban, plagié el método de ellos… Teníamos el país dividido en regiones a las que pusimos puros nombres indígenas. Por ejemplo: "Comando de Área Revolucionaria, (CAR)-Guaicaipuro", era el centro, Miranda, Vargas y

Caracas», acota Chávez (Ramonet, 2000). Con igual pertinencia, se debe recordar que a ninguno de los congresos asistían los dirigentes de la extrema izquierda con los que frecuentemente se seguía reuniendo Chávez. «(…) A reuniones nuestras sí. Vinieron, por ejemplo, gente de La Causa R como Pablo Medina y Andrés Velásquez; algunos del PRV ligados a Douglas Bravo; intelectuales independientes… La idea de estrechar vínculos con civiles de izquierda era reafirmar nuestra obsesión de avanzar hacia una unidad cívico-militar», apunta el mayor (Ramonet, 2000). Justamente como le había instruido Bravo.

Al regresar de Apure, Chávez viajó a Guatemala a realizar un curso sobre asuntos civiles, «un eufemismo creado nada menos que para ocultar el verdadero nombre del "Curso Superior de Guerra Política"» (Peñalver, 2016). De los integrantes del curso, él es el único venezolano. Fue enviado por el Ministerio de la Defensa y, casualmente estando en Guatemala, vive un intento de asalto al poder por parte de los militares. «El 11 de mayo de 1988, oficiales del Ejército del destacamento de Jutiapa y Retalhuleu intentaron dar golpe de Estado a Vinicio Cerezo, el primero de la era democrática», se lee en el diario guatemalteco Prensa Libre (1988).

Podría ser esta, nuevamente, una casualidad. El mayor Chávez fue enviado a Guatemala justamente cuando se intentaría lo mismo que él planifica. En este entorno se desenvolvería por cuatro meses hasta que, a mediados de septiembre, vuelve a Venezuela y se le dan otra designación, pero mucho más insólita y surreal. Chávez no solo vuelve a Caracas, sino que va directamente al núcleo del poder del país. «(…) ya con el grado de mayor, es transferido a Caracas. Y va a parar justo al Palacio de Miraflores [residencia presidencial], como ayudante del general Arnoldo Rodríguez Ochoa, quien está al frente de la secretaría del Consejo Nacional de Seguridad y Defensa» (Barrera Tyszka, 2012).

Otra coincidencia feliz, ciertamente. Quizá la mayor de todas. Luego de viajar por varias regiones del país; de favorecerse con cada una de las designaciones, el mayor Chávez termina justamente donde más le conviene: al lado del presidente de la

República. Aquello, por supuesto, incomodó a muchos. «(…) me enteré que Chávez trabajaba en Miraflores, como ayudante del general Rodríguez Ochoa. Ese hecho para mí fue una bandera roja. Maisanta [Chávez] cerca del presidente era un peligro. Al mismo tiempo observé ciertos detalles que indicaban que la Dirección de Inteligencia estaba infiltrada. Sus reportes no me convencían, y algunos de los oficiales que trabajaban allí me dieron mala espina. Uno de ellos era el mayor Jesús Urdaneta Hernández», cuenta Carlos Peñaloza (2014), quien para ese momento era jefe de Estado Mayor del Ejército. Y fue así como Chávez, de 34 años, quien tenía varias investigaciones en su contra y algunos informes y sospechas, terminó estando justo donde se concentra el poder en Venezuela.

«Llegué a mediados de 1988, era el final de la presidencia de Jaime Lusinchi. En un santiamén, pasé de las orillas del Arauca a las riberas del Guaire; todavía me quitaba las garrapatas… Una vez más, fue como si alguien hubiera conspirado en mi favor. Como si todo fuese una conspiración cósmica. El destino moviendo fichas en el tiempo preciso y con el ritmo adecuado… Heme aquí de nuevo en la capital… Mis oficinas estaban en el Palacio Blanco (…) Se trataba de una posición importante. Algunos generales no lo aceptaron», cuenta Hugo Chávez al respecto (Ramonet, 2000).

La noche de los tanques

1988. Es año electoral. Eran las últimas semanas de la presidencia de Lusinchi y los principales partidos ya habían presentado sus candidatos. Teodoro Petkoff insiste con su plataforma, el MAS. Copei prueba con el abogado Eduardo Fernández y Acción Democrática, que necesitaba urgentemente deslastrarse del nefasto legado de Lusinchi (enlodado por la corrupción) presenta, nuevamente, a Carlos Andrés Pérez. Lo que no sabían las fuerzas políticas —y los electores— era que estaban eligiendo a quien sufriría la ejecución del proyecto del Movimiento Bolivariano Revolucionario-200. Sin embargo, parece que los hechos se han acelerado. A espaldas de la logia de Hugo y Arias Cárdenas, se da otro intento de golpe de Estado.

El 24 de octubre de 1988, Jaime Lusinchi viajó a Uruguay para asistir a la Cumbre de los Ocho en Punta del Este. Por la ausencia, el presidente dejó encargado a su ministro de Relaciones Exteriores, el historiador y periodista Simón Alberto Consalvi. «Al encargarse de la presidencia, por el viaje del mandatario, decidió despachar, no desde el Palacio de Miraflores, sede de la presidencia, sino desde el Ministerio de Relaciones Interiores. Todo ello comenzó a suceder cerca de las 7:45 pm, en el centro de Caracas, ante la sede del ministerio en la esquina de Carmelitas, cuando funcionarios cercanos a Consalvi se acercaron a ese sitio, por haber recibido la información de que allí estaban sucediendo hechos extraños», escribe el ensayista Roberto Lovera De Sola (2014).

Peñaloza (2014) relata: «Poco después de llegar a mi residencia en la urbanización Colinas de Bello Monte, recibí una llamada del coronel Serapio Romero Mendoza, el oficial de guardia de la Comandancia. Visiblemente agitado me preguntó: "Mi general, ¿usted ordenó la salida del Batallón Ayala a la calle?". Al responderle que no, Romero me informó que el Grupo de Caballería Mecanizado general Juan Pablo Ayala, equipado con vehículos blindados a rueda dragón, había salido de Fuerte Tiuna dividido en dos columnas. Una al mando del mayor José Soler Zambrano salió en dirección hacia el Círculo Militar y la otra al mando del capitán José Echeverría Márquez se dirigió hacia el centro de la ciudad».

La situación de Venezuela, para el momento, lucía inaguantable. Desde 1983, solo se había logrado acentuar la crisis. La calidad de vida merma deprisa. Por otra parte, la deuda externa era colosal y parecía impagable. En todo el país se empezaban a generar pequeñas protestas. Parecía el contexto ideal para un alzamiento. «Active el batallón y movilice los carros de asalto para tomar la residencia presidencial y el palacio», ordenó un general esa noche (Peñalver, 2016). Aquello no fue un ejercicio; sino que realmente se intentó tomar la sede del poder.

Al final la sublevación se abortó «por desavenencias con la Armada y algunos generales del Ejército» (Peñalver, 2016). «El golpe sencillamente no se podía dar porque no tenían el control del Batallón Bolívar de Infantería en La Guaira y faltaba el control de un batallón clave en Caracas; fue por estas razones que aquellos jóvenes mayores se inmolarían en nombre de los generales», escribe Thays Peñalver (2016).

Sobre el incidente, Consalvi diría: «No se investigaba nada (…) aquella República era el paraíso terrenal de los conspiradores. No hubo ninguna investigación seria. Ni seria ni no seria. Hasta donde entiendo, Hugo Chávez no estaba en esa aventura. Nunca lo oí. Quizá le sirvió como ejemplo de que se podía conspirar sin mayores consecuencias» (Barrera Tyszka, 2012).

Consalvi tenía razón. Ni Chávez ni Arias Cárdenas ni ninguno del Movimiento Bolivariano Revolucionario-200 estaba implicado en la intentona, que luego adquirió la denominación de La Noche de los Tanques. No obstante, es posible que la indignación del presidente encargado también se haya debido a una sugerencia en particular. «Años después, luego de pasar a retiro, hablé con el doctor Consalvi. Él me reveló que Carlos Andrés Pérez, el candidato presidencial de Acción Democrática, lo había llamado La Noche de los Tanques y le había recomendado quitarle importancia al caso para no crear zozobra antes de las elecciones. También me dijo que había pasado el mensaje a Lusinchi y que este había aceptado la recomendación», cuenta el general Peñaloza (2014), quien insiste en la simpatía del candidato Pérez por Fidel Castro y su relación con Jesús Carmona, quien también tenía vínculos con el líder cubano. Al final todos los implicados en la asonada fueron expulsados de las Fuerzas Armadas. Sobre Chávez sí estaban puestas las miradas; pero como no lo pudieron vincular, no le ocurrió nada. El mayor Soler Zambrano y el capitán Echeverría Márquez fueron detenidos. Y se dejaba, de esa manera, el espacio vacío para que otros conspiradores lo ocuparan.

Ceder no es una opción

Lo inminente está a punto de ocurrir. El desplome. Una potencia mundial, que por años trató de sustentar su supervivencia con base en la derogación de las libertades más fundamentales, no puede más. En octubre de 1988, Mijaíl Gorbachov, un abogado ruso, había asumido el mando total de la Unión Soviética. Ya desde hace unos años atrás dirigía el Comité Central del Partido Comunista de la gran nación socialista; pero ahora había tomado por completo el timón, dispuesto a reducir el impacto de lo inaplazable.

Se aplicó en la Unión Soviética la apertura (o *glasnost*) y la reestructuración (o *perestroika*). Ambas políticas. La primera, implicaba la ampliación de las libertades civiles; la segunda, de las económicas. El insostenible modelo de la Unión de Repúblicas Socialistas Soviéticas estaba llegando a su final. Pronto. Por más de 66 años la potencia había resistido; y además se había mantenido como una fuerza casi monolítica, con la capacidad de enfrentar e intimidar a Estados Unidos. Pero ahora, no solo se había dejado atrás el totalitarismo que por años empuñó Stalin, sino que el autoritarismo menguaba, raudo.

Aquello evidentemente preocupaba a Fidel Castro. En Cuba había logrado mantener su régimen autoritario, casi intacto, gracias al subsidio de los rusos. Tenía a una sociedad dominada, permitiéndose así gozar de los beneficios que le brinda la falta de rebeldía de todo un pueblo. La disidencia, como se ha señalado, no existe. Ha sido abolida. Mientras en la Unión Soviética decrece el totalitarismo gradualmente; en Cuba se mantuvo íntegro. Inamovible.

La opresión es ardua y los crímenes también. «Han pasado más de treinta años y todavía Fidel Castro sigue celebrando esos juicios teatrales y, desde luego, de vez en cuando, también los televisa. Pero ahora Castro ya no fusila a los esbirros de Batista, fusila a sus propios soldados y a veces hasta a sus propios generales. ¿Por qué la inmensa mayoría del pueblo y los intelectuales no nos dimos cuenta de que comenzaba otra vez una nueva tiranía, aún más sangrienta que la anterior?», se cuestionaba el escritor y disidente exiliado cubano, Reinaldo Arenas, en su obra *Antes que anochezca* (Arenas, 1996).

Según la organización no gubernamental Cuba Archive, entre 1959 y 1988 más de 2600 civiles fueron asesinados —entre ejecutados directamente por la dictadura o desaparecidos—. Se sabe de cómo el régimen cubano vendía la sangre de perseguidos políticos a Vietnam (Werlau, 2014). En fin, la lista es amplia. Y, sin embargo, gran parte del mundo sigue embelesado por el líder cubano. No declina, tampoco, el delirio constante. Sus actos, su temple y leyenda han opacado completamente la cruenta realidad que se encuentra detrás de su imagen. Pero hay otra realidad que se impone con fuerza y que obliga a Fidel Castro, al menos en retórica, a considerar la posibilidad de un viraje.

El desmoronamiento gradual de la Unión Soviética no agarra a nadie desprevenido. Y es por lo que Fidel, con el fin de evitar una ardua crisis que amenace su opresora estabilidad, empieza a hablar de rectificación. Aquella palabra, quizá jamás esgrimida en algún alegato por el líder cubano, empieza a ser pronunciada. En su discurso del 2 de diciembre de 1986, durante la clausura del Tercer Congreso del Partido Comunista en Cuba, la dice, exactamente, 15 veces. «(…) la necesidad de rectificar, allí dondequiera que hayamos cometido errores o que se hayan desarrollado tendencias negativas en nuestro proceso revolucionario», dijo Castro en el Teatro Carlos Marx (Castro, 1986).

Desde que tomó el poder, Fidel ha probado cientos de políticas para intentar compensar la ausencia de libertades económicas. Ensaya constantemente, pero siempre fracasa. El dominio de la economía por parte del Estado jamás dio buenos resultados para el líder; sin embargo, no desiste. «En 1988 comenzó un experimento de "planificación continua" para lograr más flexibilidad, así como promover la participación activa e iniciativa de administradores y trabajadores; aunque esta técnica fue criticada de "abstracta" (...)» (Mesa-Lago, 1993).

Ceder como lo estaba haciendo la Unión Soviética no parecía una opción para Fidel. Aunque su propia estabilidad se viera amenazada, el líder cubano se resistía a dar el viraje. Blandió la rectificación, pero eso se quedó en pura retórica. Castro necesitaba con desespero suplir la ausencia de la potencia rusa. En cualquier momento se daría la caída, y Cuba necesitaba estar preparada. Urgía una alternativa, por lo que, aunque probablemente nunca desatendió completamente sus proyectos de expansión, revive, nuevamente, el interés de Fidel. Pero ahora necesita con urgencia triunfar.

En este proceso tenemos que hacer que rectifique todo aquel que puede rectificar, que sea susceptible a la rectificación y adoptar una conducta realmente comunista
Castro, 1986

Poca memoria I

El 4 de diciembre de 1988 los venezolanos vuelven a elegir a Carlos Andrés Pérez (CAP) como presidente. Fue una victoria amplia. Con 3.868.843 de votos, el candidato de Acción Democrática triunfó sobre Eduardo Fernández y Teodoro Petkoff. El de Copei obtuvo casi un millón menos, 2.955.061 de votos. Y el Movimiento al Socialismo vuelve a padecer una humillante derrota: 198.000 votos.

La nostalgia por aquella Venezuela de los años setenta fue lo que le concedió a Carlos Andrés Pérez la victoria. La campaña, aunque innovadora, trató de rescatar viejas lealtades. Además de ofrecerse como líder mundial —y realmente lo fue—, al de Acción Democrática no le quedaba más que proponer un retorno a la gloria. «Fuerza de la esperanza, camino abierto de futuro, hombre de decisiones que han hecho a la patria grande. ¡Carlos Andrés es el hombre que sabe!». Así rezaba su principal jingle.

«Carlos Andrés fue un verdadero hombre de Estado y muy conciliador. Supo liderar causas, un verdadero líder. Fue un civilista, en fin, un hombre desestimado por la historia», dice el diplomático Diego Arria (2017), quien siempre, a pesar de su carácter de independiente, fue cercano a Pérez. Había ganado las elecciones y lo que nadie estima era que los electores habían también elegido al objetivo del proyecto de la izquierda radical venezolana. Era el primero que, en el período democrático de Venezuela, gobernaba dos veces. Y Carlos Andrés, a quien también se le atribuye un inmenso ego, iba a entrar por la puerta grande.

La toma de posesión no sería como la tradición lo sugiere. El nuevo presidente electo se merecía, quizá, algo más. Se trasladaría el escenario habitual al imponente Teatro Teresa Carreño, en Caracas. El

Palacio Legislativo, donde reside el valor democrático de Venezuela, se quedaba corto. Pero lo que más llamaría la atención no sería eso. El nuevo presidente venezolano, al ser una figura mundial, contaba con una lista de invitados sobresalientes. Reconocidos mandatarios de todo el mundo viajarían; sin embargo, un convidado resaltaría. Aquel que secuestraría la mirada, las cámaras y la atención del mundo. La vedette de la izquierda y la progresía mundial: Fidel Castro.

«Carlos Andrés no solo era un conciliador, sino además un hombre sin rencores. Y quizá eso sería uno de sus más grandes problemas», dice Diego Arria (2017). Por mucho tiempo Pérez fue un enemigo acérrimo de Castro y sus intentos por destruir el preciado sistema democrático del país. Luego, esto cambiaría y sobre su simpatía por el líder cubano no se duda. Se habla de reuniones en La Orchila, de regalos y halagos. Pero esta visita, sin duda, confirmaría esa relación.

Y para la ocasión, además, resalta algo. Nuevamente se vuelve a exponer otra injerencia, la tácita. La que se enclaustró en la mente de la élite venezolana —la «intelectualidad»— que le tendió la alfombra y aplanó el terreno al dictador cubano para entrar, aplaudido, a Venezuela, una nación cuya democracia trató de minar por años.

El 1 de febrero de 1989, treinta años después de que se instaurara la Revolución Cubana; luego de que en todo el mundo se conociesen los horrores inherentes al proceso de cambio del sistema político en La Habana. Treinta años en los que toda Latinoamérica pudo observar estupefacta los más cruentos crímenes cometidos bajos las órdenes de Castro, e incluso se padecieran en carne propia los asedios, fue publicado un manifiesto de bienvenida a Fidel Castro a Venezuela, firmado por las principales plumas venezolanas.

«Nosotros, intelectuales y artistas venezolanos al saludar su visita a nuestro país, queremos expresarle públicamente nuestro respeto hacia usted, como conductor fundamental de la Revolución Cubana, ha logrado a favor de la dignidad de su pueblo y, en consecuencia, en toda América Latina», se leía ese primer día de febrero en el diario *El Nacional* (1989).

«En esta hora dramática del continente, solo la ceguera ideológica puede negar el lugar que ocupa el proceso que usted representa en la historia de la liberación de nuestros pueblos. Hace treinta años vino usted a Venezuela, inmediatamente después de una victoria ejemplar sobre la tiranía, la corrupción y el vasallaje. Entonces fue recibido por nuestro pueblo como solo se agasaja a un héroe que encarna y simboliza el ideal colectivo», continúa el texto (El Nacional, 1989).

Novecientos once individuos firmaron aquel manifiesto. Destacan nombres como el del músico Aquiles Báez, el artista Pedro León Zapata, los escritores Alberto Barrera Tyszka, Luis Britto García, Manuel Caballero, Earle Herrera, Francisco Herrera Luque y Moisés Moleiro; el también reconocido escritor e historiador Elías Pino Iturrieta; el humorista Claudio Nazoa; el comunicador Jesús Torrealba y los periodistas Juan Barreto, Valentina Quintero, Elizabeth Fuentes y Milagros Socorro.

«(...) Afirmamos que Fidel Castro, en medio de los terribles avatares que ha enfrentado la transformación social por él liderizada y de los nuevos desafíos que implica siendo su propio avance colectivo, continúa siendo una entrañable referencia en lo hondo de nuestra esperanza, la de construir una América Latina justa, independiente y solidaria». De esa forma concluye el texto, presentado un día antes de la toma de posesión de Carlos Andrés Pérez.

Quizá, ahora, convendrían nuevamente las palabras de Reinaldo Arenas. Si alguien tiene autoridad para ser inquisidor, es el escritor cubano. Al fin y al cabo, se suicidó, responsabilizando de su desdicha a Fidel Castro. «La inmensa mayoría de los intelectuales (...) para dárselas de progresistas y traficar con el resentimiento lógico de los pueblos sometidos a otras calamidades, casi siempre han apoyado o han hecho la vista gorda ante los crímenes de Fidel Castro (...) no se puede olvidar la inmensa propaganda y las conexiones internacionales del gobierno de Cuba, mantenidas durante más de treinta años; tienen sus casas culturales, sus librerías, sus casas editoriales», dice Arenas (1996).

En otro momento, se lanza contra lo que, para él, es una nueva «fauna». Una cita, quizá no tan pertinente, pero que se agradece: «Ahora descubriría una fauna que en Cuba me era desconocida; la de los comunistas de lujo. Recuerdo que en medio de un banquete en la Universidad de Harvard un profesor alemán me dijo: "Yo de cierta forma comprendo que tú puedas haber sufrido en Cuba, pero yo soy un gran admirador de Fidel Castro y estoy muy satisfecho con lo que él hizo en Cuba". En aquel momento, aquel hombre tenía un enorme plato de comida frente a sí y le dije: "Me parece muy bien que usted admire a Fidel Castro, pero en ese caso no puede seguir con ese plato de comida, porque ninguna de las personas que viven en Cuba, salvo la oficialidad cubana, pueden comerse esta comida". Cogí el plato y se lo lancé contra la pared» (Arenas, 1996).

Un trastazo a la hipocresía. Y también un puñal a esa suerte de impunidad histórica en la que afirmar cierta simpatía con el régimen castrista en Cuba no acarrea la vergüenza, sino el orgullo, pese a que la racionalidad advirtiera lo contrario. En 1989, la élite venezolana aplaudió la llegada de Castro y así, de alguna manera, facilitó la condena de una sociedad a la sumisión. «Carlos Andrés Pérez era un hombre sin rencores», insiste Arria (2017). Y Venezuela tampoco sentía rencor. El 2 de febrero le abrió las puertas al dictador.

Para la toma de posesión, además de Fidel, viajaron a Venezuela los presidentes Raúl Alfonsín, de Argentina; José Sarnely, de Brasil; Virgilio Barco, de Colombia; Óscar Arias, de Costa Rica; Rodrigo Borja, Ecuador; José Napoleón, de El Salvador; Felipe González, de España; Vinicio Cerezo, de Guatemala; José Azcona del Hoyo, de Honduras; Daniel Ortega, de Nicaragua, y Alan García, de Perú, entre otros mandatarios. En total fueron 20. No obstante, la estrella fue el cubano.

El acto fue denominado, por los detractores de Pérez, como «la coronación». Se habla de una inversión de millones de dólares. Un acto que, sin duda, también generó irritación. «(…) ahora comunistas y revolucionarios anunciaban la "coronación de Pérez" como el último acto oprobioso de irrespeto al sistema democrático» escribe Thays Peñalver (2016).

El acto es reseñado de esta forma por el diario *El País* de España en su edición impresa del domingo 5 de febrero de 1989: «La recepción de la prensa internacional puso ayer fin en Caracas a los de lo que el ingenio local ha calificado de coronación de Carlos Andrés Pérez, presidente de Venezuela (…) curioso en una economía a la que el petróleo no puede ya redimir de antiguos despilfarros» (Bastenier, 1989).

«Unos millones de dólares para que el pueblo contemplara, siempre a través de la vidriera de la televisión, como CAP, quizá II, puesto que este es su segundo mandato presidencial, desplegaba su formidable capacidad de convocatoria a través de ideologías y de históricas rivalidades (…) Felipe González, Alan García, Rodrigo Borga, Virgilio Barco, entre otros; se producía la ausencia de Carlos Salina de Gortari justificada por la tradición, y la de Raúl Alfonsín, por la subversión; y sobre todo brotaba todavía apabullante la figura del líder cubano, Fidel Castro» (Bastenier, 1989).

Sobre la presencia de Castro en Caracas se extiende *El País*. Es, sin duda, el centro de atención. Su participación despierta, por supuesto, el escepticismo. La mayoría recuerda la rivalidad histórica de Venezuela con el líder —aunque esa misma mayoría margina esa realidad—. La emoción, evidentemente, es mayor. Hugo Chávez también recuerda el momento: «Yo lo vi [a Fidel], me pasó a tres metros en el Palacio Blanco» (Ramonet, 2000).

Ese día el reconocido fotógrafo venezolano Vasco Szinetar tomó la que podría ser una de las imágenes más grandiosas del líder cubano. En medio de la multitud, Castro clava su mirada en la cámara. Decisiva y casi escalofriante. Un momento privilegiado para Szinetar, sin duda alguna, en el que se expone una expresión particular y, tal vez, premonitoria. Luego de 30 años, Castro pisaba Venezuela; y sería un paso estruendoso, con claras y graves consecuencias.

Acomodo del entorno

«A mí me insisten en que Fidel trajo gente. No me cabe la menor duda», dice Enrique Aristeguieta Gramcko (2017).

A raíz de la visita de Castro a Venezuela, se ha especulado mucho sobre un tema en particular; sin embargo, los hechos y versiones sugieren algo muy preciso: Fidel Castro llevó armamento y cubanos a Venezuela.

Ya para la toma de posesión, se sabía que Carlos Andrés Pérez implementaría algunas medidas económicas fuertes. El país que recibe el adeco está en crisis. Existe un déficit fiscal de 6,1 % del Producto Interno Bruto. La inflación llega a 29,5 %. Los controles de precios son arduos y las reservas internacionales, altamente reducidas. Aunque quisiera —y a pesar de que gracias a ello había obtenido el triunfo—, Carlos Andrés Pérez no podía regresar el país a la situación de la década de los setenta. Los cambios eran impostergables, eso ya estaba empezando a ensordecer y Fidel estaba al tanto.

Pocos saben que cuando Castro asistió a la juramentación del presidente Carlos Andrés, trajo consigo «dos aviones rusos, más de cien agentes de seguridad, con numerosos agentes de apoyo, cocineros, médicos, enfermeras; conductores, especialistas en comunicaciones, armamentos, explosivos (...) numeroso parque de guerra con armas individuales, colectivas y de gran poder de destrucción», según confiesa el mismo Herminio Fuenmayor (2008) —quien para el momento era el director de la Dirección de Inteligencia Militar y el encargado de recibir a Fidel— en su libro *Estos hombres enterraron la democracia*. «Una valija diplomática excesiva», comenta el general Ángel

Vivas (2017) al respecto. Se habla de varios containers, de dinero y abundante armamento. Por su parte, Thays Peñalver resalta en su obra que «es la primera vez que Fidel llevó en un viaje, además de su avión, otros dos aviones soviéticos con numeroso parque de guerra con armas individuales, colectivas y de gran poder de destrucción» (Peñalver, 2016). Ciertamente, Castro era conocido por la obsesión que tenía con su seguridad; sin embargo, aquí realmente se está hablando de algo inusual.

Para el momento, el general Carlos Peñaloza era jefe del Estado Mayor del Ejército. Un miembro del alto mando militar de Venezuela. Según él, durante la visita de Fidel, el líder cubano no permitió que funcionarios venezolanos se encargaran de su seguridad; en cambio, solo su personal de confianza asumiría esta tarea. Asimismo, solicitó que un escolta de Carlos Andrés Pérez, Orlando García Vásquez, fuese el responsable del chequeo aduanal de su comitiva. Esto último es realmente importante y es confirmado por la reconocida periodista Milagros Socorro, quien escribe en un artículo: «Fuentes muy bien informadas aseguran que Fidel Castro, invitado a la ceremonia, le pidió a Pérez que fuera Orlando quien se encargara personalmente de su custodia» (Socorro, 2016).

Orlando García fue escolta y hombre de confianza de Carlos Andrés Pérez. Nació en Cuba en 1927 y conoció a Fidel cuando fue parte de la organización Unión Insurreccional Revolucionaria, a la que también pertenecía Castro en su época universitaria. Finalmente, fue en Costa Rica donde conoció al ahora presidente Pérez, quien en ese momento se encontraba en el exilio debido a la dictadura de Marcos Pérez Jiménez. Luego se convirtió en un miembro importante de la seguridad de su amigo, y fue, el 2 de febrero de 1989, el único venezolano encargado de custodiar a Fidel Castro.

«Luego de pasar la aduana del aeropuerto de Maiquetía sin ser chequeados, los cubanos y su material salieron hacia Caracas en un convoy de autobuses y camiones en dirección al hotel Eurobuilding», dice Peñaloza (2014). La comitiva, «numerosa», como escribe la periodista Socorro (2016), se hospedó en el hotel, que, extrañamente, aún no había sido inaugurado; pero que se habilitó para Castro y su gente. Peñaloza (2014) asegura que Fidel, mientras estuvo en Venezuela, se reunió con Alí Rodríguez Araque. También sugiere que contactó al militante de Acción Democrática y amigo de Hugo Chávez, Jesús Carmona.

Finalmente, Fidel abandonó Venezuela; pero al parecer no se llevó consigo todo el equipo con el que había viajado. «Fuentes de Inteligencia informaron desde Maiquetía que habían salido menos cubanos de los que habían ingresado», confiesa el general Peñaloza (2014). Thays Peñalver (2016) concuerda: «Esta versión del general también fue esgrimida por la Inteligencia militar en aquel momento». Y, por último, el mismo Hugo Chávez lo confirma: «(…) Fidel, que había venido a la coronación y había dejado 200 cubanos en los cerros de Caracas» (Peñalver, 2016). Entonces sí. Realmente Fidel Castro llevó cubanos y armamento a Venezuela. También dejó algunos. Aunque probablemente no 200 individuos, como aseguró Chávez, quien al parecer ironiza.

Antes de terminar la presidencia de Lusinchi, ya informes sugerían la inminencia de un estallido social. La crisis era ardua y el descontento inmenso. Estos informes no cesaron con la entrada de Pérez en el escenario político venezolano. Se sabía, además, que se acercaban medidas fuertes. Todo ello preparaba el entorno para la ejecución de un proyecto. Era la tormenta perfecta. Nada caería mejor a Douglas Bravo, a Araque y a los conspiradores, que un alzamiento popular para, al mismo tiempo, arrancar con el plan cívico-militar que por años se esbozó. Sin embargo, podría ser que ese motín necesitara de alguien que prendiera la chispa.

El Paquetazo

El 14 de enero de 1989, Carlos Andrés Pérez anunció los integrantes de su gabinete. Una minoría determinante, increíblemente, no era miembro de su partido —con el que Pérez no discutió las designaciones—. Había varios empresarios y reconocidos académicos. A ellos se les conoció como los «IESA Boys» —en una clara alusión a los Chicago Boys de Milton Friedman y al IESA, un reconocido instituto académico venezolano, del cual egresaron varios de los miembros del gabinete de Carlos Andrés Pérez—. Todo sugería que, finalmente, se daría el pertinente y esperado viraje económico.

«Las medidas que anuncio al país, en materia económica, no pueden estar desligadas de decisiones dirigidas a fortalecer la calidad de la vida y a preservar el ingreso real de las mayorías nacionales (...) Estoy persuadido de que no habrá vacilaciones ni titubeos en el camino que impone la construcción de la Venezuela moderna. Seguro estoy de la comprensión de todos los venezolanos», dijo Carlos Andrés Pérez frente a los medios (1989). El 16 de enero de 1989 se derogó el Estado rentista y se dio un paso decisivo hacia la modernidad. Ese día el presidente anunció las medidas económicas que daban cuenta de una fuerte y necesaria rectificación hacia la voluntad de dejar atrás el populismo y la dependencia.

«Carlos Andrés eligió el país por sobre su partido. Cuando el país necesitó evolucionar, Pérez no titubeó. Venezuela entró en el siglo XX, no con los presidentes López y Medina, sino con Pérez», dice Diego Arria (2016), quien también agrega sobre las medidas económicas: «Se buscaba desarrollar la economía nacional como prioridad. La descentralización, reforma del

Estado». Sin embargo, Venezuela, al parecer, no estaba preparada para abandonar aquel *nanny state* que, aunque la condenaba a la miseria, seguía luciendo más agradable para algunos.

El presidente Pérez acudió al Fondo Monetario Internacional y se acogió a un programa arduo de ajuste: se liberalizó la economía, las tasas de interés activas y pasivas; se unificó la tasa cambiaria; se liberaron los precios, a excepción de aquellos de la denominada «cesta básica». Se aumentaron las tarifas de los servicios públicos. Se eliminaron aranceles de importación; y, finalmente, se aumentó el precio de la gasolina a través de un proceso gradual de tres años, con el fin de evitar el impacto en la población.

Pero durante los siguientes días, los medios agitaban en sus titulares: «2,75 bolívares el litro costará la gasolina alta», «Aumentados pan, pastas y aceite», «En un mes desaparecerán las pastas y las mayonesas», «Suben 40 % tarifas de libres y por puestos», «En 50 % aumentará tarifa telefónica». Eso se leía en los principales diarios del país. Las políticas, de forma inmediata, fueron conocidas despectivamente como El Paquetazo.

Los «azos»

En un artículo, Thays Peñalver dice que luego de una investigación pudo saber «cómo la palabra "paquetazo" surgió como un invento de los revolucionarios internacionales a partir de 1980 cuando "Castro dejó de apoyarse en los partidos comunistas" y buscó la lucha contra el Fondo Monetario Internacional como proyecto» (Peñalver, 2013).

En 1982, Ecuador, regido por el conservador Osvaldo Hurtado, padeció la ejecución de ajustes económicos tutelados, igualmente, por el Fondo Monetario Internacional. Aquellas medidas derivaron en fuertes protestas durante los meses de octubre y noviembre de ese año. Disturbios violentos y saqueos en todo el país. Revueltas aparentemente espontáneas; mercadeadas por la izquierda mundial como muestras de rechazo de una sociedad a la imposición del neoliberalismo. «Igual de espontáneos que los de México en 1981 o los de 1982 cuando el "Paquetazo fondomonetarista" de Belaúnde en Perú, que causó el Estado de sitio y decena de muertos», apunta Peñalver (2013). En el caso de Perú, según señala la escritora, «la prensa de la época aseguraba que el error de Belaúnde fue "no explicar las medidas" o que apuntó a "hacer concesiones a los émulos criollos de los Chicago Boys"» (Peñalver, 2013).

Durante su presidencia en Costa Rica, el socialdemócrata Luis Alberto Monge Álvarez intentó lo mismo: implantar políticas económicas impopulares. Y recibió la misma reacción: protestas y disturbios. Igual ocurrió en Brasil, donde el presidente João Baptista de Oliveira Figueiredo llevó a cabo una política de austeridad sugerida por el Fondo Monetario Internacional, que concluyó con un estado de sitio y represión.

Asimismo, en Argentina la situación fue parecida. El presidente Alfonsín, debido a la reacción que se había dado por sus políticas económicas, tuvo que imponer un Estado de sitio. Hubo protestas y represión. Años después, la expresidenta Cristina Fernández de Kirchner sufriría un arrebato de honestidad y confesaría en un discurso: «Yo quiero ser absolutamente sincera (…) este es un manual de instrucciones políticas para saqueo, violencia y desestabilización de gobiernos y tiene su historia (…) Y la verdad es que tampoco fueron muy espontáneos aquellos saqueos que terminaron, sí, muy mal, y que obligaron la salida anticipada del doctor Alfonsín (…) Todos sabemos que fueron provocados» (Kirchner, 2012). Al respecto, escribe Peñalver (2016): «Por primera vez en la historia se develaba que los movimientos terminados en "azo" (…) no eran otra cosa que el contenido de un manual de agitación comunista y quien lo reconocía era nada menos que una presidenta que lo había utilizado, revelando además que ese "manual" existía en Argentina desde la década de los ochenta».

En República Dominicana sucedería lo mismo. El presidente Jorge Blanco impuso una serie de fuertes medidas económicas, también aprobadas y sugeridas por el Fondo Monetario Internacional. Ya la Inteligencia del país y «la militar estadounidense, habían recibido informes de que "algo grave iba a pasar". Más tarde supieron que habían desembarcados armas desde Cuba a bordo del barco SS Pushkin» (Peñalver, *El paquetazo y el espontáneo Caracazo*, 2013).

En abril de 1984, luego de la llegada de armas —de la que nadie sabía—, estalló una serie de fuertes disturbios. Era, aparentemente, una respuesta a la denominada «política de *shock*» que había sido orquestada por economistas de la Escuela de Chicago. Las protestas iniciaron en los barrios marginales de Santo Domingo. Ya desde hace varios meses la izquierda del país y sacerdotes de la corriente de la Teología de la Liberación advertían sobre la posibilidad de una insurrección popular. Al final ocurrió y dejó un dramático saldo de más de 500 muertos. Sin embargo, se duda sobre la espontaneidad que se le atribuye al alzamiento con el fin de dar protagonismo a un pueblo desamparado.

«Cuando llegué a República Dominicana, sobre mi escritorio estaban los informes que anunciaban una terrible destrucción y oscuridad (…) el hecho era que los motines estaban siendo planificados por los comunistas y no precisamente por austeridad o precios altos: había una conexión clara con los insurgentes de Nicaragua y El Salvador, que ahora llegaban a República Dominicana para participar en los disturbios, junto con cubanos y motorizados que armados enfrentarían a la policía», confiesa un teniente coronel, agregado militar de la embajada de Estados Unidos en República Dominicana, sobre los hechos conocidos como la «Poblada de abril de 1984» (Peñalver, 2016).

Todas esas protestas fueron realmente tan espontáneas como «El Bogotazo, El Rosariazo; El Cordobazo; El Limazo; El Santiagazo; El Ibañazo (Chile) y las decenas de movimientos terminados en "azo", en los que siempre se negó u omitió la autoría de revolucionarios, por más pruebas que hubiese de milicias, bombas y francotiradores» (Peñalver, 2016).

Sobre la Poblada de Abril, el mismo Fidel Castro diría: «Ya ha habido algunos estallidos sociales, porque en Santo Domingo se produjo un estallido social; no un estallido catastrófico todavía para el sistema, pero se produjo un estallido social. Cuando el Fondo Monetario obligó al gobierno de Santo Domingo a aplicar determinadas medidas, se produjo lo que pudiéramos llamar una insurrección espontánea en República Dominicana. El gobierno se vio en la necesidad, en la muy triste y muy censurable necesidad, de lanzar las tropas, los soldados y la policía contra el pueblo, de asesinar a más de 100 personas. No crean que eran revolucionarios: eran hombres, mujeres, adolescentes, amas de casa, gente sencilla del pueblo, que se lanzaron a la calle espontáneamente» (Castro, 1985). El líder cubano insiste, por alguna razón, en la espontaneidad. Como si tratara de vender una idea.

«Es probable y posible que un estallido social derive hacia una revolución, y entonces he dicho en algunas de esas entrevistas: estallidos sociales generalizados de carácter más bien revolucionario», sugeriría, igualmente, Castro (1985). De alguna manera una inquietante confesión.

La receta, entonces, parecía ser esa: plan económico propuesto y tutelado por el Fondo Monetario Internacional; su aplicación y el rechazo por parte de las clases populares; fomentado, por supuesto, por la izquierda e incluso por los mismos cubanos. Esa era la fórmula, hasta el momento, que había fracasado. Porque la revolución que prosigue, según Castro, no había llegado a ninguna de las naciones en las que se había hecho el ensayo. Pero Venezuela es obediente. Sigue instrucciones y probará, a ver si ahora sí logra salir bien la raída receta.

El Caracazo

Aparentemente comenzó en Guatire. Pudo haber sido en Guarenas también. O no. O quizá en ambos lados al mismo tiempo. Vuelven a surgir las imprecisiones. Hay diferentes versiones. Y se vuelve a querer tiznar de misticismo. Convertir todo en una fábula ascética y heroica. Lo cierto es que algunos, obedeciendo por supuesto a ciertos intereses, trataron de transformar el 27 de febrero de 1989 en un acto de rebeldía similar al de Rosa Parks, unos 30 años atrás.

En la versión que busca perfilar a El Caracazo como una excelsa demostración del coraje y de la indocilidad de un pueblo, se afirma que todo comenzó en Guatire, estado Miranda, cuando una mujer mayor se negó a pagar el aumento del pasaje del transporte público. Sin embargo, esto solo podría ser el rígido intento de forzar una leyenda encantadora. En el libro de la periodista Mirtha Rivero, *La rebelión de los náufragos*, se sugiere que todo pudo haber iniciado en la ciudad dormitorio Guarenas, también del estado Miranda. «Todos los indicios apuntan hacia un terminal de buses y microbuses en Guarenas (...) entre las cinco y treinta y las seis de la mañana (...) varias personas discutían, y las ondas de su discusión fueron subiendo de contenido y de decibelios para despabilar a los espíritus dormidos. Por unos segundos no se tuvo claro lo que sucedía, pero poco a poco los gritos y las groserías se hicieron cargo de enterar la situación», escribe la periodista (Rivero, 2010).

Supuestamente usuarios discutían porque los conductores de los autobuses públicos habían subido la tarifa. Ciertamente, aquello obedecía a las recientes políticas de Carlos Andrés Pérez. El día anterior se había hecho efectivo el alza de los precios del petróleo, «y dos días antes los conductores de buses y autobuses habían llegado a un acuerdo con el Ministerio de Transporte y Comunicaciones para subir las tarifas congeladas desde hacía casi dos años» (Rivero, 2010). Pero la verdad es que no pudo haberse iniciado en Guatire o en Guarenas. Si bien ambas son ciudades dormitorios de Caracas —un elemento que inmediatamente relaciona a El Caracazo con otros disturbios similares en la región— al mismo tiempo había usuarios del transporte público revirando en el centro de Caracas, en Los Teques, en La Guaira, así como en otros estados del país. Inició en todos lados. Los pasajeros parecen haber convenido en el momento de expresar la rabia. Eso a pesar de que el aumento de los precios no se dio igual en todas las ciudades y al mismo tiempo.

De un terminal de pasajeros, la ira se trasladó a las calles de la ciudad. De ahí a las autopistas y luego se regó por todo el país. Si inició en Guarenas, hizo metástasis. Igual si fue en Guatire. Pero es posible que la gasolina ya había sido esparcida antes por todo el país. Simplemente se prendió la chispa. «La reportera Cristina Marcano de *El Diario de Caracas*, fue uno de los periodistas que esa mañana enviaron a Guarenas. A su regreso; antes de ponerse a escribir, a manera de informe le comentó a Lucy Gómez, la jefa de redacción: "Si tú me preguntas: ¿Cuántos carros quemaron en Guarenas?, yo te diría: 'Todos los carros de Guarenas'. ¿Cuántos negocios quemaron?, 'todos los negocios de Guarenas'. ¿Cuánta gente está en la calle? 'Toda Guarenas está en la calle'"» (Rivero, 2010).

Los medios cubrieron con prontitud la noticia. La rabia, que se transformó en barbarie, fue transmitida en vivo. Súbitamente todos los venezolanos se enteraron de que no se trataba de algún incidente aislado. Todo el país estaba encendido. Aquel día escaseó la civilidad. Pero no solo eso, por supuesto; otra falta llamó altamente la atención: en ningún momento hubo respuesta de las fuerzas de seguridad del Estado. Empezando por los más básicos: la policía no respondió. Tampoco lo hizo la Guardia Nacional. Simplemente, al principio, por alguna razón se dejó correr la cólera. «En esas primeras horas de la mañana del lunes 27 de febrero no se sintió el sonido de las peinillas restregándose contra el asfalto, ni el olor picante de los gases lacrimógenos», apunta Mirtha Rivero (2010).

A Carlos Andrés Pérez no se le salió de control la situación. Jamás la tuvo siquiera controlada. Parecía que el incidente había agarrado a los políticos desprevenidos. Los militares, en cambio, no lo estaban. Ya lo habían alertado: «Reportes de Inteligencia militar venían diciendo que había mucha tensión en la calle (…) A mediados de febrero, analistas militares de la DIM [Dirección de Inteligencia Militar] reactivaron sus avisos (…) El informe de Inteligencia elaborado tras los primeros quince o veinte días del mandato de Carlos Andrés Pérez II no trascendió. Unos dicen que no llegó a Pérez, que no dio tiempo» (Rivero, 2010).

Por alguna razón al presidente no llegó una información tan delicada como que, en cualquier momento, podría ocurrir una rebelión popular. Y es importante señalar que, según la periodista Rivero, ese informe precisaba que existía la presencia de grupos de extrema izquierda dispuestos a aprovecharse de una situación de inestabilidad. Pero a Pérez, realmente, no le llegó esa información. Esto lo confirma Diego Arria (2017), amigo cercano del presidente, y el general Carlos Peñaloza (2014).

Los militares jamás recibieron la orden, por lo que la barbarie se desenvolvió con comodidad. De la quema de autobuses, de vehículos y cauchos, se pasó, entonces, al saqueo. Nuevamente se esgrime la espontaneidad del crimen. «El pueblo hambriento, sometido, buscó la manera de saciar sus necesidades», se podría decir. Efectivamente, desde que estalló el Viernes Negro, Venezuela había caído en un proceso de degeneración dramático. El descontento era inmenso y la calidad de vida había mermado; pero puede ser irresponsable afirmar que eso era suficiente para llevar a la población a exponer su lado más bárbaro. Al fin y al cabo, los retratos del momento exhiben a un pueblo hambriento, cargando televisores, neveras, microondas, lavadoras, ropa.

Claro, también reses y bolsas de comidas. Todos productos que, según la periodista Rivero (2010), «habían desaparecido de los estantes y por lo que la población había sido condenada a la escasez o, en el más afortunado de los casos, al trueque».

Sobre la espontaneidad del crimen se desconfía ahora. Al respecto, escribe Thays Peñalver (2016): «Mientras en Caracas se quemaban autobuses de la misma manera como ocurrió en otros países, motorizados ingresaban a los supermercados, tiendas y abastos en general para incentivar al saqueo de los transeúntes que marchaban al trabajo (…) los que aquí en Venezuela, que copiaron el modelo desestabilizador, decidieron abrir ante nuestros ojos las santamarías con la deplorable consigna: "Saqueos populares"».

En el país es usual poner en duda los instintos incivilizados del venezolano. Ciertamente, Venezuela ha atravesado coyunturas más dramáticas y los ciudadanos no han reaccionado de la misma forma. El incentivo, quizá, pudo haber sido necesario. De hecho, en su libro, Peñalver (2016) revela: «(…) en Venezuela la Federación de Barrios de Guarenas, que agrupaba a todas las asociaciones de vecinos (…) estuvo hasta las dos de la mañana imprimiendo panfletos que de inmediato repartió en las calles. Previamente se había convocado a las asociaciones de vecinos a movilizarse desde temprano para "tomar" la terminal de pasajeros. De acuerdo al relato de uno de los líderes que planificó aquel "movimiento espontáneo", el comunicado entregado a la gente a partir de las cuatro de la mañana incitaba a los pasajeros a "no pagar el aumento del pasaje"».

Las mismas dudas sobre la naturaleza del motín las tenía, para el momento, el jefe del Comando Estratégico del Ejército acantonado en Caracas, general Heinz Azpúrua, quien en un informe sobre El Caracazo escribió: «En febrero de 1989 se produjo una conmoción popular generalizada causada por una gravísima y masiva alteración del orden público, caracterizada al comienzo de aquel día 27 de febrero, por múltiples actos de protesta sorprendentemente violentos —aparentemente espontáneos, aunque sospechosamente coincidentes» (Socorro, 2016).

Azpúrua menciona la violencia y esto, realmente, es un elemento particular que ofrece suficiente información sobre aquellos disturbios. Se suponía que el motín se trataba de solo un pueblo molesto, que reaccionaba a unas medidas económicas: amas de casa, trabajadores, adolescentes, padres, madres. Un pueblo, aparentemente hambriento. Sin embargo, la violencia fue excesiva. Los muertos, al final de los disturbios, fueron más de 200, según cifras oficiales; y más de 400, según extraoficiales (Valery, 2009).

Se podría decir que la degollina obedece a la incapacidad de las fuerzas de seguridad del Estado para controlar la situación durante las primeras horas. Al dejarla correr, se extendió y se necesitó de más fuerza para el sometimiento. Eso explica por qué Carlos Andrés Pérez, quien quizá estaba tan desconcertado como el resto de la población, respondió con la activación del plan de contingencia Ávila, que daba la responsabilidad directamente a las Fuerzas Armadas para restituir el orden público: no fue la Guardia, sino el Ejército el que salió a la calle.

No obstante, todo estaba dispuesto para contener una simple revuelta popular. «Cuando se dio la orden de enviar tropas a las calles, no se conocía la magnitud de la explosión social (…) Los jefes militares creyeron tener al frente un problema de orden público convencional fácil de dominar; pero Fidel les tenía una sorpresa», asegura el general Carlos Peñaloza (2014), quien para el momento era jefe del Estado Mayor del Ejército.

No son pocos los testimonios que denuncian la presencia de francotiradores en varias partes de la capital. «En las barriadas en el oeste como el 23 de Enero, Lídice, Alta Vista y Lomas de Urdaneta continúa la acción de francotiradores (…) Media hora después del toque de queda estalla la traca de los disparos de armas automáticas y desde cualquier altura es posible advertir algunos incendios en barrios periféricos», escribió en su momento el corresponsal del diario *ABC* de España, F. de Andrés (Peñalver, 2016). Otros medios nacionales como *El Nacional* y *El Universal* también reportaron la presencia de francotiradores. Entre el 27 de febrero y el 3 de marzo, más de 20 hombres con armas largas fueron descubiertos en los barrios de Caracas. Y luego, casualmente, «el Gobierno reportaba cientos de extranjeros detenidos —muchos de ellos armados— que serían deportados de inmediato», según se lee el 2 de marzo en el diario *El Carabobeño* (Peñalver, 2016).

En relación con la presencia de cubanos en Caracas esos días no hay información oficial. Los testimonios sobre individuos con acento caribeño realmente abundan. Sin embargo, algunos sí se atreven a asegurar que los civiles armados detenidos esos días en los barrios de la capital —aparentemente, varios de ellos extranjeros— guardan una relación directa con la visita que 25 días antes del estallido de El Caracazo, había hecho Castro a Venezuela.

«En esa revuelta los grupos subversivos sacarían a la calle a la gente pobre a saquear y los francotiradores de Fidel enfrentarían a las fuerzas policiales enviados a controlarla», asegura el general Carlos Julio Peñaloza (2014). Según quien en el momento era un miembro del alto mando militar, los francotiradores viajaron con Castro cuando el líder cubano entró a Venezuela con la «excesiva valija diplomática». Con él coinciden otros, como el general Ángel Vivas (2016). Y Enrique Aristeguieta Gramcko (2017), quien para el momento ejercía el cargo de director general de Registro Electoral en el Consejo Supremo Electoral, dice: «Yo pienso que sí puede ser, hay muchas cosas turbias». No hay duda de si Fidel entró al país con material bélico y una desmesurada cifra de individuos, que formaban parte de su comitiva. Sin embargo, no se puede afirmar que gran parte de esos cubanos se quedaron en Venezuela —aunque el mismo Hugo Chávez lo aseguraría después.

Al final, las muertes por impacto de bala serían cuantiosas. La organización no gubernamental Provea señalaría en un informe de 1989 sobre el comportamiento de las Fuerzas Armadas y la presencia de civiles armados: «La táctica militar en zonas populares era el tiroteo indiscriminado hacia apartamentos y viviendas, en respuesta a un mínimo de francotiradores» (Marcano P, 2015).

Se habla, igualmente, de una represión desmedida por parte del Estado. Todo, como dice Aristeguieta Gramcko, es muy turbio. Aparecen fosas comunes. No hay coincidencia en las cifras. Y surgen denuncias delicadas. Algunos hablan de genocidio por parte del Gobierno de Carlos Andrés Pérez. La izquierda aprovecha la situación para exhibir la agonía de un modelo que, ahora, se sostenía solo por la violencia.

Otro hecho lamentable ocurrió durante los enfrentamientos: «(…) hubo una gran tragedia para el movimiento que él [Chávez] comandaba: El Catire Acosta Carlez recibió un balazo que, según algunos miembros del MBR-200, pudo ser intencional», escribe la periodista Ángela Zago (1992). El 28 de febrero, en medio de los intensos enfrentamientos entre el Ejército y los civiles armados enquistados en las barriadas y en las zonas residenciales populares de Caracas, este miembro del Movimiento Bolivariano Revolucionario-200 fue asesinado.

Pero, además, algo extraño sucedió. El Caracazo duró, en total, casi 11 días. Fueron varias horas en las que el entorno en Venezuela estaba convenientemente dispuesto para la ejecución de una acción que terminara de desestabilizar el débil Gobierno de Carlos Andrés Pérez. La oportunidad que por años esperó Douglas Bravo se había dado. La insurrección popular —espontánea o no—, estaba ahí. La gente estaba en las calles, aparentemente en rechazo al Gobierno adeco. Sin embargo, las protestas no trascendieron. Al final, después del trágico saldo, la calma volvió. En el cargo seguía Pérez, aunque mucho más frágil que antes porque sobre él recaían denuncias por violaciones de derechos humanos.

AL FINAL NADA OCURRIÓ

¡Y se levantó Caracas contra el Fondo Monetario
Internacional!
Chávez a Ramonet

«Surgió en mí la contrariedad y el sentimiento de impotencia de no haber estado el MBR-200 preparado para haberse sumado con el pueblo en una rebelión cívica-militar», asevera el comandante Francisco Arias Cárdenas (Zago, 1992).

Así como Felipe Antonio Acosta Carlez tuvo que responder a sus superiores y salió a controlar el presunto estallido social; a otros miembros del Movimiento Bolivariano Revolucionario-200 les tocó el mismo destino. Ronald Blanco La Cruz, quien se encontraba en Mérida, fue enviado a la calle; sin embargo, dice el capitán que en ese momento pudo sacarle provecho a la dramática coyuntura: «Salimos durante la represión sin realizar acciones que lamentar; al contrario, obtuvimos las captaciones de personal para el MBR-200 de excelentes oficiales y suboficiales que no querían traicionar ni reprimir al pueblo» (Zago, 1992).

El oficial Arias Cárdenas ese día también salió a la calle: «Me encontraba en la Escuela Superior del Ejército cursando estudios de Estado Mayor. Aún no ascendía al grado de teniente coronel. Era mayor. Ante el estado de emergencia que se generó en el país, fui seleccionado, al igual que un centenar de oficiales, suboficiales y tropa, para hacerle frente a la rebelión civil que se había producido» (Zago, 1992).

Como evidencian los testimonios de Blanco La Cruz y Cárdenas, al parecer, para los oficiales había sido una coyuntura incómoda. Esa era la percepción de gran parte de las Fuerzas Armadas: un gobierno odioso empuñaba el revólver para disparar a los ciudadanos indefensos que solo esgrimían su presunto derecho divino a la rebeldía. Sin embargo, la realidad de las calles también era otra. Había vandalismo, barbarie y pillaje. El lado más incivilizado de la sociedad había salido a relucir. Provocado, o por las desagradables políticas de Carlos Andrés Pérez, o por unos agitadores con claros intereses políticos.

Continúa contando Cárdenas a la periodista Zago (1992), y aquí expone el dilema en el que se encontraba: «Esta designación me produce una situación de conflicto, ya que tenía el firme convencimiento de que no permitiría que las armas y hombres que ponían bajo mi mando fueran utilizados para masacrar a un pueblo desarmado, hambriento, sacrificado y condenado a sufrir los embates de un paquete de medidas económicas injustas y perversas desde todo punto de vista». La disyuntiva que presenta Arias es la siguiente: o es acusado por sedición, al desacatar las órdenes, o «masacra» al pueblo. Supone, entonces, que ese día el presidente ordenó una masacre. Sobre ello no hay evidencias. Aunque los testimonios, de ambos lados, son terribles: aparentemente la barbarie tomó las calles, y aparentemente el Gobierno reprimió con crueldad. En cualquiera de los casos, sería, el que presenta el oficial, una falacia lógica del falso dilema.

Arias Cárdenas insiste a Zago, al ofrecerle el testimonio, en que «sus convicciones ideológicas chocaban» con las órdenes que le dieron. Luego, le cuenta que habló con el general Heinz Azpúrua, quien, según el oficial del MBR-200, «era para el momento el comandante de Fuerte Tiuna». Es decir, el encargado de la represión en Caracas. «Le manifesté mi preocupación por la situación y le hice algunas recomendaciones. Las acogió con aparente aceptación. Entre ellas estaba la de tratar de controlar la situación del personal militar para frenar la muerte de personas inocentes», cuenta Cárdenas (Zago, 1992). Varios de los miembros del Movimiento Bolivariano Revolucionario-200 tuvieron que responder durante El Caracazo a sus superiores, a pesar de que no estaban de acuerdo con las órdenes. Sin embargo, hubo uno que ese día, extrañamente, se encontraba indispuesto: Chávez.

«Había pasado la noche en el Seconasede [Secretaría del Consejo Nacional de Seguridad y Defensa], en el Palacio Blanco y, como le conté, amanecí con fiebre y malestar. Fuertes dolores en las articulaciones. Mis hijos tenían lechina y yo me vine la víspera contagiado. El médico confirmó que era una enfermedad viral muy infecciosa, y que no podía quedarme. Me mandó a casa. Yo no tenía mando de tropa, no sabía que la revuelta ya había empezado (…) Me marché a mi casa. Residía entonces, con Nancy y mis tres hijos, Rosita, María y Huguito en San Joaquín, acabábamos de comprar una modesta casita allá», cuenta a Ignacio Ramonet (2000).

Pero el relato de Chávez tiene imprecisiones. La amante del mayor, Herma Marksman, asegura que durante El Caracazo Chávez estuvo con ella (Barrera Tyszka, 2012). Además, hay otro elemento importante. Chávez está vacunado y ya le había dado lechina. Él mismo lo revela en varias ocasiones, y expone sus propias contradicciones (Peñalver, 2016).

No se sabe si todos los oficiales que conformaban el Movimiento Bolivariano Revolucionario-200 realmente creían que la insurrección popular que se estaba generando en todo el país, era tan espontánea como se intentaba presentar. Probablemente sí lo pensaban. Clíver Alcalá Cordones (2007) asegura que sí: «A nosotros nos sorprende también El Caracazo. Chávez estaba enfermo, tenía lechina ese día. Pero fue un movimiento completamente espontáneo». Sin embargo, sobre Chávez hay dudas. No solo sobre la percepción que tenía de la espontaneidad o «artificiosidad» de El Caracazo, sino, sobre todo, sobre él.

Quien en ese momento era el jefe del Comando Estratégico del Ejército, Heinz Azpúrua, sospecha. «El general (…) nunca se creyó, por cierto, que la desaparición por tres días del entonces mayor Hugo Chávez, precisamente las jornadas de horror de febrero y marzo del 89, se debieran a una lechina, como reportó sin que luego fuera objeto de una constatación por inteligencia militar», escribe la periodista Milagros Socorro (2016), quien entrevistó a Azpúrua. El jefe del comando del Ejército

asegura que, confidencialmente, Chávez aprovechó El Caracazo para afianzar su logia y justificarla. Otro que también duda
es Peñaloza, quien incluso se atreve a aseverar que para ese día
Hugo debía actuar con su movimiento.

Pero esto último es improbable. Si hubiese sido así, todos
los miembros del Movimiento Bolivariano Revolucionario-200
hubiesen estado al tanto de que los disturbios se iban a generar.
A todos los agarró por sorpresa, como al resto de la población.
Pero Chávez sí desapareció, convenientemente. El único de la
logia que tenía vínculos con la extrema izquierda, con Douglas
Bravo y Alí Rodríguez Araque. Sin embargo, al final nada ocurrió. La oportuna situación no fue aprovechada.

Echémonos unos tiros, Chávez

Cierto, la barbarie de los últimos días de febrero favoreció al grupo ilegal de Hugo Chávez. El rechazo a Pérez por lo que ocurría era enorme. La periodista Ángela Zago (1992), quien había sido guerrillera de izquierda, califica al Gobierno adeco como «dictatorial». Y, especialmente en las Fuerzas Armadas, también imperaba una percepción negativa sobre la novel administración socialdemócrata. Argumentos para el movimiento, al final. El MBR-200 pudo crecer esos días. Cualquier militar que siquiera exteriorizara cierta inconformidad cerca de algún conspirador, era captado. «Nos dolió muchísimo. Marcó a nuestra generación. Dejó huellas imborrables. En el seno de la Fuerza Armada fue donde ese sacudón tuvo, a largo plazo, el mayor impacto. Recuerdo que, meses más tarde, una noche, al entrar en el Palacio Blanco, un oficial se me acercó: "Mi mayor, al parecer usted anda en un movimiento y quiero ingresar en él". Por razones de seguridad, negué; pero le pregunté por qué deseaba adherirse», cuenta Chávez (Ramonet, 2000). Aunque no todo le empezaba a salir tan bien.

Dentro de la Academia, Peñaloza había sido su enemigo. Ahora lo sigue y no desiste. Al final sus sospechas eran ciertas. Tenía razón: Chávez estaba conspirado. Una vez vuelta la paz a Venezuela, el general Carlos Peñaloza se encarga de perseguir al Movimiento Bolivariano Revolucionario-200. «Estaba seguro de que había un golpe en marcha y tenía que impedirlo», escribe quien en julio de 1989 fue nombrado comandante del Ejército (Peñaloza, 2014).

Luego de su designación, el general fue invitado por el presidente Carlos Andrés Pérez a un desayuno. En el encuentro, Peñaloza le participa al mandatario sus preocupaciones sobre un inminente intento de derrocarlo y, además, le señala sus suposiciones sobre la participación de Fidel Castro en El Caracazo. Al final, Pérez protesta frente a lo «absurdo» de una conspiración en su contra. «Me respondió que no creía esa historia, porque era amigo de Fidel y sabía que no le podía hacer esa trastada», dice el general Peñaloza (2014), quien, pese a la reacción del mandatario, insiste. Decide organizar una red de inteligencia informal y paralela a la Dirección de Inteligencia, ya que creía que esta estaba infiltrada.

«El gobierno, a partir de ahí [El Caracazo], comenzó a golpearnos duro y a presionarnos porque nos convertimos en una amenaza abierta y desafiante. Dentro de los cuarteles empezó una guerra sucia contra nuestro movimiento, trataron de desprestigiarnos ante los jóvenes militares. Comenzaron a llamarnos despectivamente los "comacates" [comandantes, mayores, capitanes y tenientes]; dijeron que éramos una secta», apunta Chávez (Ramonet, 2000).

Los rumores se esparcen mientras Peñaloza investiga. En el proceso, el mayor Orlando Madriz Benítez le brinda información clave. El oficial le confiesa que es parte de la logia de Hugo Chávez y, además, le revela un testimonio alarmante: «Se había reunido en Paraguaipoa [en la frontera con Colombia, estado Zulia, al occidente del país] con un grupo de políticos de La Causa R, encabezados por Pablo Medina y Aristóbulo Istúriz. Esos políticos venían de parte de Alí Rodríguez Araque para coordinar detalles de un alzamiento militar, que se produciría a fines de 1989». Pero Madriz declara algo mucho más delicado: en Paraguaipoa, el Movimiento Bolivariano Revolucionario-200, a través del militante Hugo Carvajal (o El Pollo) estableció vínculos con las Fuerzas Armadas Revolucionarias de Colombia (FARC) para obtener financiamiento.

No es una denuncia cualquiera la que hace el mayor Madriz a Peñaloza. Y sobre eso, no hay precisión. Sin embargo, en el libro *The Farc Files: Venezuela, Ecuador and the Secret Archive of "Raúl Reyes"*, publicado por el Instituto Internacional de Estudios Estratégicos, se revela que el grupo colombiano terrorista —y socialista— tenía intereses en adquirir poder y participación política en Venezuela: «(…) el grupo estableció por primera vez una presencia en la frontera colombo-venezolana en 1980. Desde 1991, el grupo buscaba lazos políticos en Venezuela, tanto para apoyar su actividad fronteriza, como para atacar indirectamente y socavar el Estado Colombiano» ([IISS], 2011). Se asevera, además, que las FARC contactaron a Chávez a principio de los años 90 —sin dar una fecha exacta—: «[El grupo terrorista] había identificado [a Chávez] como alguien que podría tomar el poder exitosamente en Venezuela en el futuro, y, por lo tanto, como un potencial aliado estratégico» ([IISS], 2011).

Se debe recordar, asimismo, que «los lazos entre esta organización narcoterrorista [las FARC] y el régimen de los hermanos Fidel y Raúl Castro de los años 66 nunca se ha interrumpido, dado que la isla siempre fue parada y fondo para todos los grupos subversivos», según escribe el periodista y analista cubano Carlos Alberto Montaner (2016).

Peñaloza le pide a Madriz que sea su informante dentro del grupo conspirador. Le da instrucciones y continúa la investigación. Finalmente, con el aporte del mayor y todo el trabajo emprendido por su red de inteligencia paralela, en noviembre de 1989 el comandante del Ejército le presenta al presidente Carlos Andrés Pérez un informe detallado en el que indica, con nombre y apellido, quiénes son los militares que estarían tramando la ejecución de un golpe de Estado en el país. Además, los relaciona con El Caracazo.

«Se lo pregunté a Peñaloza, y también a Pérez. Los dos me lo confirmaron. Él le presentó una lista de más o menos 300 oficiales que estaban conspirando», dice Diego Arria (2017). Pero el presidente no hizo nada. Volvió, con altivez, a rechazar las pertinentes advertencias del general. Le dijo que aquello no tenía fundamento y aseguró que la Dirección de Inteligencia Militar estaba investigando a Chávez y no había ningún indicio de comportamiento sospechoso. Sin embargo, no era así. Es poco convincente ese argumento porque para el momento muchos sabían que Chávez andaba en algo. «Evidentemente, dentro de las Fuerzas Armadas se captó el trabajo político que los miembros del MBR-200 realizaban y por ello son delatados en diferentes momentos (…) a finales de noviembre, el capitán [realmente es mayor] Madriz Benítez, destacado para entonces en Zulia, delató una supuesta conspiración donde incluye a diecinueve oficiales, uno de los cuales es el entonces mayor Chávez», escribe Zago (1992) en *La rebelión de los ángeles.*

Frente a la negativa del presidente, Peñaloza decide actuar por su lado: «(…) el viernes primero de diciembre en la tarde llamé al ministro de la Defensa solicitando autorización para detener a diecinueve mayores bajo sospecha de tramar un golpe. El ministro me dijo que necesitaba permiso del presidente encargado (…) [luego decidí] que iba a actuar bajo mi responsabilidad», relata el general (Peñaloza, 2014). La insistencia de Peñaloza se debía a que en ese momento Carlos Andrés Pérez se encontraba de viaje, por lo que temía que el golpe se ejecutara durante su ausencia. «Esa noche estaban todos presos en la comandancia del Ejército y ordené iniciar los interrogatorios», continúa (Peñaloza, 2014).

El incidente fue conocido como «La Noche de los Mayores». Estaban presentes, durante el interrogatorio, Peñaloza, el general Heinz Azpúrua y Fernando Ochoa Antich, quien para el momento era jefe del Comando Estratégico en Fuerte Tiuna. Al respecto, escribe la periodista Ángela Zago (1992): «El general Manuel Heinz Azpúrua muestra una foto de un coronel retirado llamado Noé Acosta; este es completamente desconocido por el comandante Chávez, de tal forma que el MBR-200 se intriga por saber quién es el tal coronel. Además, insisten en preguntarle por el diputado Pablo Medina, de La Causa R (…) Siempre enfocan el interrogatorio hacia un golpe inmediato y no entienden que se trata de un trabajo a largo alcance. El general Peñaloza, en ese momento comandante del Ejército, pierde el control e invita a Chávez a «echarse unos tiros» con él. El comandante Chávez Frías, que se siente seguro de la situación porque entiende que está lejos de su verdadero trabajo, contesta: "Mi general, yo vine aquí a ser interrogado, en ningún momento a un duelo a muerte con usted"».

Por su parte, Peñaloza (2014) cuenta: «Mi deseo de hablar con Chávez se debía a un párrafo que aparecía en el plan de operaciones. En la sección de Instrucciones de coordinación había un aparte indicando que yo debía ser capturado y llevado a la presencia de Chávez. En caso de no poder detenerme debían secuestrar a mi hijo menor, Juanpi, para forzar mi entrega. La orden de secuestrar a mi hijo menor era un asunto personal para mí. Ese detalle del plan me enfureció (…) Al quedar solos [había pedido a los policías militares que abandonaran el cuarto] le dije que teníamos una cuestión personal que saldar. Le mostré el plan de operaciones y le leí el párrafo en el cual se mencionaba el secuestro de mi hijo. Él negó ser el autor de ese documento. Al terminar la lectura abrí la gaveta central de mi escritorio, saqué dos pistolas y le dije: "Estas pistolas tienen una bala en la recámara y están listas para disparar"».

Al final el perjudicado no fue Chávez sino el comandante del Ejército. En la noche del 6 de diciembre de 1989 el presidente Pérez volvió a Venezuela. Al llegar se enteró del incidente y pidió un encuentro con Peñaloza: «En esta oportunidad la reunión no fue amistosa», relata el general (Peñaloza, 2014). El mandatario ordenó la liberación de los mayores y solicitó, además, que sus nombres no fueran revelados en los medios. Sobre su decisión, según Peñaloza, había influido su guardaespaldas y amigo personal, el cubano Orlando García Vásquez. Además, antes de partir a Europa —y ya estando al tanto de las averiguaciones del comandante del Ejército—, Pérez había sostenido una reunión con Jesús Carmona —el izquierdista que era amigo de Chávez, tenía vínculos con Castro y ahora era secretario de la Presidencia (Zago, 1992).

Hijo ilustre de Sabaneta

Antes de la detención en diciembre, Hugo había empezado dos cursos: estudios de Ciencias Políticas en la Universidad Simón Bolívar y el de Comando y Estado Mayor en Fuerte Tiuna. Según Chávez, Peñaloza había asumido el propósito de obstruir su graduación del último. «[El general] ordenó impedir a toda costa que yo y un grupo de compañeros nos graduáramos. Estábamos señalados de andar conspirando. Nunca habían podido demostrarlo (…) Entonces ellos se dijeron: "(…) ahora la única forma de frenar a Chávez y a su grupo, es que fracasen en el curso de Estado Mayor», cuenta el oficial que conspiraba (Peñalver, 2016).

Por otra parte, a pesar de la tajante derrota, el comandante del Ejército sí obtuvo un pequeño triunfo: «Me sacaron de aquí preso del Palacio Blanco el día 6 de diciembre de 1989, el día de las elecciones de gobernadores, por cierto. De ahí salí preso y me dijeron: "Váyase para Maturín, al cuartel de allá"», relata Chávez (Ramonet, 2000). Peñaloza logró alejar al líder del Movimiento Bolivariano Revolucionario-200 del presidente. Aunque, nuevamente podría tratarse de otra designación que debería generar escepticismo. Al fin y al cabo, a Hugo ya no le convenía estar en Caracas. Demasiado ruido. Pero ahora sus condiciones no serían como en las otras unidades donde había estado, en las que gozaba de amplia libertad.

«Para yo salir de ese cuartel a la esquina a comprar un periódico necesitaba un permiso especial y, para venir a mi casa, venía pero una vez a la cuaresma con un permiso extraordinario que me daban. Yo conozco mucho ese cuartel, estuve casi confinado allí. Por fin, a las pocas semanas me llamaron y me dijeron: "Puede montar guardia"», relata Chávez (Peñalver, 2016), quien pudo continuar el curso de Estado Mayor a distancia —el director de la Escuela Superior de Guerra era el general Esqueda Torres, vinculado con la logia MBR-200—.

Al final Chávez, después de un accidentado proceso —lo reprobaron en par de ocasiones (Antich, 2007)—, se logra graduar del estudio militar que cursaba. Durante todos esos meses, y mientras se encontraba en Maturín, «su intermediaria en las actividades académicas y conspirativas es Herma Marksman» (Barrera Tyszka, 2012). A la Simón Bolívar continuó asistiendo, aunque de forma irregular.

Estando en Maturín, Jesús Carmona llama a Chávez para condecorarlo: «(...) y se organiza un acto. ¡Inaudita sorpresa! Acudí, y allí estaba el propio Carlos Andrés Pérez que me impuso la medalla del Seconasede [Secretaría del Consejo Nacional de Seguridad y Defensa]. El Seconasede dependía del ministro de Secretaría, o sea de Jesús Ramón Carmona», cuenta Chávez a Ignacio Ramonet (2000). El ambiente, en general, era tenso y absurdo. Mientras unos perseguían a Chávez y a su logia, otros lo protegían —e incluso galardonaban—. En consecuencia, dentro de las Fuerzas Armadas empezaron a surgir fracturas. Peñaloza enfrentaba a gran parte de la institución militar. Ochoa Antich, el principal candidato para ser ministro de la Defensa, de alguna manera simpatizaba con Hugo. Ya lo conocía y le decía a Peñaloza que él estaba seguro de que Chávez no andaba conspirando (Barrera Tyszka, 2012).

Finalmente, en julio de 1990, a pesar de los trágicos antecedentes, Hugo es ascendido a teniente coronel «y ese mismo mes es declarado Hijo Ilustre del pueblo donde nació: Sabaneta de Barinas» (Zago, 1992). La conspiración continúa, afligida por la coacción del tiempo. La «tesis del chinchorro», en la que de alguna manera se sustenta el plan de acción del Movimiento Bolivariano Revolucionario-200, exigía que para esos meses la logia debía estar perfectamente articulada para consolidar los objetivos.

El Foro de São Paulo

Aunque el desplome de la Unión Soviética era inminente, nadie pudo anticipar la caída del Muro de Berlín. El 10 de noviembre de 1989 se había dado *die wende* —o el cambio—. Se marcaría, entonces, un punto de quiebre. De ahí en adelante, solo se desarrollaría la disolución de la potencia comunista.

Desde hace varios años el decadente Estado socialista ya daba muestras de descomposición. Agonizaba. Y Fidel, desde Cuba, se preparaba. Pero no preparaba a la isla; sino que se disponía a asumir otras estrategias para lograr la estabilidad de su régimen autoritario, sin la necesidad de ceder en el pleno control del Estado sobre la sociedad cubana. Es decir, buscaría la forma de mantener sólido el totalitarismo, aunque tuviese que prescindir de la Unión Soviética.

Unos meses antes de que tumbaran el denominado «Muro de Protección Antifascista» en Alemania Oriental, Castro recibió en Cuba al principal candidato presidencial de la izquierda en Brasil: el sindicalista Luiz Inácio Lula da Silva. El comandante Barbarroja, Manuel Piñeiro, se lo llevó a Castro y le dijo: «Les presento al futuro presidente de Brasil» (Sánchez, 2014). Lula viajó a La Habana con el fin de recibir oficialmente el respaldo del principal líder de la izquierda mundial. Pero, además, ese encuentro sirvió para establecer las primeras bases de la constitución de un verdadero movimiento político e ideológico en la región.

El sindicalista brasileño lideraba todas las encuestas, pero al final, en la segunda vuelta, celebrada el 17 de diciembre de 1989, salió derrotado frente al candidato conservador Fernando Collor de Mello. Sin embargo, había sido un gran avance para la izquierda. El movimiento de Lula, el Partido de los Trabajadores, se había convertido en una fuerza política con influencia considerable en Brasil. Y, de esa manera, en una de las principales organizaciones de izquierda de la región.

Ya no era Cuba contra el resto. La conformación de un foco importante en Brasil le daba a la izquierda latinoamericana una oportunidad para responder al desmoronamiento de la Unión Soviética. Lula dejó de ser un líder local para trascender. Era popular y querido. Fidel, astuto, entiende la coyuntura y decide, finalmente, aliarse con el Partido de los Trabajadores. No permitirían que la historia terminara, como suponía Francis Fukuyama en su obra *The End of History and the Last Man*. El conflicto debía seguir.

Para julio de 1990 se organiza una serie de conferencias en La Habana a la que asisten la mayoría de los movimientos comunistas y de izquierda de la región. Las presiden Lula y Fidel. Al final, deciden establecer lo que luego se oficializaría en Brasil como el Foro de São Paulo. El Partido Comunista de Cuba asume la dirección del recién instituido grupo, cuyo fin era agrupar las intenciones y esfuerzos de toda la izquierda de la región para poder expandir la influencia en Latinoamérica a través de la toma del poder político, acudiendo a otras vías alternas a la violencia. Si en los sesenta La Habana promovería las guerrillas y la lucha armada, ahora se buscaría la propagación del comunismo por medios tradicionales.

De los encuentros en Cuba, se aprende a descartar lo odioso y mal visto, para empezar a blandir prácticas e ideas más afables. Aún el comunismo no había tomado el poder; pero la izquierda, de alguna manera, sí había gobernado en la región a través de la socialdemocracia. No era lo que los comunistas del Foro de São Paulo pretendían, pero por ahí era la ruta. Al final se entiende que el leninismo no es tan atractivo como las ideas de Bernstein, Brandt o Lassalle. Se decide que la corriente a empuñar es el socialismo. Abstracto, pero una denominación más abordable. A fin de cuentas, quien estaba detrás era el mismo que en Cuba había ejecutado e impuesto la miseria.

Durante la clausura de un encuentro del Foro, Fidel habló. En el discurso empleó la palabra «socialismo» 18 veces. En esa ocasión, a pesar de ser el primer secretario del Partido Comunista de Cuba, no habló nada de «comunismo».

Antonio Sánchez García es un filósofo, historiador y ensayista que ha abordado el tema ampliamente. Sobre el Foro de São Paulo escribe: «[El propósito era] llenar el escatológico vacío dejado por la desaparición de la Unión Soviética como principal sostén material del comunismo mundial (…) Una operación de alto calibre, orientada a responder a la confundida feligresía de los partidos, centrales sindicales, movimientos de masa, organizaciones de la sociedad civil y movimientos armados procedentes de la izquierda marxista hasta entonces administrados por el eje La Habana-Moscú y huérfanos de toda dirección estratégica» (García A. S., 2014).

«La importancia de Lula da Silva y su equipo de asesores provenientes del trotskismo, radicaba en la comprensión de un fenómeno crucial impuesto por la brutal derrota de la vía armada: la necesidad de imponer una línea pacífica, constitucional y electoralista, aparentemente anticomunista e inmanente al sistema, flexible y adecuada a las características específicas de cada nación, de modo de apoderarse de los respectivos Estados desde dentro de sus instituciones y actuar en función del campo de maniobras y que dejarán la crisis de los respectivos sistemas», señala Sánchez García (2014).

Por último, continúa el historiador: «La primera pieza del ajedrez regional a conquistar por el Foro de São Paulo sería Venezuela. Joya de la corona de las ambiciones de Fidel Castro debido a su posición geoestratégica privilegiada hacia el Caribe y los Estados Unidos, al mismo tiempo que corredor natural hacia la región andina y amazónica; dueña de recursos petroleros como para financiar la gran operación de reconquista que planeara desde mucho antes del asalto al poder en 1959» (García A. S., 2014).

Se había definido el rumbo. La idea ahora era asumir las vías tradicionales y constitucionales como estrategia para lograr la toma del poder y la expansión del dominio de Fidel Castro en la región. Aunque Lula intentara imponerse; no había lugar para otro líder en el Foro. El cubano asumiría la directriz de un movimiento que buscaría posicionar candidatos y fuerzas políticas en toda Latinoamérica. En Brasil ya había conseguido al aspirante; ahora Fidel necesitaba a alguien en Venezuela que fuese conocido. Necesitaba impulsar a alguien. Volverlo popular para concretar el objetivo de años. Y eso no solo se lograría con el éxito de una acción violenta y arriesgada. Tal vez el fracaso también podría funcionar.

Nos apartaba. Nos excluía

Con los días, las diferencias dentro de la Fuerza Armada venezolana se acentuaban. Para comienzos de 1991, el general Peñaloza era realmente incómodo para gran parte del alto mando militar y de la presidencia. El comandante del Ejército, empecinado en impedir el ascenso de Chávez y la posibilidad de que asumiera el mando de alguna brigada, se gana enemigos. El presidente Pérez no lo rechaza por su obstinada obsesión con Chávez y las conspiraciones; pero está rodeado de gente que sí considera a Peñaloza un estorbo.

«A finales de mayo (…) descubrí que la DIM [Dirección de Inteligencia Militar] me vigilaba sin autorización del presidente, con espías y equipos de audio y video. La vigilancia incluía el sembrado de espías entre mis escoltas y empleados, tanto en mi oficina como en mi casa», relata Carlos Peñaloza (2014). A Carlos Andrés Pérez le llegaba constantemente información que negaba la posibilidad del desarrollo de una conspiración entre los oficiales de la Fuerza Armada.

El conflicto era denso. Todos estaban al tanto de las diferencias entre Peñaloza, Arnoldo Rodríguez Ochoa, quien era secretario del Consejo Nacional de Seguridad y Defensa —y amigo de Chávez—; el director de la Inteligencia, Herminio Fuenmayor —quien trabajaba con el conspirador Jesús Urdaneta Hernández en la DIM—; y el secretario de la Presidencia, Orlando García Vásquez. En una oportunidad, Rodríguez Ochoa invitó a Chávez a almorzar: «Llegamos a un restaurant de una urbanización del Este y veo, esperando en una mesita, al general Herminio Fuenmayor, curruña de Carlos Andrés Pérez y jefe de la Inteligencia Militar. Los tres íbamos de civil, porque ellos también estaban conspirando, enfrentados a Peñaloza», cuenta Chávez (Ramonet, 2000).

Al final, el general Peñaloza, inconveniente para muchos y a punto de retirarse, fue destituido de la comandancia del Ejército el 5 de junio de 1991. En el momento más tenso del conflicto, el comandante desobedeció a Carlos Andrés Pérez y denunció frente al Congreso un escándalo de corrupción que involucraba a Orlando García Vásquez y a la cubana Gardenia Martínez —una amiga de la amante del presidente, Cecilia Matos—. Ese mismo día recibió la noticia de su destitución. De nuevo, otro triunfo para el Movimiento Bolivariano Revolucionario-200. «¡Verga! ¡Se va Peñaloza antes que yo! (…) [Fue una victoria personal], era el resultado de mi maniobra con el general Rodríguez y de aquel almuerzo conspirativo (…) Como si la mano invisible siguiera dirigiendo mi destino, ¿no? Todo conspiró a mi favor», comenta Hugo al respecto (Ramonet, 2000). Chávez volvía a ganar.

Estando en Maturín pudo terminar el curso de la Escuela de Estado Mayor y ascender a Teniente Coronel. Sin embargo, no le permiten, como corresponde por ser oficial de blindados, comandar un batallón. En cambio, el 17 de julio de 1991 lo envían a Cumaná a cumplir funciones en el Servicio de Proveeduría de las Fuerzas Armadas. Esa designación sí había sido una orden de Peñaloza que se cumplió fielmente. Era el único triunfo del general; pero lo debía disfrutar en el retiro. Aquello fue un golpe para Chávez. «Una cachetada para mí (…) Era obvio que la Inteligencia Militar no quería que tuviese mando de tropa», cuenta (Ramonet, 2000). Casualmente, cuando Peñaloza sale del Ejército, el oficial Jesús Urdaneta Hernández también abandona la Dirección de Inteligencia Militar. Por primera vez parecía que a un Chávez desacostumbrado a los infortunios «la mano invisible» lo abandonaba.

Y no solamente Hugo atravesaba una coyuntura desagradable. Eran momentos engorrosos para el Movimiento Bolivariano Revolucionario-200, sobre el cual se imponía la severa presión del tiempo. «Hubo deserciones en nuestro movimiento, gente que se dio de baja, algunos líderes se fueron al exterior… Por ejemplo, a Ronald Blanco La Cruz lo mandaron a Estados

Unidos, de oficial instructor a la Escuela de las Américas; Luis Reyes Reyes tuvo que irse también a una oficina de la Fuerza Aérea en Miami, tenía que tratar de salvar a un hijo enfermo (...) En fin, nuestro movimiento se dispersaba», relata Chávez (Ramonet, 2000).

Además, se estaba produciendo una grieta significativa. Elemental y definitoria. Desde hace un tiempo, Chávez venía sintiendo incomodidad por la vinculación del movimiento armado con los civiles. De la antología de testimonios, se puede deducir que, primero, quería dar más protagonismo a las Fuerzas Armadas, al Ejército. No iba a permitir que al final el movimiento revolucionario se transformara en simplemente el brazo armado de alguna organización civil de extrema izquierda. Por otra parte, le empezaba a molestar la ruta que algunos civiles vinculados con el movimiento pretendían que se siguiera. Y aquí es necesario introducir una versión compartida por el general Peñaloza y el general Ángel Vivas. Según los oficiales, para El Caracazo se había diseñado el entorno conveniente para que el movimiento de Chávez actuara. Lo había hecho Castro, ayudado por la extrema izquierda, como ya se ha comprobado. Pero Hugo no actuó, ni informó a los otros miembros de la logia, porque no estaba de acuerdo con la ruta planteada. Pura especulación, ciertamente; pero lo cierto es que «a mediados de 1991 (...) Chávez se irá distanciando de los civiles, en particular del Partido de la Revolución Venezolana» (Barrera Tyszka, 2012). «El oficial había sostenido una relación intensa, de años, con Douglas Bravo, desconocida para la mayoría de los oficiales conspiradores, que no querían vínculos con la izquierda radical (...) Chávez se aparta del exguerrillero unos meses antes de la insurrección», escriben Alberto Barrera Tyszka y Cristina Marcano (2012). Al respecto, cuenta Bravo (2017): «Las reuniones menguaron. Las cancelaban. En fin, Chávez estaba empezando a cortar con nosotros. Nos excluía. Nos apartaba».

«Dos reuniones realizadas en (...) 1991 entre Chávez y la directiva cívico-militar de la vieja guerrilla hicieron aflorar profundas discrepancias sobre la conducción (civil o militar) y la metodología del levantamiento», escribe el investigador Alberto Garrido (2007). La ruptura se concretó. Chávez, a pocos meses del alzamiento, decidió apartarse de quien fue una de sus principales influencias ideológicas y uno de los impulsores y líderes civiles del Movimiento Bolivariano Revolucionario-200. Luego de años de reuniones, encuentros, de discusiones y debates, Chávez decidió que los militares tomarían completamente las riendas del grupo que asediaría al decadente sistema democrático.

El fracaso no es una opción

El triunfo de Peñaloza fue breve. Nuevamente, el mundo parece conspirar a favor de Chávez. Para el momento, el teniente coronel cuenta con un trágico historial. Como punto de comparación, un oficial retirado, cuyo nombre no es relevante, relata que, en sus años de servicio, por emborracharse en una ocasión y cometer una falta, se quedó estancado en el rango de mayor. Sin embargo, Chávez, que contaba con «cinco informes de inteligencia, siete informes de personal (cuatro como insubordinado), tuvo once problemas mayores, dos con gobernadores, seis con generales y tres detenciones» (Peñalver, 2016); pudo ascender, desenvolverse con facilidad y, solo unos días luego de padecer en Cumaná, le otorgaron lo que tanto necesitaba: «Y tres semanas después, el 13 de agosto de 1991, por instrucciones del general Fernando Ochoa Antich (…) me nombran primer comandante del Batallón de Infantería de Paracaidistas Coronel Antonio Nicolás Briceño en el cuartel Páez, en Maracay», cuenta Chávez (Ramonet, 2000).

«El 21 de agosto de 1991, en el cuartel Páez, en Maracay, el teniente coronel Hugo Chávez Frías recibe el cargo de primer comandante del 422° Batallón e inicia su discurso con un pensamiento de Bolívar: "Yo espero mucho del tiempo, su inmenso vientre contiene más esperanzas que sucesos pasados y los acontecimientos futuros deben ser superiores a los pretéritos"» (Zago, 1992).

La nueva designación de Chávez, justo en ese año, fue un obsequio inmenso de los tiempos. Si algo necesitaba el teniente coronel era eso. Toda su vida militar la había diseñado en torno a la conspiración. Y nada tenía sentido si para el momento en el que su plan de ruta lo exigía, él no comandaba ningún batallón.

La decisión la tomó Fernando Ochoa Antich —quien acababa de ser nombrado, como se esperaba, ministro de la Defensa— a través de una resolución que marginaba completamente la autoridad de Peñaloza y de su sucesor, el general Pedro Rangel Rojas. Pero, además, a otros oficiales, todos relacionados con el Movimiento Bolivariano Revolucionario-200, se les otorgó batallones. Finalmente, el grupo de Chávez lograba atravesar el intrincado momento. Todo al mismo tiempo. «Teníamos ya un bojote de capitanes comandando compañías de tanques, de infantería, de cadetes; varios comandantes recibieron batallones, como Francisco Arias Cárdenas, Jesús Urdaneta, Joel Acosta Chirinos, Jesús Ortiz Contreras y otros más», espeta Chávez (Ramonet, 2000).

Al respecto, escribe Peñaloza (2014): «Antes de retirarme dejé listos los nombramientos de los 18 tenientes coroneles que habían terminado su curso de Estado Mayor y eran sospechosos. Todos fueron designados para ocupar cargos administrativos (...) [Pero] Ochoa y Rangel decidieron darles estos cargos delicados a los golpistas a conciencia de que se sospechaba de ellos y yo había dado la orden de ubicarlos en cargos administrativos sin mando de tropas». En la Armada, asimismo, el contraalmirante Hernán Grüber Odremán, relacionado con la conspiración, fue designado como inspector general. Y en la Aviación, Francisco Visconti Osorio esperaba órdenes.

Eran cambios importantes en el Gobierno y en el mundo castrense. Todo, de alguna manera, se adecuaba para la ejecución del golpe con el que se buscaría desestabilizar el sistema democrático. «(...) para ese momento, las Fuerzas Armadas estaban prácticamente en pie de guerra, los conspiradores de 1983 controlaban casi todas las FFAA y para agosto de 1991 Carlos Andrés Pérez estaba condenado a ser víctima de un golpe de Estado (...) Para ese entonces el ministro de la Defensa era el general Fernando Ochoa Antich (...) El general Santeliz [Ruiz, el sobrino del tutor comunista de Chávez], era director de planificación [del despacho de Ochoa Antich] (...) el jefe del Estado Mayor era el general Carlos Santiago Ramírez (...) El general Alexis Sánchez Paz, también conspirador, según Ochoa, era el jefe de Inteligencia del Ejército, y para completar el "cuadro de honor de la conspiración" también tenían infiltrada la Dirección de Inteligencia Militar» (Peñalver, 2016).

El dominio de gran parte de la Fuerza Armada fue un trabajo de décadas. Lo inició la izquierda adoradora de Castro en los 60 y fue escalando. El control se expandió. Hizo metástasis en toda la institución. De alguna forma todos estaban relacionados entre sí. Parecía que, para el momento, el único que desconocía la existencia de una conspiración era el propio presidente Pérez, quien además estaba rodeado por gente como Orlando García Vásquez y Jesús Carmona —el amigo de Chávez, vinculado con Fidel—. «Hasta aquí tenemos claras evidencias de que los puestos claves en educación, juntas de ascensos e inteligencia fueron ocupados e infiltrados por los cabecillas de distintos grupos golpistas, para colocar a sus hombres en puestos de comando», escribe Thays Peñalver (2016).

Ahora ya todo está dispuesto para que se dé lo ineludible. Parecía que a estas alturas ya nada podía evitar que la magullada administración de Carlos Andrés Pérez padeciera lo que por años se tramó. Por primera vez en la historia contemporánea del país, un intento de tomar el poder por la insurrección militar lucía tan bien estructurado. Para pocos era secreto lo que se tramaba y nadie podía impedirlo. El fracaso, en este punto, no parecía una opción para el Movimiento Bolivariano Revolucionario-200. Ahora solo se requiere una fecha.

Víspera del golpe

Las estimaciones no fallaron. El segundo mandato de Carlos Andrés Pérez no disfrutaba de popularidad. Aunque jamás lo había sido realmente. Si bien el candidato adeco recibió un amplio respaldo electoral; una vez asumido el cargo, la ciudadanía sufrió, como un puñal en el pecho, el frío encuentro con la realidad. Y aquello no gustó.

Primero, las medidas económicas aplicadas por el presidente fueron vistas como una suerte de traición. La sociedad, al votarle, esperaba ansiosamente un retorno al populismo y al derroche de los setenta. Pero es que, ni que hubiese querido, Carlos Andrés lo hubiera logrado. El sistema no daba para más. «Luego de terminar su mandato, el presidente Pérez se dedicó a viajar por el mundo, a interactuar con sus amigos. Por ejemplo, él formaba parte de un consejo que era de exjefes de Estado. Yo era su alterno. Lo presidía el excanciller de Alemania. Nos reuníamos con empresarios, embajadores. Pérez no podía ser el mismo andino del primer gobierno. El Pérez que llega al segundo gobierno es un Pérez globalizado. Era casi un liberal», cuenta Diego Arria (2017), quien para el momento era el representante permanente de Venezuela ante la Organización de Naciones Unidas.

Algunos responsabilizan directamente a la forma de cómo se explicaron las medidas económicas. Otros, a cómo se implementaron. Se suponía, entonces, que a una sociedad acostumbrada al paternalismo no se le podía desamparar de un día para otro. Pero tampoco fue lo que se hizo. Aunque se les denominó «políticas de shock», en verdad fue una aplicación gradual. Sin embargo, el rechazo solo se profundizó —sobre todo a raíz del trágico Caracazo.

Durante todo el año 1991, en el círculo de mis amigos, se conversó de la posibilidad de un golpe militar. Quizá los únicos círculos que no hablaban de esto eran los políticos o los funcionarios del gobierno. Cada vez que oía la palabra «golpe» mi corazón se arrugaba. Todo parecía conducir hacia una resolución de ese tipo. La situación política, económica, social, parecía no tener salida. Cada vez que hojeábamos los periódicos nos desplomaba la información acerca de robos millonarios. Eran millones de millones: nuestro presupuesto. Una indignación nos invadía cada mañana, cotidianamente veíamos a políticos de diferentes agrupaciones acusarse unos a otros de ladrones, traficantes de influencias, desfalcadores de nuestras riquezas. Además, cuando no se acusaban entre sí, mentían acerca de sus logros, manipulaban la información, hablaban tonterías en un país donde no estaban pasando bobadas (...) La libertad de prensa llega hasta el momento en que un ministro, un diputado, un senador o el propio presidente llama por teléfono al dueño de un medio y le recuerda lo buenos amigos que son, los impuestos que no ha pagado, el «negocio que tienen pendiente». Un periodista independiente, no «cuadrado» con alguna línea es un «fastidio»; casi un inadaptado social, un desestabilizador; «un tipo que no está con la democracia» (...) si entras a un hospital y no te atienden o te dejan en una camilla por horas, o simplemente te dicen que no tienen con qué examinarte porque el aparato aquel de hacer tomografías está dañado y no hubo presupuesto para componerlo (...) si entiendes que no debes salir de noche o solo, que «debes comerte los semáforos»; que el agua no llegará todos los días y el teléfono te puede comunicar con varias personas a la vez, menos con la que tú quieres, tú sabes, entiendes, no te lo tiene que decir ningún periodista; aquí no hay democracia, solo existe una banda resguardando el poder.

Esa era la percepción que en el momento tenía la exguerrillera y periodista Ángela Zago (1992). Con ella coinciden millones de venezolanos. A pesar de que Venezuela jamás, en toda su historia democrática, había gozado de un crecimiento económico tan grande como el de los primeros años del segundo mandato de Pérez —según el Banco Central de Venezuela, 5,3 % en 1990; y 9,2 % en 1991 (Castañeda)—, el abandono del Estado dolía con mayor fuerza. Para finales de ese año, el nivel de aprobación del presidente se era de 35 % (Gaither, 1992). Pero, además, era un sistema, como señala Zago, corrompido. La política había dejado de ser tal. Con el crecimiento de la economía también aumenta la desconfianza, el resentimiento y la nostalgia. Crece el deseo de volver a tiempos de grandeza. O el deseo de cambio, a cualquier costo.

Los militares lo entienden. Chávez también. Luego de años de trance y agonía, el sistema, decadente, parecía llegar a su fin. Aunque Pérez diera el necesario viraje, la realidad trascendía cualquier política económica. Era una hediondez general. Todo estaba corroído. Apolillado. Sobre la coyuntura, dice Chávez: «El gran viraje fue presentado como un plan de recuperación nacional, basado en una concepción neoliberalista y desnacionalizadora. Las políticas de shock estremecieron el cuerpo social de la patria. Lo demás es historia reciente, dentro de cuya radicalización el movimiento bolivariano fue asumiendo posiciones de actor político, ante la certidumbre del rompimiento expansivo de las fuerzas en pugna» (Zago, 1992).

Asimismo, señala: «(…) la atmósfera política, económica y social se había degradado mucho. El país avanzaba sin rumbo ni timonel. El sistema político se hallaba en putrefacción. El discurso de la clase política del Pacto de Punto Fijo se desgastó por completo, su liderazgo y su demagógico populismo se agotaron. Después del derrocamiento de Pérez Jiménez, Venezuela cayó en manos de una clase política que, sencillamente, se arrodilló ante la burguesía y el imperialismo» (Ramonet, 2000).

A finales de 1991 el país está en víspera del golpe de Estado. Por fin, la ejecución del proyecto esbozado y estructurado por años se iba a dar. Solo se debían pulir los últimos detalles. «Los militares acentúan sus reuniones entre Maracay y Caracas, Caracas y Maracay. De igual forma se reúnen los integrantes de Valencia, todos quieren actuar, hay que acabar con lo que ellos denominan una dictadura. Según los oficiales, no existe nada que explique que este sistema sea democrático y, por lo tanto, legal y constitucionalmente consideran que deben actuar: lo han jurado ante la institución y ante su movimiento. Se fija una nueva fecha para la rebelión, esta vez se considera que el levantamiento debe ser el 17 de diciembre», señala Zago (1992).

«Ese día yo incluso tenía una unidad de tanque. En la madrugada llega Blanco La Cruz y me dice: "Mira, el golpe se abortó". Y yo: "Coño, pero ya yo estoy como evidenciado que voy al golpe". Esa noche yo entré en el radar», relata el oficial Clíver Alcalá (2017). Hubo una delación que impidió que se ejecutara. «Además, el teniente coronel Francisco Arias Cárdenas debe realizar un viaje de unos 20 días a Israel y por ello, dado que es precisamente este oficial el encargado de la rebelión en el occidente del país, definitivamente se pospone» (Zago, 1992).

Serán días tensos. Cualquier acto, desfile o aparición pública de Pérez podía ser la oportunidad pertinente. Sin embargo, se impone la idea de que la ausencia del presidente conviene más.

El tío llega el cuatro de febrero

Los oficiales comprenden que el golpe se llevará a cabo. Saben, igualmente, que las posibilidades de fracasar no existen. Pero el éxito acarreaba una responsabilidad. No era simplemente ejecutar el asedio definitivo al sistema democrático venezolano. El mismo debía ser suplantado, y entonces, «a finales de año los líderes golpistas se ocupan del día después, de la Venezuela que vendría tras el golpe», escriben Barrera Tyszka y Marcano (2012).

«En noviembre, le encargan a un intelectual que militó en la juventud comunista y fue uno de los fundadores del Partido de la Revolución Venezolana, que ponga sobre papel el marco jurídico y la estructura organizativa del régimen con el que pensaban sustituir a la administración de Carlos Andrés Pérez. Se trata de Kléber Ramírez Rojas» (Barrera Tyszka, 2012).

La decisión de elegir al comunista también era un acercamiento a los civiles de izquierda que meses antes habían marginado, pero sería por intereses particulares. Kléber era amigo de Douglas Bravo y de Alí Rodríguez Araque, también fue guerrillero y colaboró en la construcción del bolivarianismo. La idea que se establece es la transformación de la estructura económica del Estado bajo las guías estratégicas de producción de alimento, ciencia y tecnología. Según el general Peñaloza (2014), lo que también se plantea es una transición similar a la que llevó a cabo Fidel en Cuba. Aparentemente se designaría a un mandatario civil y se iría, poco a poco, desmontando el sistema democrático. Luego, el mismo Chávez confesaría que, una vez en el poder, se iba a convocar a una Asamblea Nacional Constituyente (Peñalver, 2016).

«Los planes siguen. El 31 de diciembre hay reuniones en Caracas y Maracay. El primero de enero, Hugo Chávez se reúne en Barquisimeto con Francisco Arias y Kléber Ramírez para afinar detalles», apuntan Barrera Tyszka y Marcano (2012). Se logra acordar que Hugo Chávez y Yoel Acosta tomarán Caracas. Jesús Urdaneta Hernández estará en Maracay y Francisco Arias Cárdenas en Zulia. Además, se trazan las líneas de acción. La idea era dar el golpe con la menor cantidad de bajas posibles (Alcalá, 2017). «La Guardia de Honor tenía la responsabilidad de detener al presidente en La Casona y en el Palacio de Miraflores; estaban juramentados doce oficiales de la Guardia de Honor del presidente» (Zago, 1992).

«Enero se consume y no hay tiempo que perder. Chávez sabe que para el 15 de febrero tienen pensado trasladarlo lejos, a la población occidental de El Guayabo, en la zona fronteriza con Colombia. "Por esta razón, hablé con Arias y Urdaneta y les expuse que si no nos alzábamos en esos 15 días siguientes, no podríamos hacerlo", señala Chávez» (Barrera Tyszka, 2012).

Todos los años, desde 1971, se celebra en Davos, Suiza, el Foro Económico Mundial. Normalmente se lleva a cabo a finales de enero y a principios de febrero. Se sabía que el presidente Pérez viajaría —y más ahora, con la intención de exponer los logros de sus políticas económicas—. Esa sería la ocasión. «El jueves anterior a la semana del 4 de febrero nos vimos por última vez todos en Caracas, y me dejaron la responsabilidad de decidir la fecha. Esa decisión iba a depender del día que llegara Pérez. Estuvimos alerta desde el jueves 30», dice Chávez (Muñoz, 1998).

A Douglas Bravo le informaron que el golpe se ejecutaría el 7 de febrero —estando al tanto de que era improbable que el presidente llegara ese día—. El Partido de la Revolución Venezolana se mantendría expectante, pero sería sorprendido. La fecha fue otra.

«Yo estaba en contacto con el teniente Pérez Ravelo "El Indio", un oficial de la Casa Militar en la presidencia, encargado de darme la señal del regreso de Pérez (...) Estuvimos reunidos con nuestra gente de la Fuerza Aérea, Luis Reyes Reyes, Francisco Visconti. Y el domingo [dos de febrero], al filo de medianoche, creo, Pérez Ravelo me llamó. En clave, me dijo: "Mi tío llega a tal día, a tal hora…". Al saber que el presidente aterrizaba en la madrugada del 4 de febrero, decidimos activar la operación y que la acción sería esa misma noche, antes del amanecer del día 4», cuenta Hugo a Ignacio Ramonet (2000).

Todo estaba preparado. La suerte está echada. En 1988 los votantes eligieron a Carlos Andrés Pérez. Pudo haber sido otro. Cualquiera. Pero lo tocó a Pérez, el mismo que unos años atrás había entregado a Chávez el sable en la Academia Militar. Ahora el teniente coronel empuñaría las armas para intentar derrocar su gobierno. Para desestabilizar la democracia y para consolidar, de una vez por todas, el trabajo de años.

La rebelión paso a paso: Operación Ezequiel Zamora

A Ángela Zago (1992), Hugo le narra su versión:
El mediodía del lunes 3 de febrero de 1992, el almuerzo fue mucho más apresurado que de costumbre. Bajé la escalera circular que conduce hacia el patio de armas del vetusto cuartel Páez, en el centro de Maracay. Saludé a las tropas del Batallón de paracaidistas, ya listo para entrar en acción y salí velozmente hacia el cuartel San Jacinto, sede del comando de la Brigada de Paracaidistas, donde mis compañeros de promoción, los comandantes Jesús Urdaneta Hernández y Yoel Acosta Chirinos se encontraban haciendo los últimos preparativos para la movilización militar que aquella noche se iniciaría y que llevaba el nombre de Operación Ezequiel Zamora.

Los Batallones de Paracaidistas José Leonardo Chirinos y García de Sena, comandados por Acosta y Urdaneta, estaban igualmente prestos para la acción.

En San Jacinto estaba también el comandante Jesús Ortiz Contreras, quien con parte de su Batallón de Cazadores Género Vásquez, preparaba una operación aerotransportadora para el día siguiente, la cual debe haberse llevado a cabo en las sabanas de Las Peonías, en las inmediaciones de El Pao, en el estado Cojedes. Esa operación fue precisamente la sombrilla bajo la cual se haría posible la movilización de tres batallones de paracaidistas sin despertar sospechas.

(...) Los cuatro comandantes caminamos bajo los frondosos samanes del viejo Haras de San Jacinto y evaluamos por última vez el plan Zamora. Diez años

antes, en aquellos mismos espacios verdosos había estado, cuando llevaba el grado de capitán, cargado de sueños y con infinitas esperanzas en que la dirigencia política y militar pudiese sacar al Ejército y a la patria de Bolívar del atolladero en que ya para entonces se encontraba.

Pero no, aquello no fue posible. Simplemente habían cruzado junto a todo un pueblo desierto de una década pérdida. Faltaba entre ellos un compañero, un combatiente, quien, de no haber muerto en El Caracazo, de 1989 [Felipe Acosta Carlez], seguramente hubiese también caminado aquel mediodía entre soldados que corrían, presurosos, en busca de su patria.

Todo estaba listo en San Jacinto. Ortiz y yo nos dirigimos, entonces, poco antes de las 14:00 horas, a la Base Aérea Libertador, en Palo Negro. Allí se llevó a cabo el rutinario intercambio de información con los pilotos de la Fuerza Aérea que intervendrían en la nunca ejecutada operación aerotransportadora del día siguiente en el llano. El control de aquella base aérea era vital para la conducción de la operación Zamora, así que aprovechamos la ocasión para hacer los últimos contactos y reconocimientos en la mayor base aérea del país.

A las 15:50 me excusé y salí al Banco Latino a retirar los fondos que reuní allí en fideicomiso, lo único que podía dejar a mi esposa y tres hijos para sobrellevar la vida en los días venideros.

Aquella noche los envié a Sabaneta de Barinas, en un viaje sorpresivo.

A las 20:00 horas, el cuartel Páez ya era insurgente y la actividad en el patio era arrolladora. Reuní a todos mis oficiales y tropas y les expliqué los motivos de la acción militar que estaba por iniciarse. Ninguno de mis hombres quiso quedarse.

A las 21:30 horas, se abrió la reja del campo de béisbol, el mismo donde hacía unos 14 años atrás había jugado béisbol en innumerables ocasiones en la Liga de Ascenso de Aragua, siendo teniente de blindados. Por allí salieron en columna abierta los catorce autobuses de varias líneas extraurbanas, alquilados para el traslado, supuestamente hasta la Base Libertador.

Supervisé la salida de cada vehículo y me incorporé a la marcha. A las 22:30 salió el grueso del Batallón, rumbo a Caracas.

Luego de superar algunos problemas en la autopista, los cuales retardaron la marcha, entramos a Caracas casi a las 1:00 horas, del 4 de febrero, ya en pleno enfrentamiento.

Como estaba previsto en el plan de operaciones Zamora, me dirigí directamente a la colina de La Planicie, la cual debería haber estado a esa hora ya tomada por las tropas bolivarianas de Caracas, así como el Observatorio Cajigal y las alturas de El Calvario. En esas elevaciones funcionaría el puesto de comando principal, cuyo teatro central de operaciones comenzaba por el sur en el Campo de Carabobo, por el este en San Juan de los Morros, por el oeste en Puerto Cabello hasta Caracas por el norte.

Sin embargo, al llegar a La Planicie con un oficial y tres soldados, me conseguí con que aquel punto crítico estaba controlado, pero por tropas leales al gobierno, lo cual por poco ocasiona la muerte o captura del grupo comando, en una confusión que degeneró en un nutrido intercambio de disparos.

A través del diálogo se calmó la situación: el jefe de aquella tropa creyó que estaba rodeado por un batallón de paracaidistas y por ello aceptó recoger a sus hombres, los cuales fueron remplazados por un grupo de 40 paracaidistas que llegaron de manera coincidencial a las 2:00 horas.

Todo continuó, sin embargo, en una gran incertidumbre, pues los enlaces no funcionaron, así como tampoco las comunicaciones por radio, y que el equipo vehicular multicanal que ha debido ser llevado allí, con personal especializado, no pudo llegar por la delación temprana de la operación en Caracas.

Después de una serie de situaciones y haber logrado enlaces telefónicos con Maracay y algunos puntos claves, entendí que el objetivo político no había sido logrado y además se alejaba del alcance de nuestras fuerzas.

Cuando amanecía, informaciones de Maracay indicaban que ya no había control de la Fuerza Aérea, la cual despegó varios F-16 para bombardear nuestras unidades, como en verdad lo hicieron durante esa mañana.

La situación en Valencia era crítica, los F-16 habían comenzado a disparar sobre el comando de la Brigada Blindada y el control total de la situación estaba en manos de los oficiales bolivarianos (capitanes Jiménez, Giusto, Luis Valderrama y Arteaga Páez). Me comuniqué con ellos telefónicamente a las 12:20 horas, informándoles de nuestra decisión de deponer las armas.

«Patria», me inquirió Valderrama, como santo y seña.

«Páez» fue mi respuesta.

Por otra parte, a consecuencia de no haber controlado los medios de comunicación debido a la temprana delación y bloqueo de las unidades de Caracas, la población no salió a manifestar apoyo abiertamente. Un pueblo expectante, incrédulo, atemorizado por el fantasma del 27 de febrero, se quedó en sus casas en espera de los acontecimientos. La población no nos conocía, ni sabía cuál era nuestra forma de pensar.

Así que aproximadamente a las 9:00 horas, aislado totalmente en el Museo Histórico Militar y con la única alternativa de lanzar un ataque a Miraflores, el cual hubiese sido suicida y habría ocasionado una verdadera masacre entre oficiales y soldados del mismo Ejército, pero sobre todo de hombres, mujeres y niños que conformaban parte de la población civil interpuesta y circundante, todos los oficiales que se habían ido replegando hacia la colina de La Planicie estuvieron de acuerdo con la rendición (...).

El brazalete tricolor: fracaso físico en Caracas

El golpe fracasó. El Gobierno de Carlos Andrés se salvó. Luego de años de haber estado planeando cuidadosamente la ejecución de la insurrección; primero cívico-militar, y, luego, solo acompañada por funcionarios del mundo castrense. Ese 4 de febrero de 1992 no hubo victorias físicas.

«La noche del 4 de febrero fallaron mucho las comunicaciones. No hubo ningún éxito, porque fue una derrota militar. Duró poco tiempo el golpe, fueron menos de doce horas», dice al respecto el oficial Clíver Alcalá (2017). Chávez coincide y dice que ese día fallaron las comunicaciones; pero, además, se habla de una delación. De hecho, escribe la periodista Zago (1992): «¿Por qué un movimiento que tiene años de organización y planes teóricos de rebelión que van más allá del actual período constitucional fracasa? (…) La delación (…) La delación fue sobre Caracas, los delatores nunca imaginaron que el Movimiento Bolivariano Revolucionario-200 se moviera en todo el país; por ello las operaciones de Maracaibo, Valencia y parte de Maracay fueron exitosas».

En 1977 nació la primera logia de Hugo Chávez, el Ejército de Liberación del Pueblo Venezolano. De ahí en adelante, el desarrollo fue gradual. Se está hablando de un trabajo de unos 15 años. La captación fue ardua y la complicidad, dentro de las Fuerzas Armadas, igual. En el último año, la connivencia, reforzada por el intenso trabajo de infiltración, permitió a los oficiales del Movimiento Bolivariano Revolucionario-200 ubicarse en posiciones privilegiadas y convenientes para la ejecución del golpe. Sin embargo, al final, el intento de deponer el sistema democrático falló.

Pero solo fracasó en Caracas, como acertadamente apunta Ángela Zago. Y en la capital estaba era Hugo. El argumento: una delación. Pero las probabilidades son reducidas, ¿cómo iba a ser delatada una rebelión de la que prácticamente toda la Fuerza Armada estaba al tanto y andaba involucrada? El otro argumento, es que las comunicaciones fallaron esa noche. Que el teniente coronel no pudo comunicarse con su tropa. Sin embargo, puede que no haya sido exactamente así.

De hecho, el golpe sí fue prácticamente exitoso. «Pero la verdad es que a las 12:30 am del día 4 de febrero, todos los objetivos en la ciudad de Caracas y a nivel nacional que dependía de los demás comandantes sí se "habían cumplido". Por algunas horas el golpe se había desarrollado de acuerdo a los planes», escribe la investigadora Thays Peñalver (2016).

Hubo poca resistencia. Fue una conspiración masiva que contaba, además, con el favor de una condición social que afectaba también a los militares que no estaban vinculados con el movimiento. En Maracay y en Zulia, ambas guarniciones de una importancia sustancial, los objetivos se cumplieron de forma cabal. Y en la capital el trabajo era menos arduo. Sobre la Guardia de Honor recaía la mayor responsabilidad, que era la detención del presidente Pérez. «Mientras, los batallones de Caracas simplemente rodearían la residencia para garantizar disuadir cualquier posible acción» (Peñalver, 2016).

Hugo «estaría completamente alejado de la acción, porque todo ocurriría en La Casona. La realidad es que contaban con los batallones Ayala y Bolívar para tomar Miraflores, mientras Hugo Chávez se había autoasignado el Museo Histórico, pero no para comandar todo el golpe desde allí, como pasó a la historia, sino los objetivos de sus hombres», apunta Peñalver (2016). El teniente coronel le había dejado el resto del trabajo en Caracas a Yoel Acosta Chirinos. Chávez debía, entonces, hacerse cargo de la situación en el centro de Caracas; específicamente en el Palacio presidencial.

El Museo Histórico Militar queda en La Planicie, elevado en una montaña de la capital, desde donde se observa el palacio de Miraflores —queda a menos de 2 kilómetros del Palacio presidencial— y otros puntos de la ciudad. Ahí se instaló Chávez esa noche con sus tropas. Luego, fue apoyado por el capitán Francisco Javier Durán Centeno. Para la una de la mañana, «el Ministerio de la Defensa y las alcabalas en Fuerte Tiuna estaban bajo el control de los golpistas y sus oficiales estaban detenidos. La Base Aérea Libertador se había entregado sin resistir y al personal del canal VTV, el pelotón de paracaidistas al mando del subteniente Centeno lo tenían sometido» (Peñalver, 2016). Ahora solo faltaba el presidente.

Carlos Andrés Pérez había llegado de Davos al aeropuerto de Maiquetía, a las 10:10 de la noche. Se sorprendió cuando fue recibido por el ministro de la Defensa, Ochoa Antich. «Al darse cuenta de mi presencia, su rostro mostró cierta preocupación, pues no era normal que el ministro de la Defensa esperara al presidente de la República al regreso de sus viajes», relata Ochoa (Antich, 2007). El general ya había recibido la información de que posiblemente esa noche se llevaría a cabo un plan para intentar asesinar al mandatario. Estando en el vehículo con Pérez, el ministro le transmitió la información. Era la primera vez que Ochoa Antich le hablaba al presidente sobre lo que otros oficiales habían denunciado por años.

Carlos Andrés Pérez pudo llegar a La Casona temprano, sin ningún problema. Estando ahí, el ministro de la Defensa vuelve a comunicarse con él y le confirma que, efectivamente, se estaba dando un alzamiento militar en Venezuela. «Salga usted hacia el Ministerio de la Defensa, que yo me trasladaré a Miraflores», le dijo el presidente a Ochoa Antich (2007). Casualmente, justo cuando el mandatario salía de la residencia presidencial de La Casona, el golpista Rodríguez Torres también llegaba con su compañía. «(...) me fui avanzando agachado hacia el frente de La Casona para observar los movimientos. Las puertas estaban cerradas y se observa mucho movimiento y luces de patrullas de la residencia. En el momento que me vuelvo al autobús y ordeno a los oficiales bajar al personal de tropas, salió la caravana presidencial y pasó frente a mí a alta velocidad sin darme tiempo de reaccionar, ya que aún la tropa estaba dentro del vehículo. Dije en alta voz: "¡Qué vaina, se me escapó este degenerado!"», cuenta el oficial (Zago, 1992).

Pero Carlos Andrés se dirigía a Miraflores, donde se suponía que estaba el Batallón Bolívar y las tropas de Chávez. El presidente iba en la caravana a meterse en camisa de once varas. Pero nada ocurrió. Por alguna razón, Pérez pudo entrar con facilidad al palacio presidencial. De hecho, luego pudieron llegar el gobernador de Caracas, Antonio Ledezma, y el jefe de Acción Democrática, Luis Alfaro Ucero. Estando en el palacio, el presidente volvió a comunicarse con el ministro de la Defensa, quien le informó con angustia: «Están atacando La Casona» (Antich, 2007). Justo en ese momento se estaba generando un intenso enfrentamiento en la residencia presidencial «entre golpistas (...) y agentes de la Dirección de los Servicios de Inteligencia y Prevención [Disip]. La primera dama, Blanca Rodríguez de Pérez, se suma junto a una de sus hijas a las fuerzas que resisten el combate» (Barrera Tyszka, 2012). Los militares disparaban hacia la casa en la que se encontraba la esposa, hija y nietos del presidente de la República. Actos imprudentes, para unos golpistas que aparentemente no querían asesinar.

«También hay intercambio de disparos en la base aérea Generalísimo Francisco de Miranda, más conocida como aeropuerto La Carlota. La instalación, ubicada en el este de la capital, ha sido tomada por el comandante Yoel Acosta Chirinos. El traqueteo de las armas se instala en los tímpanos. Los caraqueños que viven en los alrededores van entendiendo que no se trata de una incursión más de la vigorosa delincuencia común», escriben Barrera Tyszka y Marcano (2012). Unos minutos después del asedio a la residencia presidencial, Pérez vuelve a comunicarse con el ministro de la Defensa: «Ochoa, están atacando Miraflores. Escuche» (Antich, 2007).

Cuando llegó el presidente, en el palacio no había nadie. Luego, aparecieron tres tanques. Uno de ellos, intentó con impericia entrar a Miraflores por la puerta principal. Una ineptitud que quedó retratada por los medios locales. Aquellas imágenes se difundían para despertar la indignación y el escepticismo. Pero no atacan. Los tanques no disparan y, además, no reciben apoyo de tropas. «Sentí demasiada impotencia. Estaba en medio de la balacera, nos estaban cayendo a plomo parejo y ese tanque no disparaba», cuenta el teniente Rubén Alfredo Ávila (Peñalver, 2016).

Hasta este momento Hugo sigue en el Museo Histórico y sus tropas continúan sin actuar. Los tanques estuvieron en el Palacio Presidencial, intentado inútilmente entrar, y se tuvieron que marchar a apoyar a Acosta Chirinos en La Carlota. Todos los otros cinco objetivos en la capital, o habían sido tomados, o estaban en proceso. Solo faltaba Miraflores. Quizá las comunicaciones sí estaban fallando, como el teniente coronel argumenta.

Pero esa noche, Chávez contaba con un sistema de comunicaciones completo en el Museo. Desde ahí pudo contactar a otros miembros de la conspiración, a sargentos, a coroneles y hasta al Ministerio de la Defensa. Incluso, Hugo habló con su amante, Herma Marksman, y con Yoel Acosta. Pero no solo las comunicaciones del teniente coronel parecían funcionar; sino las de todo el país. «(...) el Museo tenía teléfono, los cuarteles tomados tenían teléfonos, él tenía un sistema de comunicaciones completo y nadie estaba incomunicado. En varios relatos se narra que esa madrugada se cruzaban las llamadas telefónicas a nivel nacional (...) los generales se comunicaban con sus superiores avisando quiénes estaban detenidos y entre ellos se llamaban para informarse de la situación. Los presidentes Caldera y Luis Herrera llamaron al ministro de la Defensa. Igual que los ministros, políticos, sacerdotes, militares (...) lograron obtener los teléfonos privados del despacho. Hasta el doctor Rafael Pardo Rueda, ministro de la Defensa de Colombia, se comunicó con el ministerio (...) En fin que todos hablaron con Chávez y este atendió el teléfono a todos, menos a los suyos, quienes jamás lograron hablar con Hugo Chávez aquella noche», escribe Thays Peñalver (2016).

Y en la sede de la Presidencia, Pérez era un objetivo fácil. No estaba muy resguardado. De hecho, frente a la falta de protección, el mismo mandatario tuvo que empuñar una ametralladora aquella noche. Al final, luego de que se retiraran los tres tanques, llegó el capitán Rojas Suárez con su batallón y su vehículo blindado a Miraflores: «(...) no teníamos infantería (...) El fuego de los soldados de la Guardia de Honor era muy impreciso, pero estábamos bajo fuego cruzado; encendí mi radio y traté de comunicarme con el teniente coronel Chávez, quien debía estar en La Planicie, para pedirle urgentemente refuerzo de infantería» (Zago, 1992).

El apoyo de Chávez nunca llegó y al final, fueron pocos los que tuvieron que enfrentarse a los que protegían a Carlos Andrés Pérez —un número mucho más reducido, de hecho—. Quienes intentaron tomar Miraflores «fueron dos capitanes pertenecientes a la Escuela de Infantería, junto con cuatro tenientes, un sargento y un puñado de hombres dentro de las tanquetas cuya finalidad era apoyar a unas tropas de infantería que nunca llegaron» (Peñalver, 2016). Mientras, el presidente era resguardado por el anillo de seguridad civil y unos pocos hombres de la Guardia de Honor que no se habían prestado para el alzamiento.

«En total, no más de una docena de hombres agazapados junto a dos guardias nacionales era todo lo que [protegía a Pérez] (...) Buena parte de la Guardia de Honor y uno de los edecanes estaban implicados en el golpe (...) pero, sobre todo, en Miraflores nunca activaron el plan de defensa inmediata. Mientras los pocos escoltas trataban de detener a los insuficientes golpistas (...), el anillo de seguridad que lo protegía se había reducido a él mismo armado con una ametralladora, su jefe de escolta civil, su edecán, un guardia nacional y el jefe de su escolta militar» (Peñalver, 2016). Mientras, Chávez, desde el Museo Histórico, observaba los enfrentamientos a través de binoculares. Veía los heridos, los muertos, los disparos y no actuaba. Tenía bajo su poder tres compañías que servirían de apoyo; pero los refuerzos jamás llegaron. A pesar de que sus compañeros, que se enfrentaban a tiros con la poca seguridad del presidente, solicitaban refuerzos.

«Allí se encontraba Hugo Chávez. Se veía pálido. Observaba con binóculos los combates que se desarrollaban en los alrededores de Miraflores, pero no tomaba ninguna decisión. Algunos vehículos blindados tipo Dragón disparaban sobre el regimiento de la Guardia de Honor. Le hice ver que estaba perdiendo un tiempo precioso, ya que la inmovilidad de los vehículos blindados indicaba que estaban siendo fijados por fuego (...) Era imprescindible apoyar con infantería a los vehículos blindados para poder aprovechar el poder de choque». Ese es el testimonio de Marcos Yánez Fernández, el jefe del Museo Histórico Militar, quien tuvo el privilegio de observar a un Chávez como jamás nadie lo había visto (Peñalver, 2016). «Hugo se encontraba a setecientos metros de su objetivo, sus compañeros le imploraban refuerzos y él sencillamente estaba petrificado», añade Peñalver (2016).

Al ver que los refuerzos jamás llegaron, y que estaban prácticamente solos, un grupo de siete hombres decidió entrar al Palacio de Miraflores a capturar al presidente. «En los primeros momentos de la acción hirieron a dos oficiales y a mí en las operaciones en el interior del palacio de Miraflores y la Guardia de Honor. Comenzamos a ser dirigidos por los valientes capitán Aguilera, capitán Suárez Montes, mayor Díaz Reyes y el sargento Alexander Freites. No triunfamos en la operación militar porque no quisimos matar a nuestro pueblo engañado, esos soldados de la Guardia Presidencial que son pueblo; teníamos suficiente poder de fuego para destruir el palacio de Miraflores y las instalaciones de la Guardia de Honor. La misión era capturar vivo al dictador, pero el azar de la vida le dio otra oportunidad. Se fue por un túnel, el cual, por un tanque accidentado, no pudimos bloquear. Fue en el momento en que vi al presidente Carlos Andrés Pérez a pocos metros de nosotros, cuando recibí un balazo en la cabeza», relata el capitán Ronald Blanco La Cruz (Zago, 1992).

Los golpistas insisten en que jamás la intención era asesinar. Se intentaba limitar las bajas; sin embargo, los hechos sugieren lo contrario. Antes de que el grupo de siete hombres entrara a Miraflores, «habían vaciado sus ametralladores de alto calibre sobre el despacho, tratando de atravesar sus ventanas desde la parte de afuera sin mediar discusión alguna» (Peñalver, 2016). Esperaban que allí se encontrase Pérez. «En total, 263 impactos de bala fueron contabilizados en las paredes y ventanas que habían sido instaladas y reforzadas por los estadounidenses apenas unos meses antes», escribe la investigadora Thays Peñalver (2016). Y, además, aunque no dio la orden de apoyar a quienes se enfrentaban a la guardia del mandatario, Chávez sí pudo comunicarse con otros batallones para solicitar artillería, morteros y apoyo aéreo. Todo con el fin de atacar la sede de la presidencia de Venezuela. Por último, en La Casona, donde se encontraba la familia de Pérez, también corrió sangre. Noche trágica para el país. Sí se intentó asesinar.

El presidente logró huir de Miraflores y fue al medio Venevisión, desde donde intentó solicitar calma y cordura por una situación que, aparentemente, tenía controlada —aunque no fuese cierto—. «El mandatario logra escapar por la puerta del estacionamiento, atravesando pasillos subterráneos. Carratú guía a Pérez y lo sube a un Ford LTD gris, con placas particulares (…) El auto con los seis hombres bordea las faldas del cerro El Ávila y, faltando minutos para la una de la madrugada, llegan sin aliento a la televisora, en el vecindario Las Palmas», relatan Barrera Tyszka y Marcano (2012).

Chávez está en el Museo Histórico. No ha actuado. En cambio, mantiene el televisor encendido porque espera, en cualquier momento, aparecer en pantalla. Se supone que sus hombres ya tomaron la televisora estatal VTV y transmitirían un mensaje que ya había sido grabado. «(…) pero no saben cómo transferir el video en formato U Matic, un procedimiento simple que desconocen. Y se conforman con la explicación del personal técnico de la planta: "No se puede"» (Barrera Tyszka, 2012). En cambio, Chávez es sorprendido. Carlos Andrés, en Venevisión, es respaldado por el otro personal técnico, quienes a la 1:15 de la mañana sí transmiten su mensaje:

El regimiento de paracaidistas de Aragua, desacatando su juramento y los mandatos de la Constitución, se alzó contra la Constitución y los poderes legalmente constituidos. Pretendieron por sorpresa tomar el palacio de Miraflores y La Casona (…) Me dirijo a todos los venezolanos, para que juntos repudiemos este hecho, para que digamos de una vez por toda que en Venezuela es el pueblo quien manda y quien conduce los destinos de la nación, y que su presidente cuenta con el respaldo de las Fuerzas Armadas y de todos los venezolanos (…) todo el país junto con las Fuerzas Armadas formemos un solo as para enfrentar esta intentona que traiciona los mejores y más legítimos intereses de Venezuela (…) Su obediencia es para conmigo, para quien tiene el mandato del pueblo (24, 2013).

La aparición en pantalla de Pérez fue un torpedo tajante para la sublevación. Hugo se había quedado esperando su excelsa presentación a la opinión pública; en cambio, la exposición del mandatario evidencia que se le ha escapado. Ya no estaba en Miraflores. Y su único objetivo ha fracasado. Jamás actuó. Siempre estuvo en el Museo Histórico, con una única responsabilidad. «Así que Hugo, al no llegar con su batallón para tomar el poder, terminó formando parte del grupo de trece comandantes que dejaron de actuar aquella noche durante el golpe de Estado», asevera Peñalver (2016).

Entonces, a pesar de que en el resto del país los golpistas habían triunfado; por alguna razón Chávez siente que el movimiento ha salido abatido. Aunque, como los hechos demuestran, el único fracaso fue el de él; pero pretende llevarse consigo a la masiva y eficiente rebelión —y se debe señalar que Pérez estaba en Venevisión, en un canal de televisión, no más protegido que cuando estaba en Miraflores—. «Poco antes de las 3:00 am, Chávez logra hablar por teléfono con Ortiz [quien estaba en Valencia, y había sido exitoso]», le dice que las comunicaciones han fallado y le habla de un fracaso general, «(…) Entonces, según la versión del propio Chávez "comenzó a desmoronarse el plan de operaciones, incomunicados, rodeados, la gente de Miraflores no concretó (…)"», señalan los escritores de *Hugo Chávez sin uniforme* (Barrera Tyszka, 2012).

A partir de ese momento, el teniente coronel sentencia la derrota, aunque esta realmente no había llegado. Pérez salió en televisión para expedir cierta tranquilidad; pero no controlaba nada. Por el contrario, los golpistas sí lo hacían. Pero Chávez decide que todo se acabó. Empieza a desmontar al movimiento, tramado por años, que tan cerca estuvo de la victoria.

Ese día será recordado por las bajas y la sangre que corrió. Irrumpió ese 4 de febrero el mismo brazalete tricolor que treinta años atrás había empuñado un grupo de militares, golpistas y también comunistas. Pero ambos fracasados. Había sido un trágico fallo físico. No lograron capturar al presidente. Chávez no actuó, como si hubiese querido evitar el triunfo. O tal vez sabía que el éxito no vendría por algún logro militar. Quizá estaba al tanto de que todavía existía la posibilidad de conquistar un logro mucho mayor y capaz de trascender cualquier golpe de Estado o toma del poder por la vía violenta.

El brazalete tricolor: la verdadera victoria

Así continúa Chávez relatando su versión a Ángela Zago (1992):

(...) Así que ante el general Guillermo Santeliz Ruiz, depuse las armas y fui llevado, armado aún con mi carabina 5,56, boina roja y brazalete tricolor. El doctor... condujo mi vehículo. Crucé Caracas y miré ausente, con mil pensamientos de tantos años cruzados en mi mente. Pasé por la autopista. El Cementerio General del Sur donde está enterrado el «Látigo» Chávez, los túneles, el laguito del Círculo Militar, el Fuerte Tiuna, el Ministerio de la Defensa. Desde allí me dirigí a mis compañeros de armas, ordenando la rendición en cadena televisiva aproximadamente a las 12:00 horas. No hubo esta vez almuerzo apresurado. Veinticuatro horas habrán pasado, con la lentitud pasmosa de 24 siglos. Vendrán nuevas situaciones y el país debe enrumbarse definitivamente hacia mejores destinos.

Hugo se desmoralizó cuando se dio cuenta de que no había logrado atrapar —o asesinar— a Carlos Andrés Pérez. Responsabiliza a las comunicaciones; pero se sabe que nada falló en ese ámbito. Hablan de delaciones, aunque de la única traición que se sabe es una de un capitán que era miembro del Movimiento Bolivariano Revolucionario-200 y que ese 3 de febrero ofreció información muy vaga e incompleta a los servicios de Inteligencia (Barrera Tyszka, 2012). Lo que realmente ocurrió fue que, sobre quien recaía la mayor responsabilidad no actuó aquella noche. Se puede especular sobre las razones: cobardía o fue premeditado. No se sabe. Cada vez que se le pregunta al respecto, el teniente coronel Chávez altera la versión.

En un momento de intrepidez —o quizá no—, el ministro de la Defensa llega a Miraflores, junto con su director de planificación, el general Ramón Guillermo Santeliz Ruiz. Al amanecer, contactan a Hugo Chávez por teléfono, demostrando nuevamente la eficacia de las comunicaciones aquella noche. «La conversación duró cerca de diez minutos: "Chávez, la situación está totalmente controlada por el Gobierno. Lo estoy llamado desde Miraflores. Ríndase, para evitar que continúe el derramamiento de sangre. Reflexione. Piense en sus deberes militares". "Mi general, no me voy a rendir. Tenemos el control de importantes guarniciones y los combates serían largos y costosos". "Chávez, le repito, la situación está totalmente controlada por el Gobierno nacional. Ríndase". "Mi general, ¿por qué usted no viene hasta aquí para que conversemos personalmente?"», relata Ochoa Antich (2007) la conversación. Pero el ministro de la Defensa miente. Para las cinco de la mañana, los golpistas todavía mantienen controlado casi todo el país.

«En ese momento vi pasar al general Ramón Santeliz Ruiz, quien por iniciativa propia se había trasladado al palacio de Miraflores (…) Al verlo, recordé que él era amigo personal de Hugo Chávez. "Chávez, aquí está el general Ramón Santeliz Ruiz. Lo voy a enviar a conversar con usted las condiciones para su rendición"», continúa el ministro de la Defensa (Antich, 2007). Entonces el sobrino de su mentor José Esteban Ruiz Guevara y Hugo se vuelven a reencontrar esa mañana.

Santeliz Ruiz había sido un conspirador toda su vida. Relacionado estrechamente con William Izarra, con Chávez y con Douglas Bravo. Ahora estaba en el Museo Histórico Miliar, aparentemente negociando la entrega del teniente coronel. «"Ahora sí estoy pensando en la rendición", les dijo Chávez. Pidió que le garantizaran su vida y la de sus soldados. Y no quiso entregar en ese momento su fusil porque estaba convencido de que habían dado orden de matarlo. Su amigo [Santeliz Ruiz] no solo le concede lo que pide y se compromete a llevarlo protegido hasta la base militar Fuerte Tiuna, sino también le otorga un misterioso paréntesis: el rendido y sus "custodios" salen solos en el carro del general, manejado por Altuve. Y demoran casi dos horas en llegar cuando el trayecto no toma más de 15 minutos. ¿Qué hicieron en ese tiempo? Hay quienes especulan que se habrían dedicado a destruir documentos y evidencias comprometedoras», escriben Barrera Tyszka y Marcano (2012). Hugo llegó a las 9 de la mañana a Fuerte Tiuna, junto con Santeliz Ruiz y el ingeniero Altuve —sobre quienes el director de Inteligencia Militar para el momento, Herminio Fuenmayor, diría: «(…) esa cuerda de bandidos eran los jefes [del movimiento] y Chávez era apenas un teniente coronel que les obedecía a través del general Guillermo Santeliz Ruiz, que era asimismo el oficial de enlace entre la gente de Chávez y aquellos» (Peñalver, 2016)—. Ya había negociado su rendición; pero, al mismo tiempo, la de todo el movimiento.

Se sabe que Chávez es uno de los principales líderes del alzamiento. Sin embargo, no todos estaban al tanto de ello. Eran varios los comandantes. Estaban Arias Cárdenas, Acosta Chirinos y Ortiz. Pero, por alguna razón, los militares, presuntamente leales al Gobierno, asumen que Chávez era el líder principal de la asonada. El teniente coronel no desmiente eso. De hecho, impulsa la suposición de que él se encontraba en el Museo Histórico para comandar, incluso, todo el país. No obstante, esto era falso. Sobre él solo recaía la responsabilidad de apoyar la toma de Miraflores.

Chávez se rindió sin preguntar. No hubo consenso en la toma de esa decisión que, presuntamente, representaba la voluntad de todo el movimiento. Es por lo que cuando transmite la orden, se genera tanta indignación. «Y recuerdo la mirada tuya, Chourio, y la de Caneloes, cuando los llamé y les dije: "Nos rendimos". "¿Cómo?", respondieron. "Nos rendimos". "¿Cómo?", repitieron. "Que nos rendimos"», cuenta Hugo (Peñalver, 2016).

En Valencia y en Maracay ningún golpista quería soltar las armas. Sabían lo que eso significaba. «Había algunos que eran como: "Bueno, tú me metiste en esto, ¿y ya se acabó?"», comenta al respecto Clíver Alcalá Cordones (2017). Asimismo, el oficial Wilmer Barrientos, quien había logrado controlar la 41ª Brigada Blindada del Ejército en Valencia, dice: «Chávez habló y nosotros no queríamos entregarnos. Teníamos la brigada más poderosa del país, además de toda Valencia controlada y no queríamos entregarnos» (Peñalver, 2016).

Aparentemente la rendición se dio, no porque realmente el Gobierno había logrado retomar el control del país, sino porque Chávez quería evitar un derramamiento de sangre. Es otro de sus argumentos. Según esta versión, no todo fue un fracaso. Pero el Gobierno amenazó, y con fuerza. «Aquí va a morir mucha gente», fue lo que le contestó el teniente coronel a un oficial indignado que no quería dejar las armas (Peñalver, 2016). Chávez habla de que lo iban a bombardear en La Planicie y prefería evitar muertes innecesarias. «Chávez luego se excusaría con todos explicando que se había rendido porque lo amenazaron con F-16 y con una invasión de infantes de Marina. Pero la verdad es que nada de esto estaba disponible para atacar en ese momento porque los batallones de Infantería estaban comandados nada menos que por Grüber Odremán y Cabrera Aguirre», resalta Peñalver (2016).

No todos los golpistas obedecieron las órdenes que Chávez transmitía en privado. La rendición, en el mejor de los casos, implicaba detenciones y fuertes allanamientos. Recorría todavía el fantasma que había quedado de El Caracazo. Muchos, de alguna forma, sabían que Pérez era un mandatario firme e implacable. Ya había exhibido su tenacidad. La primera vez lo hizo siendo ministro de Interior de Rómulo Betancourt, cuando dejó claro que no le temblaría la mano contra quienes intentaran desestabilizar el valioso sistema democrático. Entonces, para las diez de la mañana, el Gobierno todavía no controlaba nada —a excepción de a un teniente coronel que ya estaba en

Fuerte Tiuna, fumando y tomando café, reunido con Santeliz Ruiz y Ochoa Antich (Barrera Tyszka, 2012)—. En total, ese día 2.367 uniformados se sublevaron, pero los únicos que habían bajado las armas fueron Chávez, sus compañías y algunos que sí acataron el mandato del teniente coronel.

El país estaba, de cierto modo, en calma. Se sabía que hasta ahí había llegado el golpe y que todo había quedado en asonada. Era difícil que escalara. La incertidumbre fue aprovechada por el Gobierno y el presidente Pérez apareció una vez más, ahora visiblemente más sereno, para hablarle a los venezolanos. Envió un mensaje a la Fuerza Armada y sugirió que el Gobierno había asumido el control de la situación. Horas antes, el ministro de la Defensa le había presentado al presidente la posibilidad de que Chávez apareciera por televisión para enviar un mensaje que tranquilizara al país y para que anunciara la total rendición del movimiento. A Ochoa Antich la sugerencia se la hizo Santeliz Ruiz. Y la propuesta recibió una respuesta tajante del presidente: no. A Chávez no se le debía permitir aparecer en televisión (Antich, 2007).

Esa propuesta surgió en varias ocasiones. No solo por parte de Santeliz Ruiz, sino de otros oficiales. Había una particular insistencia en hacer público el rostro de Hugo Chávez. Finalmente, la presión era tan grande que Ochoa vuelve a hablar con el presidente. Carlos Andrés Pérez le responde: «Ochoa, lo autorizo [a transmitir a Chávez], pero antes graben el mensaje» (Antich, 2007); y le pide, además, que no le permitan aparecer uniformado. Exige que lo desarmen y lo esposen (Barrera Tyszka, 2012).

Pero a media mañana la orden del mandatario es desobedecida. A pesar de la demanda, las palabras de Chávez fueron transmitidas en vivo. Su cara apareció en los televisores de todos los venezolanos, expectantes y desorientados. Poco se entendía, pero aquel mensaje quedaría tallado por siempre en el pensamiento de una sociedad. Sin quererlo —o a propósito— se le estaba exhibiendo como un héroe. Un nuevo libertador. El teniente coronel que, a espaldas de los demás oficiales y comandantes del movimiento, asumía la responsabilidad con ligereza y exponía una rareza. A todos les impactó que, en un país desacostumbrado a la madurez, alguien asumiera plenamente el compromiso por sus errores.

Exactamente a las 10:30 am, Hugo le habló al país. Con su boina roja, uniformado y con brazalete en brazo, expresó las siguientes 167 palabras que le consolidaron la verdadera victoria del 4 de febrero de 1992:

Primero que nada, quiero dar buenos días a todo el pueblo de Venezuela, y este mensaje bolivariano va dirigido a los valientes soldados que se encuentran en el Regimiento de Paracaidistas de Aragua y en la Brigada Blindada de Valencia. Compañeros: lamentablemente, por ahora, los objetivos que nos planteamos no fueron logrados en la ciudad capital. Es decir, nosotros, acá en Caracas, no logramos controlar el poder. Ustedes lo hicieron muy bien por allá, pero ya es tiempo de reflexionar y vendrán nuevas situaciones y el país tiene que enrumbarse definitivamente hacia un destino mejor. Así que oigan mi palabra. Oigan al comandante Chávez, quien les lanza este mensaje para que, por favor, reflexionen y depongan las armas porque ya, en verdad, los objetivos que hemos trazado a nivel nacional es imposible que los logremos. Compañeros: oigan este mensaje solidario. Les agradezco su lealtad, les agradezco su valentía, su desprendimiento, y yo, ante el país y ante ustedes, asumo la responsabilidad de este movimiento bolivariano. Muchas gracias.

Dos centros de poder: Miraflores y San Carlos

Diego Arria, embajador en ese momento ante las Naciones Unidas, recuerda el 4 de febrero de 1992 así: «Esa noche estuve con el presidente en Venevisión hasta que el jefe de la Casa Militar informó que la situación había sido controlada en Miraflores. Fuimos hasta allá. Al llegar vi a los golpistas en el piso, acostados boca abajo. En la entrada del despacho presidencial estaban limpiando la sangre de los oficiales que había enviado Hugo para asesinar a Pérez. Esa noche vi quien era Hugo Chávez» (Arria, 2017). Pero esa percepción no era compartida por el resto de la población.

Aunque ese día fueron asesinados 14 militares y hubo 6 muertos civiles, gran parte de Venezuela se encontraba embelesada por los golpistas, especialmente por el teniente coronel que asumía la presunta responsabilidad.

El mensaje de Chávez fue impecable. Como si ese anuncio de rendición hubiese sido cuidadosamente preparado. Inició expresando «buenos días». Irrumpía en los medios de comunicación, luego de intentar secuestrar al presidente, deseando buenos días a los venezolanos. Excepcional, sin duda. Luego, dijo «por ahora». De esa forma dejaba abierta la posibilidad de regresar. De que eso no sería todo lo que tuviese que ofrecer él y su movimiento. Y, por último, espetó: «Asumo la responsabilidad».

Sobre el discurso, la autora y reconocida psicoanalista venezolana Ana Teresa Torres apunta en su obra *La herencia de la tribu*: «(...) porque en Venezuela asumir responsabilidades es un hábito infrecuente. Podría agregarse que, al asumir la responsabilidad del movimiento, de hecho se estaba consolidando como el líder del mismo (...) De los numerosos intentos de golpe ocurridos en Venezuela, era la primera vez que el protagonista de un alzamiento fracasado se dirigía directamente al país, y al hacerlo personalmente, en presencia de los militares que lo custodiaban, pero con la libertad de decir lo que quisiera, era una señal paradójica. Por un lado, se mostraba al soldado rendido; por otro, se avala su mensaje» (Torres, 2014).

Al dirigirse al país, Chávez anunció su rendición, pero, al mismo tiempo, estaba obteniendo la victoria más importante, grande y significativa de toda su vida. De alguna manera, todos sus años de trabajo en la conformación del Movimiento Bolivariano Revolucionario-200; las reuniones con la extrema izquierda; el proceso de ideologización, las lecturas y estudios; todo, absolutamente todo estaba rindiendo frutos. Quizá él no lo sabía en ese momento —o quizá sí—, pero ese día triunfó. Obtuvo una victoria que trascendía cualquier logro militar y físico. Hugo se consolidaba como un héroe en el pensamiento de la mayoría de los venezolanos. Si en algún momento fueron sembradas varias semillas en la Fuerza Armada, ese día germinó la de Hugo Chávez. Las demás, fueron descartadas.

«Encuestas realizadas cuatro meses después de esta presentación le dan al teniente coronel Hugo Chávez Frías una imagen favorable de un alto, interesante y extraño 64,7 % de aceptación, en una población como Caracas donde 8 de cada 10 caraqueños opina que, bajo un gobierno democrático, el país viviría mejor», escribe la periodista Ángela Zago (1992).

Luego de hablarle al país, Hugo cenó con el ministro de la Defensa. «Sí, lo invita a cenar. Comen *fast food* y conversan solos. El ministro le presta el teléfono y Chávez, por primera vez desde su rendición, habla con su compañera [Herma Marksman]» (Barrera Tyszka, 2012).

Posteriormente, fue enviado a los calabozos de la Dirección de Inteligencia Militar, a donde va acompañado por Santeliz Ruiz. «Es allí donde verá por primera vez a sus compañeros, con la insignia que los distingue del resto: un brazalete con una cinta tricolor, anudado sobre el uniforme, en el brazo», escriben Barrera Tyszka y Marcano (2012). En la Dirección de Inteligencia Militar pasan 17 días hasta que son enviados al Cuartel San Carlos, recinto en el que anteriormente habían padecido varios comunistas. La cárcel quedaba casi al frente del Panteón Nacional, «donde reposan los restos de Simón Bolívar. Todo parecía estar dispuesto para que Hugo Chávez comenzara a convertirse en un símbolo» (Barrera Tyszka, 2012).

Inmediatamente empiezan a verse en las calles de Caracas apologías a los golpistas. Expresiones de alabanza, glorificación y adulación. «La primera señal que nos llegó del pueblo fue en carnavales, o sea pocos días después. El disfraz de carnaval más usado fue el de Chavito. Los niños se disfrazaban con uniformito, boina roja y fusil de juguete», cuenta Chávez a Ramonet (2000).

La sociedad venezolana estaba desesperada por un cambio de modelo y el Movimiento Bolivariano Revolucionario-200 fue, de alguna manera, una expresión de ese sentimiento. El odio al sistema democrático, generado por la misma dirigencia de Acción Democrática y Copei, terminó por dinamitar los últimos vestigios de los principales valores de la República. Imperó, entonces, la antipolítica.

Una de las reflexiones que deriva de la lectura de las obras de Hannah Arendt, *On Violence* y *The Human Condition*, es que la antipolítica es, primero, lo relacionado con la violencia. La violencia, en sí, es antipolítica (Arendt, 2008). Y, en segundo lugar, es todo aquello que implique la separación del individuo de la vida pública; del pleno ejercicio de la política y la participación en los debates y en el sistema democrático (Arendt, 2005). Ahora los venezolanos exaltaban a unos militares que habían tratado de tomar el poder por la vía violenta y, además, denostaban al frágil y magullado sistema democrático venezolano.

Después del 4 de febrero se agregaron más poemas, corridos, oraciones de desconocidos, de anónimos, que decían:

Quien ha vivido en los campos o los llanos venezolanos, sabe que este tipo de corrío es una forma de homenaje popular que brindan a los hombres o mujeres que pasan a formar parte de las leyendas y así se incorporan al folclor de la región.

En la oración, en cambio, se siente el «venenito» típico de un ciudadano con ansias de lanzar sus flechas:

Oración al Chávez nuestro:

La información que presenta la periodista Zago en su obra es inquietante. No son solo oraciones y cantos. Son dibujos, historietas, serenatas, esculturas, artesanía. De repente surge en Venezuela todo un movimiento cultural apologista. Una suerte de adoración en torno a la figura de Hugo Chávez. En su libro, Ana Teresa Torres cita al periodista e investigador Humberto Jaimes Quero, sobre lo que se estaba generando: «Así, por ejemplo, un texto como "Viva Chávez" aparecido hacia marzo de 1992 en el centro de Caracas, aparte de poner de manifiesto cierto apoyo de la "masa anónima" al oficial rebelde, nos estaba diciendo que corrientes subterráneas sumergidas durante años en los estratos profundos del ser venezolano, habían estallado en solicitud de algo que se creía sepultado: el mesianismo militar» (Torres, 2014).

El Cuartel San Carlos no era un sitio de reclusión apropiado para unos héroes. Todos los días se concentraba gente a las afueras para, de alguna forma, expresarles su apoyo a Chávez y a los otros oficiales fracasados. Hugo dice al respecto: «La gente venía masivamente, como en peregrinación, a traer regalos, comida» (Ramonet, 2000). Pero incluso, dentro del mismo Cuartel, la emoción por el teniente coronel era inmensa. «Fíjese que, un día, el coronel jefe de la cárcel me manda a llamar a su despacho y me dice: "Mira, Chávez, que no se entere nadie, pero aquí está mi esposa y mis hijos, que quieren conocerte"», relata (Ramonet, 2000). Por la inestabilidad, Hugo es trasladado. «A las pocas semanas, el 10 de marzo, llamaron a un cacerolazo nocturno, con un grito bien explícito: "Hoy es 10, son las 10, vete ya Carlos Andrés" (…) Nosotros, en la cárcel de San Carlos, nos sumábamos a aquella protesta popular golpeando las puertas que casi las tumbábamos… A los pocos días, una madrugada, nos sacaron de allí y nos llevaron para la prisión de Yare [estado Miranda]. Porque el San Carlos está en plena Caracas y miles de personas se amasaban en el exterior, día y noche, en muestra de apoyo. Empezaba a decirse que había dos centros de poder: Miraflores y San Carlos», asevera Hugo Chávez (Ramonet, 2000).

E de Ezequiel, B de Bolívar y R de Robinson

Aquellos que estábamos construyendo el Movimiento Bolivariano que condujo a la rebelión militar del 4 de febrero, entonces diseñábamos, buscábamos ideas. Fue cuando surgió el Árbol de las Tres Raíces. Fue cuando salió, después de muchas discusiones, el pensamiento bolivariano
Chávez, en *El libro azul*

Los otros comandantes del Movimiento Bolivariano Revolucionario-200 no reciben la atención de la que ahora Chávez sí goza. No están tan complacidos. Saben bien que realmente el 4 de febrero fue una derrota militar. Y ahí el único que salió triunfante fue Chávez, a quien ese minuto en televisión lo consolidó como figura pública. «Más allá de la instrumentación militar, ahí prevaleció el tema político, y las herramientas que generaron la salida de Chávez a la televisión. Eso lo afianzó porque era un país que estaba urgido de una figura distinta», comenta al respecto Clíver Alcalá Cordones (2017).

Pero no fue una derrota militar de todo el movimiento. Fue Chávez quien se entregó, y consigo pretendió entregar a todos los alzados. En prisión algunos se lo reclamaron. «La primera vez que me sacaron, pasé por al lado de Chávez y le digo: "Oye vale, qué rápido te entregaste, ¡qué maravilla!"», ironiza Jesús Urdaneta Hernández (Barrera Tyszka, 2012).

En Sabaneta, también hay reclamos. Pero allá saben bien cuáles son los verdaderos orígenes de lo que ocurrió en Caracas. Entienden a quien se le debe reprender, porque ahora existen una madre y un padre preocupados. A Elena y a Hugo de los Reyes, a diferencia de a Adán, el intento de golpe de Estado los agarró en la cama; pero eso no impidió que marcharan a buscar causantes. «Su padre y madre salieron por toda Barinas a decir que el culpable era el barbudo ese: yo. Decían que le hice perder su carrera militar tan brillante», precisa José Esteban Ruiz Guevara. La esposa del viejo militante del Partido de la Revolución, añade: «Cuando el golpe, José Esteban llega y me dice: "¿Tú sabes lo que me dijo el papá de Chávez?, que yo era un... porque le había metido a su hijo a comunista y por eso había caído preso, y que él había perdido su carrera militar"» (Barrera Tyszka, 2012).

Por otra parte, el 30 de mayo de 1992 el diario *El País* publicó en su versión impresa: «El exguerrillero venezolano Douglas Bravo, detenido por un supuesto plan subversivo». Pérez nunca se esperó un golpe de esa magnitud. Muchos aluden a su ego. Se asegura que el presidente se creía intocable. Imperturbable. Puede ser esa la razón por la cual siempre desestimó las denuncias de sus allegados. Pero ahora ha tenido un encontronazo con la realidad. Carlos Andrés Pérez no solo descubrió que gran parte de la Fuerza Armada no lo respalda, sino que, además, gran parte de la sociedad civil apoyaba a los golpistas, quienes intentaron asesinarlo. Las represalias son fuertes y ahora sí empiezan a investigar.

«Efectivos de la Dirección de los Servicios de Inteligencia y Prevención (Disip), policía política venezolana, detuvieron el pasado jueves en Caracas al exguerrillero Douglas Bravo por sospechas de implicación en un plan subversivo. Cuando han transcurrido más de 100 días desde el fallido golpe de Estado del 4 de febrero, Venezuela no recobra la calma», se lee en el diario de España (Comas, 1992).

La Disip descubre las reuniones. Ven las coincidencias e, incluso, aseguran que «estos veteranos guerrilleros son quienes mueven los hilos de la subversión estos días» (Comas, 1992).

Bravo es presentado en Tribunales Militares. Se podría ver como una arbitrariedad, pero la verdad es que la policía política no se equivocaba esta vez. Al final, es detenido y lo mantienen en los calabozos de la Disip, donde dura un año hasta que lo indultan.

Douglas había enfrentado a todo un Estado en los 60. Había mantenido su clandestinidad, sin plegarse nunca a la pacificación. Fue siempre un rebelde; pero al final, pudo ser domado. Fue el ministro de Interior Luis Piñerúa quien orquestó la detención. Pertenecía a Acción Democrática y, de alguna manera, reivindicaba una lucha de años de un partido contra los insurrectos.

Mientras, en Yare, continúa la consolidación. El traslado no había impedido la peregrinación ni logrado que declinara el revuelo. Cada día, los periodistas desfilaban por la cárcel. Buscaban alguna entrevista o, siquiera, una declaración. «Repentinamente, fue tocado por el ángel de la popularidad. Un ángel feroz que, según afirma alguna gente cercana al teniente coronel, lo transformó en otra persona (...) Los periodistas recorrieron algunos pueblos del llano, conocieron a la familia Chávez (...) Personas de todo tipo querían ver a los golpistas. Muchos espontáneos de los sectores populares querían conocer a Chávez», escriben Barrera Tyszka y Marcano (2012).

Chávez firma autógrafos, escucha cantos y glorificaciones de la multitud que cada día se aglomeraba en los alrededores de la cárcel. Y su respuesta fue natural. De cierta manera Chávez colaboró con el desarrollo de la figura mítica que los mismos medios estaban edificando. En las entrevistas, se comunicaba con algo de altivez. Las oraciones que salían de su boca solo expedían un arrebato de espiritualidad forzada. Se empezó a exhibir como una figura contemplativa, casi religiosa. Y muchos le compraron el burdo libreto. «En una entrevista aparecida en el periódico *El Nacional*, el 2 de marzo de 1992, desde la cárcel, le dice a la periodista Laura Sánchez: "El verdadero autor de esta liberación, líder auténtico de esta rebelión es el general Simón Bolívar. Él con su verbo incendiario nos ha alumbrado la ruta". Luego la reportera, como quien teje un enlace simbólico, relata cómo Chávez se acerca a una pequeña ventana y desde ahí observa el Panteón Nacional», se lee en Hugo Chávez sin uniforme (Barrera Tyszka, 2012).

Por esa época empezó a circular *El libro azul,* unas cincuenta páginas en las que se recopilan pensamientos, ideas y escritos de Hugo. Había estado escribiéndolo por varios meses y lo terminó justo antes de iniciar la rebelión. Sin embargo, se hizo popular mientras él se encontraba en la cárcel. Es, al final, una reivindicación de las ideas de Douglas Bravo, José Esteban Ruiz Guevara y de todos los que tuvieron alguna influencia ideológica en su vida. Es aquel marxismo que se disfrazaba convenientemente de un nacionalismo tribal: el bolivarianismo. En su obra, Carlos Rangel estampa un pensamiento, ahora pertinente: «El otro yo de las multitudes, ese otro yo que en cualquier momento puede hacer que el pueblo de Beethoven pase a ser el pueblo de Hitler, pugnó siempre por volver a levantar cabeza. A ese otro yo le irritaba el progreso, lo humillaba la civilización… Simulando amor a la tradición, disfrazado de pacífico amante del folclore local, ese torvo alter ego no cesó de luchar por recobrar su posición de antaño y desquitarse» (Rangel, 2005). Se exhibe al público por primera vez el «Árbol de las tres raíces». Una doctrina que presenta al pensamiento de los próceres y héroes venezolanos como siempre vigente y necesario.

«¿Cuál es la razón por la que estamos aquí y ahora anunciando y promoviendo cambios profundos al comenzar la última década de este siglo "perdido"? Pudieran enunciarse infinidad de causas, pequeñas y grandes, pasadas y presentes, estructurales y coyunturales, para exponer a los hombres de esta hora tal razón. Sin embargo, todas las que aquí pudieran señalarse serían tributarias de una misma corriente, cuyo cauce viene de muy lejos y cuyo lecho aparece y desaparece (…) Existe entonces, compatriotas, una sola y poderosa razón: es el proyecto de Simón Rodríguez, El Maestro; Simón Bolívar, El Líder; y Ezequiel Zamora, El General del Pueblo Soberano (…)», se lee en *El libro azul* (Chávez, 2013). Luego, agrega: «Este proyecto ha renacido entre los escombros y se levanta ahora, a finales del siglo XX, apoyado en un modelo teórico-político que condensa los elementos conceptuales determinantes del pensamiento de aquellos tres preclaros venezolanos, el cual se conocerá en adelante como Sistema EBR, el Árbol de las tres raíces: la E, de Ezequiel Zamora; la B, de Bolívar y la R, de Robinson. Tal proyecto, siempre derrotado hasta ahora, tiene un encuentro pendiente con la victoria. Nosotros, simplemente, vamos a provocar dicho encuentro inevitable» (Chávez, 2013).

La violencia no es la vía

Hugo dijo que «por ahora los objetivos no habían sido logrados», y lo volvió a intentar. Estando en prisión, se afianzan sus vínculos con algunos actores políticos de la extrema izquierda. Douglas Bravo se aleja porque sabía que Chávez lo había marginado; pero el teniente coronel, ahora en la cárcel, mantiene las relaciones con Alí Rodríguez Araque, Fausto. De hecho, el izquierdista de La Causa R siempre se mantuvo, extrañamente, muy cercano al Movimiento Bolivariano Revolucinario-200. A Ignacio Ramonet (2000), Chávez le dice que es el único, de sus contactos civiles, que siempre fue fiel. Según el general Peñaloza (2014), Araque es «el hombre de Fidel en Venezuela». Y el mismo Fausto dice a la periodista cubana Rosa Miriam Elizalde que tiene vínculos estrechos con La Habana (Elizalde, 2012).

Sin embargo, es con el grupo guerrillero y narcotraficante, Fuerzas Armadas Revolucionarias de Colombia (FARC), con quien Chávez crea un nexo importante en esta etapa. No se sabe exactamente cuándo se dio el primer contacto entre el golpista y la asociación terrorista colombiana; pero en el libro *The Farc Files: Venezuela, Ecuador and the Secret Archive of "Raúl Reyes"*, se lee: «No hay evidencias de que las FARC hubieran estado implicadas en el intento de golpe de Estado (...) Pero el archivo indica que las FARC le suministraron una suma sustancial [a Chávez] durante su encarcelamiento: en una comunicación se informó que esta suma fue de 100 millones de pesos colombianos (aproximadamente US$ 120.000-150.000). Según informes, esos fondos fueron utilizados por el movimiento MBR-200 de Chávez para comprar radios y otros materiales que necesitaban» ([IISS], 2011).

Aunque el libro del *International Institute for Strategic Studies* (2011) también señala que se desconoce si las FARC tuvieron alguna relación con algún intento de derrocar el Gobierno democrático de Carlos Andrés Pérez. Ese mismo año los golpistas volvieron. Con la misma fuerza y determinación. Como si efectivamente hubiesen recibido la subvención.

«Compañeros de armas. Por ahora y para siempre, el Movimiento Bolivariano Revolucionario-200 vuelve a la lucha con las banderas populares en alto al encuentro con la victoria definitiva. Después de la gloriosa jornada del 4 de febrero, los hombres y mujeres de Venezuela agotaron todos los medios pacíficos para lograr los cambios improrrogables en la organización y conducción del Estado venezolano» (Chávez, 1992). Con esas palabras en los venezolanos se generaba una suerte de paramnesia reduplicativa. El 27 de noviembre de 1992 Hugo se volvía a dirigir al país; pero esta vez, a través de un video transmitido por los nuevos golpistas —como él habría querido que ocurriera el 4 de febrero—. Lo grabó desde la cárcel de Yare. Se ve a Chávez, nuevamente con su boina roja y el brazalete tricolor. Detrás tiene una bandera sobre la que se lee «MBR-200». El gobierno de Carlos Andrés Pérez volvía a ser asediado. Hugo no solo era un venezolano que asumía responsabilidades; además, cumplía promesas. ¡Vaya ejemplar!

Los militares estaban otra vez alzados, apenas nueve meses después del golpe en febrero. Se repetía el libreto y ahora se añadía un nuevo objetivo: liberar a Hugo Chávez de Yare. El movimiento inició a las once de la noche y fue articulado entre los comandantes presos y los que no habían sido detenidos. Los principales líderes fueron esta vez Hernán Grüber Odremán y Luis Enrique Cabrera Aguirre, de la Marina; también Luis Reyes Reyes y Francisco Visconti Osorio, de la Aviación. Todos habían formado parte de la insurrección de febrero; pero ahora sí asumían el protagonismo.

Los sublevados lograron transmitir el video de Hugo Chávez. El teniente Jesse Chacón había conseguido tomar con éxito VTV y pudo hacer que se difundieran todos y cada uno de los audiovisuales que esa noche los golpistas tenían preparados para los venezolanos. Una diferencia inmensa con la asonada de febrero.

«La obsesión por sacar a Carlos Andrés Pérez de la historia, al precio que fuera, continuaba en pie (…) Esta vez participa un grupo más heterogéneo. Oficiales de la Aviación, la Armada y el Ejército, además de civiles de los grupos de izquierda Bandera Roja y (…) del exguerrillero Douglas Bravo —dirigidos por dos almirantes y un general de la Fuerza Aérea», apuntan Albero Barrera Tyszka y Cristina Marcano (2012).

Aparentemente, para esta rebelión, a diferencia de la del 4 de febrero, sí se incluyó plenamente el factor civil. El grupo de Bravo participó, aunque él se encontrase en prisión. Antes de que se diera el golpe, Chávez había dicho desde Yare: «No podemos decir que sería una acción militar parecida o similar a la conducida por nosotros el 4 de febrero, o una acción popular parecida a la que se desarrolló en Caracas en los días 27 y 28 de febrero de 1989. Incluso por allí hay una expresión algebraica que se ha dejado correr, donde la sumatoria del Caracazo 27-F, más el 4F, equivale a un 31-F» (Peñalver, 2016). Esas declaraciones a los medios, si se toman con seriedad, revelan mucho. Hasta los momentos se sabe bien cómo Hugo, aún en cárcel, disfrutaba de libertad, envidiable para cualquier recluso. Y, ahora, desde prisión confesaba que cometería un crimen. Dando señales de que realmente volvería.

Ese 27 de noviembre de 1992 los daños fueron importantes. La capacidad de herir es mayor. Los golpistas, nuevamente uniformados con su boina y brazalete, bombardearon el palacio de Miraflores, El Helicoide y la Base Generalísimo Francisco de Miranda —o La Carlota—. Habían logrado despegar aviones OV-10 Bronco de la Base Aérea Libertador en Maracay; pero no fueron tan efectivos —a pesar de que parecía un movimiento mejor articulado y con mayor poder de fuerza.

«De las bombas lanzadas, la primera estalló en el Palacio de Miraflores, cayendo sobre el regimiento de honor e hiriendo a varios soldados y civiles; otra derribó una pared colindante y dos más impactaron en edificios públicos; otra explotó en el estacionamiento de la Cancillería como memorando importante para el ministro saliente, y otra que no detonó cayó en la sede del Ministerio del Interior, en Carmelitas. Una de altísimo poder de destrucción impactó en medio de cuatro edificios residenciales», apunta Thays Peñalver (2016).

Esa mañana hubo fuertes enfrentamientos en varias zonas del país. Mientras, a las afueras del estado Miranda, un grupo de militares y civiles intenta liberar a Hugo Chávez y a los otros comandantes presos. No lo logran. Las bajas son muchas. Igual ocurre en VTV, donde la escaramuza es tremenda.

«(…) el presidente Carlos Andrés Pérez aparece anunciando que está a salvo y que este nuevo intento es también un fracaso. Por varias horas logran generar, sin embargo, una situación que atemoriza profundamente a la población. Por el canal estatal desfilan civiles y militares armados que lanzan arengas en un lenguaje bastante primitivo y violento. Llaman a los venezolanos a empuñar palos, botellas y armas caseras para derrocar al Gobierno. En algunos vecindarios del oeste de la capital hay focos de disturbios» (Barrera Tyszka, 2012).

Finalmente, a las 3:30 pm las fuerzas leales al sistema democrático logran controlar el levantamiento en Caracas. Ya algunos militares se habían rendido al mediodía; pero todavía quedaban rebeldes. Esta vez la cantidad de uniformados implicados es menor, y las Fuerzas Armadas responden con celeridad. En el aire, aviones F-16 del Estado derriban a los OV-10; y otros se rinden. La situación vuelve a la normalidad; pero deja un saldo mucho más cruento: al menos 171 muertos, de los cuales 142 son civiles.

Esta vez no hay fascinaciones. La acción rápida y eficiente del Gobierno y la salvaje violencia de los alzados evitan que la población se vuelva a enamorar. Nadie sale en televisión, más que el presidente para vociferar el triunfo. Al respecto, escriben Barrera Tyszka y Marcano (2012): «Por más que los jefes del 4F trataron de desligarse de esa nueva insurrección, era imposible no establecer una vinculación entre ambos movimientos. La nueva frustración desmoraliza a Chávez».

No solo el gobierno aprende, también lo hacen los golpistas. El alzamiento del 27 de noviembre hizo un daño importante en la imagen de los otros insurrectos, que habían sido presentados como héroes. Con el segundo asedio, parecía quedar claro que la ruta no era violenta. Además, la popularidad y admiración que había ganado Hugo es invaluable. Debía preservarla y cultivarla. Sabía que, de todos, él se había convertido, de alguna manera, en el elegido. Se podría decir, que fue quien germinó. Muchos fueron los comunistas que en los 60 y 70 entraron a la Academia. Fueron varios los que pasaron por la escuela de cuadros de Ruiz Guevara. Otros habían sido hijos de guerrilleros. La mayoría, relacionados estrechamente con la Revolución Cubana. Pero, luego de asumir la responsabilidad y hacer una trascendente promesa, Hugo forzó a la historia a descartar lo inservible.

En su libro *En busca de la revolución*, William Izarra escribe: «Chávez estaba convencido de tener que cumplir una misión terrenal guiada por una fuerza superior al ser humano. Aunque nunca lo expresó con palabras, mantenía con mucha fe la postura metafísica de ser la reencarnación de algún maestro, cuyo encargo en esta vida era continuar una obra no finalizada todavía» (Izarra, 2001).

¡Yo voy a defenderme!

«**P**ensé en la extraña situación por la que estaba pasando el presidente Pérez. ¿Quién tenía preso a quién? Y, además, ¿quién gobernaba? Parecía una escena irreal, todo formaba parte de un teatro y los actores podríamos ser cualquiera de las personas que nos movíamos en aquel escenario, sin excluir Miraflores, el Congreso, los medios de comunicación social, la Corte... Todo era demasiado irreal. Los días siguientes me dieron la razón acerca de esta apreciación: el comandante Chávez se había convertido en el vencedor» (Zago, 1992).

La irrupción de Chávez en la política nacional desestabilizó por completo el panorama. Jamás pensó Pérez que se daría ese sismo tan monumental, y que las consecuencias serían tan graves para su Gobierno. El presidente Carlos Andrés Pérez había sido un hombre de Estado. Un líder del mundo. Se codeó con los principales mandatarios. Fue admirado y respetado. Pero ahora, como el mismo Chávez señaló, la gente dudaba de que el poder se concentrara en Miraflores. De repente, todo empezó a girar en torno a Yare.

«(...) los personajes que entraron o salieron del Gobierno, las nuevas discusiones acerca del Golfo de Venezuela, incluyendo a los senadores colombianos y a su elegante Canciller, todo giraba alrededor de las acciones que este comandante había realizado y que, aparentemente, estaba detenido en un cuartel. ¿Qué pasaría si este hombre saliera a la calle y se le ocurriera atravesar la ciudad de este a oeste, de norte a sur, libremente?». Esa pertinente pregunta se la hace la periodista Ángela Zago en 1992, luego de conocer a Hugo. Sugestiva, claro. Chávez se había convertido en un fenómeno, que se fortalecía y agrandaba con rapidez, mientras las cadenas aún lo ataban. Suelto, podría ser indomable.

El 27 de febrero el Gobierno de Carlos Andrés Pérez padeció el primer golpe mortal. Menos de un año después, el segundo y definitivo. Desde que se pronunciaron aquellas palabras, alrededor de las 10:00 am del 4 de febrero, todo se empezó a degenerar con celeridad. La administración adeca, carcomida por sus propios errores del pasado, se desmoronó completamente.

Luego de la insurrección del Movimiento Bolivariano Revolucionario-200, como se ha señalado, imperó la antipolítica. No habían pasado 24 horas desde que Chávez se había rendido, aún no había siquiera informes oficiales sobre lo que había ocurrido esa mañana, cuando desde el mismo Congreso de la República se esgrimía una devastadora —para la democracia— defensa de los golpistas. A la 1:04 pm, el senador y expresidente Rafael Caldera dijo:

Yo no estoy convencido de que el golpe, felizmente frustrado, haya tenido como propósito asesinar al Presidente de la República. Yo creo que una afirmación de esa naturaleza no puede hacerse sino con plena prueba del propósito de los sublevados (...) Por eso, pues, yo me siento obligado en conciencia a expresar mi duda acerca de esta afirmación (...).

Debo decir con honda preocupación que la situación que vivimos hace más de treinta años no es la misma de hoy. Por una parte, la inteligencia de la dirigencia política ha olvidado en muchas ocasiones esa preocupación fundamental de servir antes que todo al fortalecimiento de las instituciones. Por otra parte, el empresariado no ha dado las mismas manifestaciones de amplitud, de apertura, que caracterizaron su conducta en los años formativos de la democracia venezolana. En tercer lugar, porque las Fuerzas Armadas, que han sido ejemplares en su conducta profesional (...) están comenzando a dar muestras de que se deterioran en muchos de sus integrantes la convicción de que, por encima de todo, tienen que mantener una posición no beligerante, una posición obediente a las instituciones y a las autoridades igualmente elegidas. Y cuarto, y esto es lo que más me preocupa y duele, que no encuentro en el sentimiento popular la misma reacción entusiasta, decidida y fervorosa por la defensa de la democracia que caracterizó la conducta del pueblo en todos los dolorosos incidentes que hubo que atravesar después del 23 de enero de 1958.

Debemos reconocerlo, nos duele profundamente pero es la verdad (...) En estos momentos debemos darle una respuesta al pueblo y tengo la convicción de que no es la repetición de los mismos discursos que hace treinta años se pronunciaban cada vez que ocurría algún levantamiento y que vamos a desfilar por las cámaras de la televisión, lo que responde a la inquietud, el sentimiento, a la preocupación popular. El país está esperando otro mensaje. Yo quisiera decirle a esta tribuna con toda responsabilidad al señor presidente de la República que de él principalmente, aunque de todos también, depende la responsabilidad de afrontar de inmediato las rectificaciones profundas que el país está reclamando. Es difícil pedirle al pueblo que se inmole por la libertad y la democracia, cuando piensa que la libertad y la democracia no son capaces de darle de comer y de impedir el alza exorbitante en los costos de la subsistencia, cuando no ha sido capaz de poner un coto definitivo al morbo terrible de la corrupción, que a los ojos de todo el mundo está consumiendo todos los días la institucionalidad. Esta situación no se puede ocultar. El golpe militar es censurable y condenable en toda forma, pero sería ingenuo pensar que se trata solamente de una aventura de unos cuantos ambiciosos que por su cuenta se lanzaron precipitadamente y sin darse cuenta de aquello en que se estaban metiendo. Hay un entorno, hay un mar de fondo, hay una situación grave en el país y si esa situación no se enfrenta, el destino nos reserva muchas y muy graves preocupaciones (...) (Caldera, 1992).

«Ese día el país observó dos expresiones políticas en la oposición. La de Rafael Caldera, quien se solidarizó con las causas del golpe y ganó así réditos electorales y, por otro lado, la del líder de la oposición Eduardo Fernández, cuya solidaridad con la institucionalidad democrática de la nación le costó su futuro político», dice quien era embajador ante la Organización de las Naciones Unidas, Diego Arria (2012).

Las encuestas después del implacable discurso exponen una subida de popularidad decisiva para Caldera (Zago, 1992). Era un momento delicado para la administración de Carlos Andrés Pérez. Aunque prevalecía un sentimiento general, poco solidario con Pérez, casi nadie se atrevía a asomarlo. Al mandatario sí lo habían intentado asesinar, y algunos aprovecharon para traficar sentimientos.

Quedará siempre la duda de qué hubiese ocurrido si, en vez de los halagos y las irresponsables justificaciones, toda una nación se hubiese unido para condenar las agresiones al sistema democrático —como sí había ocurrido antes—. Pero, en cambio, la cohesión pareció darse con el fin de terminar de hundir la presidencia de Carlos Andrés Pérez.

En la noche del mismo 4 de febrero en el que habían intentado asesinar a Pérez; y en el que luego, desde el Congreso, se defendería a los insurrectos, «la sensación de soledad en el palacio era devastadora», cuenta Diego Arria (2017). «Le propuse al presidente convocar a personalidades nacionales para reflexionar y actuar en consecuencia. Prefirió quedarse solo, me di cuenta de que no era fácil pasar de aquellos días en la cúspide del mundo a las vivencias de ese momento en el que casi pierde la vida y a su familia, en medio de un evento que marcó el comienzo del colapso del país», continúa el embajador (2017).

Piensa Arria que la responsabilidad la tienen los medios y los sectores empresariales y políticos del país. Pero sobre todo su partido, Acción Democrática. En un momento, el presidente Pérez le ofreció a Arria un cargo importante con el que el embajador presuntamente podría evitar que al mandatario lo destruyera la crisis en la que estaba inmerso. Acción Democrática no estuvo de acuerdo con esa decisión. «Su partido le había negado la posibilidad de escoger a un colaborador tan cercano como yo cuando le vieron más débil, después del 4 de febrero. Se había iniciado así el proceso de vulnerarlo y, eventualmente, sacarlo de la presidencia», comenta Arria (2012).

En el libro de Mirtha Rivero, *La rebelión de los náufragos*, la periodista detalla cómo Acción Democrática se convirtió en uno de los principales responsables de la caída de Pérez. «(...) en el liderazgo de AD existía un antagonismo muy grande hacia Pérez, producto de su improvisto giro ideológico, la inclusión de un grupo de tecnócratas independientes (no militantes) en su gabinete económico, y el efecto que tuvieron las políticas liberalizadoras en las cuotas de poder de muchos adecos», escribe el analista político Alejandro Tarre (2011).

Finalmente, en marzo de 1993 el fiscal general de la República, Ramón Escobar Salom, introdujo ante la Corte Suprema una solicitud de antejuicio de mérito contra el presidente Carlos Andrés Pérez por los delitos de peculado doloso y malversación. Fue un proceso destructor. Quien llegó a ser uno de los dirigentes más respetados, reconocidos y queridos de Venezuela, ahora se desmoronaba. Era trágico. La Corte Suprema aceptó la solicitud y el presidente fue separado del cargo. «(...) si bien fallaron militarmente, terminaron por destruir al presidente Pérez en su segundo mandato, lo que permitió prácticamente un (...) golpe de Estado, esta vez político, que culminó con el juicio y la destitución del propio presidente Pérez, y como daño colateral el comienzo del fin del precario régimen democrático», escribe al respecto Thays Peñalver (2016).

El 19 de mayo de 1994, el diario *El País* de España tituló: «Carlos Andrés Pérez, encarcelado por corrupción». Al final, se dio lo ineludible. Gran parte del país había asumido el propósito de bajarlo del pedestal. Fueron las instituciones, su partido, los políticos y los empresarios los que en mayo culminaron el trabajo que empezó el 27 de febrero de 1989, y que Hugo Chávez continuó el 4 de febrero de 1992.

«El hombre que predicó "democracia con energía" en su última campaña electoral, quien fue en dos ocasiones presidente de Venezuela, mejor conocido como CAP por las iniciales de su nombre, se creía intocable hasta que ayer fue personalmente a conocer el veredicto de la Corte Suprema de Justicia», se lee en *El País*.

«"Yo no he sido condenado", dijo a los periodistas cuando le interrogaron a la entrada de la PTJ [Policía Técnica Judicial] y a las puertas de la prisión. "Esto es un atropello. No hay justicia en Venezuela. Contra mí lo que hay es un proceso político. ¡Yo voy a defenderme!"» (Vinogradoff, 1994).

¡A LAS CATACUMBAS A ACOMPAÑAR AL PUEBLO!

Cinco meses antes de la detención y reclusión de su rival en el retén judicial de El Junquito, Rafael Caldera ganó las elecciones presidenciales de 1993. Se debe hacer énfasis en cómo la antipolítica se convierte en parte fundamental del desarrollo de la nación. Precisamente, durante toda la década de los noventa, imperará en el país. Lo que ha surgido es lo que Hannah Arendt denomina como «prejuicios contra la política». El mismo comportamiento que fue, poco a poco, desmantelando la preciada institucionalidad que en la época de los sesenta costó sangre resguardar.

Caldera era popular, pero su partido ya no lo quería. Al fin y al cabo, eran demasiados elementos que tomar en cuenta. El prestigioso político ya había sido cinco veces candidato presidencial —de las cuales había salido derrotado en cuatro—. Tenía 76 años y Copei apostaba a una figura más joven y prometedora: Eduardo Fernández. Sin embargo, este último no había empuñado una defensa irracional y peligrosa de los golpistas; por lo que su popularidad no escaló. La mayoría atribuye la victoria de Caldera al discurso del 4 de febrero. El político socialcristiano fue astuto y supo comprender los momentos. No obstante, los aprovechó para profundizar la crisis.

El 5 de diciembre de 1993 Caldera se presentó con una nueva plataforma, denominada Convergencia. Sin embargo, esta fue realmente conocida como el «chiripero», porque significó la cohesión de varios movimientos políticos electoralmente insignificantes: el Movimiento al Socialismo, URD, el Movimiento Electoral del Pueblo, Opina, MIN y ORA. Una coalición de incoherencias. Doctrinas políticas, algunas incluso opuestas, asociadas sin ninguna justificación racional más que buscar acentuar el decaimiento del sistema. Desde partidos que pontificaban sobre el Estado comunal y creían en la abolición de la propiedad privada; hasta unos que apoyaban el libre mercado. Ateos y cristianos. Todos unidos para brindarle el espaldarazo a Rafael Caldera. Al final el prestigioso político se alzó con la victoria. Un triunfo extraño en unas elecciones aún más extrañas. Era la primera vez, desde que se edificó el sistema democrático, que se quebrantaba el bipartidismo reinante.

En 1988 Carlos Andrés Pérez ganó con 3.868.843 votos y, en total, la participación fue del 81,92 %; ahora, la situación sería muy diferente. La participación menguó considerablemente. Solo el 60 % votó. 21,8 % menos que cinco años atrás. Y, por primera vez, el respaldo popular se distribuye en unas elecciones bastante reñidas. La Causa R, con Andrés Velásquez, obtiene el mejor resultado de su historia: 21,95 %. Le sigue Oswaldo Álvarez Paz, de Copei (quien le ganó a Fernández en elecciones internas) con 22,73 %. De segundo lugar quedó Claudio Fermín, con 23,60 %. Y Rafael Caldera recibió 30,46 % del total de las voluntades: 1.710.772 votos. Menos que la mitad de los votos que recibió Carlos Andrés Pérez en 1988.

El gabinete de Caldera es tan absurdo como la plataforma electoral con la que triunfó. Dirigentes de diferentes partidos, rivales entre sí, se unen para recibir su cuota por la victoria. No hay ideología que defender. Si en algún momento se luchó por ciertos ideales, esa batalla se descarriló. El sociólogo y catedrático Jorge Tricás, en su libro *Dignidad de la política*, escribe: «¿Qué puede acribillar a la democracia de ese modo? ¿De qué calamidad estamos hablando? No cabe duda, el problema con el que nos enfrentamos ahora en Venezuela es que las antiguas utopías del siglo XX no están muertas del todo. A los ojos de muchos, es evidente que hoy se reconstruyen bajo la bandera del nacionalismo tribal de tinte adeco, y en las mieles del sueño populista de "querer llevar una vida de prestado a costa del petróleo" que antaño tanto promovió "el partido del pueblo", como aún gustan denominarse» (Tricás, 2016).

La crítica de Tricás va dirigida a Acción Democrática; sin embargo, la oración es completamente pertinente. Durante su discurso en el Congreso, Caldera empuñó una defensa definitiva a los golpistas y condenó, al mismo tiempo, a la administración de Carlos Andrés Pérez; pero, sobre todo, el rumbo que estaba tomando el país a raíz de las medidas económicas que anunció en febrero de 1989. No se puede incluir a Pérez dentro de la generación adeca que impuso el caducante modelo en el país que terminó implosionando en 1983. Al menos no podemos incluir a su segundo Gobierno. Y, por el otro lado, tenemos a un Chávez que busca reivindicar los orígenes autóctonos y tribales de toda una sociedad. Un golpista que reconoció y alabó la decisión de Carlos Andrés Pérez de nacionalizar la industria petrolera; pero que, al mismo tiempo, condenó tajantemente la liberación de la economía. Se está hablando exactamente de lo que señala Tricás, y de lo que responsabiliza de «acribillar a la democracia». Y ahora debemos añadir otro elemento. Quizá, el más perturbador.

Durante la campaña, hubo una propuesta que llamó la atención. Rafael Caldera no solo se atrevió a defender a los golpistas en el que fue uno de los momentos más críticos del sistema democrático. Además, prometió que se le iba a otorgar la libertad a Hugo Chávez a través de un sobreseimiento. «El clima político del país era entonces inestable y la institucionalidad, frágil. El 4F había cimbrado las Fuerzas Armadas y la posterior destitución del presidente Pérez, tras ser hallado culpable en un juicio de malversación de fondos públicos, había generado gran incertidumbre. Se creía que el cabecilla del 4F era más peligroso dentro de la cárcel, donde se había convertido en un factor de perturbación, que afuera. En la calle —era el pronóstico generalizado— el mito de Chávez se desinflaría», precisan Barrera Tyszka y Marcano (2012).

El 2 de febrero de 1994 Rafael Caldera tomó posesión. La banda presidencial se la cedió el abogado e historiador Ramón José Velásquez, quien había asumido la presidencia el 5 de junio de 1993, luego de la destitución de Pérez. Casi dos meses después de que Caldera asumiera como el presidente más anciano de la historia contemporánea del país, decidió cumplir su promesa.

«Un 26 de marzo de 1994, luego de estar dos años en prisión junto con 10 oficiales por la rebelión cívico-militar del 4 de febrero de 1992, el presidente Rafael Caldera le otorga un sobreseimiento al comandante Hugo Chávez Frías. El pueblo lo aguardaba para agradecerle su gesta heroica», se lee en el medio Telesur (2017).

Chávez jamás fue sentenciado. Su juicio, con el de los otros golpistas, se desarrollaba en el Tribunal Militar. Por eso el presidente decide otorgarle un sobreseimiento, a pesar de que, por rebelión, la pena era de 30 años. La medida es extraña y genera escepticismo. Se supone que se decide sobreseer una causa cuando el hecho investigado no es un delito, no existen indicios de que se ha producido el hecho que generó la causa, o cuando los acusados carecen de responsabilidad y no hay pruebas suficientes. Ninguno es el caso, por supuesto. Sin embargo, Caldera justificará su decisión afirmando: «El sobreseimiento excluye un juicio de valor. Cuando se sobresee un juicio no se está diciendo que el juicio es pertinente o impertinente, y no se está indultando. Simplemente se termina el juicio por razones de interés nacional» (Barrera Tyszka, 2012). La liberación de los golpistas era, según Caldera, un tema de interés nacional.

Nuevamente Hugo está libre y vuelve a surgir la pertinente incógnita de Ángela Zago (1992): «¿Qué pasaría si este hombre saliera a la calle y se le ocurriera atravesar la ciudad de este a oeste, de norte a sur, libremente?». Ahora se sabrá. Por dos años pudo consolidarse como una figura pública. Un símbolo del nacionalismo que brota de los cuarteles.

Luego de salir de Yare, el 26 de marzo, Hugo va, primero, a Fuerte Tiuna. «Cualquiera se hubiera precipitado a su casa. Él no. Hombre de rituales, pide que lo lleven a la Academia Militar. Allí, todo es silencio. Estudiantes y profesores han salido de vacaciones. Se detiene en el patio y se planta frente a un presunto bisnieto del mítico Samán de Güere, donde se juramentó, en 1983, la logia iniciática del Ejército Bolivariano Revolucionario. Habla solo. Dice unas palabras (…) y finalmente sale en libertad» (Barrera Tyszka, 2012). Luego, va a Los Próceres, un paseo monumental en Caracas que queda a metros de la Academia Militar. Ya había organizado un mitin y ahí lo recibe una multitud: «Recuerdo que miré el sol. Ahí en los monolitos en Fuerte Tiuna, en Los Próceres. Yo salí potenciado. En todos los sentidos» (Telesur, 2015).

Ese día vestía un liquiliqui, el traje tradicional de los llanos venezolanos. No cambiaría el estilo en un tiempo. Casi siempre verde olivo. «Con ese atuendo, que le sirve para acentuar su nacionalismo, se siente delgado y a gusto» (Barrera Tyszka, 2012). La cobertura de los medios es amplia. Pareciera que intentara imitar la entrada triunfal del Libertador a Caracas de 1813. Lo sigue la muchedumbre. Un pueblo que lo aplaude por la hazaña de 1992.

«Me monto y enfilamos por Los Próceres rumbo a la alcabala que está ahí, y ahí me bajé. Un capitán, un soldado, el otro soldado, un abrazo. Y cuando volteo, lo que viene es una avalancha sobre mí. Una avalancha, compadre. Lo vi clarito y dije: "Dios mío, y ahora qué hago yo". Tumbaron la mesa, el micrófono, había una moto, se cayó. Un soldado se atravesó diciéndoles que se pararan, lo tumbaron. El fusil rodó por allá… Yo rodé. Me rompieron el liquiliqui. Ahí entendí mi destino», dice el teniente coronel (Chávez, 2012). En Los Próceres, Chávez espetó un discurso del que se desprende una de sus frases más emblemáticas: «A la carga, a tomar el poder político en Venezuela. A demostrarles a los politiqueros venezolanos cómo se conduce un pueblo hacia el rescate de su verdadero destino (…) ¡Me voy a las catacumbas a acompañar al pueblo!» (Telesur, 2015).

Al día siguiente continuó afianzando el misticismo que ya había cimentado en la cárcel. El 27 de marzo de 1994 Hugo visitó el Panteón Nacional, donde descansan los restos de Simón Bolívar. Llevó una ofrenda floral y volvió a reunirse con una multitud. Era el encuentro con la cultura que se había generado en torno a su figura. Horas después, el diario Últimas Noticias tituló: «Chávez oró 10 minutos ante el sarcófago del Libertador» (Telesur, 2017).

A AGUANTAR, QUE LA VICTORIA ESTÁ CERCA

Mientras en Venezuela se iba, poco a poco, desmantelando el sistema democrático, en Cuba la situación también era decadente. La caída de la Unión Soviética había impuesto a Fidel una coyuntura incordiante. El líder cubano se mantenía firme en la decisión de perseverar intactos sus principios, a pesar de que ya no contaba con el financiamiento ruso. En Europa, todos los regímenes que alguna vez fueron tutelados por la Unión Soviética, empezaron a derrumbarse. Sin el sostén económico, era imposible mantener un modelo baldío. Pero Castro insistía.

«Durante décadas, la URSS había ido inyectando dinero al comprar muy caro el azúcar y vender el combustible barato. Cuba había costado a los rusos 12 millones de dólares por día; al final la deuda ascendía a 18.300 millones de dólares», escribe el autor Clive Foss (2007).

El desmoronamiento del comunismo en el mundo tuvo un impacto fatal en la isla. El cubano era prácticamente el único régimen que pretendía sujetar un modelo ideológico condenado al fracaso. Y por el cruel empecinamiento de Castro, Cuba entró en lo que se denominó como el «periodo especial».

«La industria azucarera prácticamente se había hundido. La producción pasó de ocho millones de toneladas en 1990 a cuatro millones en 1993 (...) Castro respondió con el periodo especial para tiempos de paz, el cual aludía a una serie de medidas de emergencia económica que reducían drásticamente los subsidios y la producción. Si era necesario, Cuba volvería a la llamada "opción cero", donde la gente volvería al campo, y los bueyes y los molinos de viento serían la energía», apunta Foss (2007).

De repente, en Cuba volvieron las bicicletas y los animales de carga. El dictador estaba dispuesto a someter una sociedad entera a una miseria mucho mayor de la que ya la había acostumbrado. Fidel lo había alertado. En sus discursos, aseveraba que, si se debía pasar hambre por la Revolución, pues eso sería lo justo. Los automóviles de los años cincuenta que adornaron por décadas las calles de La Habana, empezaban a ser abandonados. Aunque jamás los cubanos fueron ricos durante la Revolución, lo que estaban viviendo no tenía precedentes.

Foss (2007) señala en su obra: «No había bienes de consumo y la escasez de comida era alarmante. De consumir por término medio 3.000 calorías al día en 1989, los cubanos acabaron consumiendo solo 1.900 en 1992. En sus peores momentos, la dieta oficial llegó a ser inferior a la que se había concedido a los esclavos un siglo antes».

No obstante, es probable que Fidel no lo estuviese haciendo con premeditación. Por muchos años, responsabilizó a Estados Unidos y las sanciones de las miserias en la isla. Sin embargo, aquello no le afectaba realmente porque gozaba del respaldo de la segunda potencia de mundo. Pero ya no. Probablemente por primera vez en más de 30 años su régimen autoritario se veía amenazado.

La crisis generó un éxodo inmenso. Y, además, se añadió un nuevo e inédito elemento a la fórmula. Una sociedad, hastiada, parecía despertar. Se estaba generando algo desconocido para el líder cubano que se había impuesto a la fuerza. Fidel había llegado al poder ejecutando a la disidencia. Ajusticiando y llevando al paredón. Pero ahora enfrentaba un incipiente —pero fugaz— movimiento que desafiaba su poderío.

«El 13 de julio, setenta y dos personas se hacinaron en un viejo remolcador y pusieron rumbo a Florida; la marina cubana no tardó en interceptarlos, embistió el barco y murieron cuarenta y un cubanos. La posterior indignación internacional fue tal que Fidel prohibió emprender cualquier acción que pusiera en peligro las vidas de quienes trataban de huir. A las tres semanas, la Asamblea Nacional se reunió infundiendo esperanzas de reformas que nunca cristalizaron, por lo que el 5 de agosto de 1994 se desataron disturbios por primera vez en treinta y seis años: miles de cubanos descontentos apedrearon a la policía y rompieron ventanas. La población ya no podía consentir la escasez», apunta el autor y catedrático estadounidense (Foss, 2007).

Castro sabía que era necesario hacer algo. No podía mantener esa situación por muchos años más. Si la crisis se continuaba acentuando, era muy posible que se extendieran los disturbios. Ello iba a necesitar represión por parte del Estado y la condena internacional podía escalar. En fin, no era un escenario favorable. Sin embargo, sabe bien que tiene alternativas. Desde hace años ha puesto a rodar proyectos en la región para no tener que ceder. Y hay uno en particular que tiene su interés. La única forma de no desistir era volviendo a tener a algún financista como lo había sido la Unión Soviética. Eran pocas las naciones en la región que gozaban de los recursos pertinentes para llevar a cabo aquella empresa.

Para 1994 el Foro de São Paulo ya ha tenido cuatro encuentros. El último, en 1993, se dio en La Habana. En todos se refuerza la idea de, primero, aferrarse al socialismo como modelo ideológico a cargar como estandarte. Segundo, se afianza la idea de tomar el poder por las vías constitucionales. Por alguna razón, en toda la región se estaban generando cambios importantes. En cada país, por situaciones locales; pero, al final, se trataba de un viraje significativo. En Brasil, Luiz Inácio Lula da Silva es popular y pudo consolidar un movimiento de izquierda. En Venezuela, Chávez es aclamado y defendido. En este último país, el sistema ya no daba para más. Debía ser sustituido, y en eso iba a colaborar Fidel Castro. Los cubanos debían aguantar la difícil coyuntura, porque el triunfo estaba cerca. Dentro de poco se iba a consolidar el trabajo y esfuerzo de años. Por fin el encuentro decisivo estaba a punto de ocurrir. Un estrechón de manos que terminaría de consolidar el destino, no solo de un país, o de una isla; sino de toda una región. Un conjunto de naciones, dispuestas a someterse.

Hacemos cambios pero sin renunciar a la independencia y la soberanía. Hacemos cambios, pero sin renunciar al verdadero principio del gobierno del pueblo, por el pueblo y para el pueblo, que, traducido al lenguaje revolucionario, es el gobierno de los trabajadores, por los trabajadores y para los trabajadores (...) Hemos sido solidarios con el mundo, no nos corresponde hablar de esa solidaridad. Solidaridad, en cuanto a lo que a nosotros se refiere, debemos hacer el máximo y hablar el mínimo, porque no vamos a hacer la autoapología de nuestra conducta.

Hace unos minutos, antes de comenzar la parte final de este evento, un compañero decía: «¡Mira que Cuba ha hecho cosas!». Cuando uno oye hablar a los visitantes de un país y de otro; cuando hablan de médicos, cuando hablan de becarios, de gente que se formó aquí, de una actividad, de otra y de otra, se da uno cuenta de que esos años nuestro país ha llevado adelante muchas cosas. Es que para nosotros la solidaridad y el internacionalismo es un principio, y es un principio sagrado (...).

Nosotros comprendemos lo que significaría para todas las fuerzas progresistas, para todas las fuerzas revolucionarias, para todas las fuerzas amantes de la paz y de la justicia en el mundo que el imperialismo lograra aplastar a la Revolución Cubana y por eso consideramos nuestro deber más elemental y nuestro deber más sagrado con ustedes, defender la Revolución, aún al costo de la vida.

Discurso de Fidel Castro en el Teatro Marx
el 25 de noviembre de 1994

¡Vas bien, Fidel!

La Revolución Cubana no llega a Venezuela como llega la rusa a otras partes. Llega con frescura y así se llega mejor.
Douglas Bravo

En algún momento muchos señalaron lo renovador que era para la política de Venezuela la figura de Hugo Chávez. Gran parte de los venezolanos lo veían como si se tratara de algo nuevo. Un componente fresco, que irrumpía en el escenario para convertirse en una nueva esperanza.

La coyuntura era casi apocalíptica. Como si el país estuviese derrumbándose y fuese extremadamente necesario engancharse a un adalid para no dejarse arrastrar. En su obra, Ana Teresa Torres precisa cómo el teniente coronel Chávez se transforma en un héroe para una sociedad angustiada: «Vemos claramente varios de los elementos analizados en el mito bolivariano pagano, como es la estirpe guerrera y heroica que une a Guaicaipuro con Chávez a través de la saga libertaria (...) con especial mención del antepasado Maisanta. De nuevo encontramos la noción del mesianismo militar en la esperanza de que la "seriedad" de los militares proteja al pueblo. Como hemos apuntado anteriormente, se trata de la confianza en los militares como descendientes de Bolívar y protectores de la libertad» (Torres, 2014).

Luego de salir de Yare, Hugo se queda en Caracas. Conviene señalar que durante su tiempo en prisión aprovechó para instruirse. Leyó a Uslar Pietri, a Sergio Marras, a Benedetti y, también, a Fidel Castro. Hugo recuerda con Ignacio Ramonet que, luego del golpe de Estado del 92, el líder cubano había justificado el intento de tomar el poder de los golpistas en una entrevista que le brindó al autor Tomás Borge: «Recuerdo clarito que cuando leí esto en la cárcel le comenté a Alastre López, mi compañero más cercano: "¿Será que Fidel sabe algo?". En todo caso, yo lo tomé, en Yare, como un mensaje de Fidel hacia nosotros» (Ramonet, 2000).

Chávez decide quedarse en la capital porque ahora tenía objetivos políticos precisos y nada hacía estando en Maracay. Ya se había alejado de su mujer —incluso de su amante—. Su agenda se mantiene ocupada. Complace con regularidad a los medios y empieza a recorrer Venezuela con el fin de transformar el Movimiento Bolivariano Revolucionario-200 en una plataforma política. «Varios compañeros me decían: "Bueno, ya el MBR-200 hizo lo que tenía que hacer, su hora pasó". Yo me negaba. Tenía el temor de que toda esa fuerza que despertó se la llevara el viento, dividida, confundida, manipulada… Y me opuse: "¡No, el movimiento apenas está en gestación; al contrario, ahora es cuando hay que desarrollarlo!"» (Ramonet, 2000).

Va con su liquiliqui, montado en una Toyota Samurai, a recorrer el país. Lo acompañan algunos oficiales con los que se sublevó, y nuevos compañeros. A su lado están Rafael Isea, del MBR-200, y Nicolás Maduro, un izquierdista que a los 12 años había militado en la fuerza política de Douglas Bravo y se formó en las escuelas de cuadro de La Habana entre 1986 y 1987 (Zea, 2013). Pero, además, Chávez se propone establecer algunas relaciones internacionales.

«Cuando Chávez fue liberado de prisión en 1994, él comenzó a establecer vínculos con grupos armados y movimientos sociales izquierdistas a lo largo de las Américas», se lee en el libro *The Farc Files: Venezuela, Ecuador and the Secret Archive of "Raúl Reyes"*» ([IISS], 2011).

Hugo aprovecha el tiempo. A él lo contactan y él contacta. Sabe que debe afianzar relaciones que algún día podrían rendirle frutos. Durante todo este tiempo continúa empuñando el bolivarianismo. Habla del Árbol de las tres raíces y de todas las frivolidades con las que pretendía disfrazar su verdadera preparación y tendencia. Sus tutores e influencias le hablaron de Marx, el Che, Engels y Zimmerman Zavala; pero todavía Chávez no se atrevería a revelarlo. Ni siquiera se desplegaría hablando sobre socialismo. Dentro de su cabeza persisten las ideas de Douglas Bravo y Ruiz Guevara: la conformación de una unión cívico-militar alrededor de una doctrina política antiimperialista, con sentido social y que buscara reivindicar el pensamiento de Simón Bolívar y otros personajes de la historia de Venezuela. Hay aristas, claro. Y es mucho más lo que gira alrededor de estas ideas. Al final, todo está relacionado con su origen marxista.

En los últimos días de julio de 1994, miembros del movimiento guerrillero marxista M-19 invitan a Chávez a Colombia. «Ese grupo nos mandó solo el pasaje, no tenían recursos para llevarme a un hotel, y yo tampoco. Entonces me alojaron en un caserón muy grande, propiedad de los jesuitas, en Bogotá por supuesto, sede de la Juventud Trabajadora de Colombia, organización ligada al Partido Comunista», relata Chávez (Ramonet, 2000).

Luego, el teniente coronel confiesa a Ignacio Ramonet (2000) que durante 1994 se reunió en varias ocasiones, de forma clandestina, con el embajador de Cuba en Venezuela, Germán Sánchez Otero. No precisa cuáles temas discutieron, ni cuándo se dio el primer contacto. Pero el 30 de julio de ese año, luego de regresar del viaje a Colombia, el Movimiento Bolivariano Revolucionario-200 organiza una rueda de prensa. «Termino pronto porque, como la prensa me boicoteaba, casi no vino ningún periodista», dice Chávez. Alguien le había comentado que en el mismo sitio había un cubano dando una conferencia sobre Bolívar. «Así que fui a saludar al conferencista cubano quien resultó ser el historiador de La Habana, Eusebio Leal. Nos presentan. Él me da sus datos y yo los míos. Por esa vía me llegó la propuesta. La Casa "Simón Rodríguez" de La Habana me invitó a dar una charla sobre Bolívar», continúa Chávez (Ramonet, 2000). Otra coincidencia, completamente oportuna. Quizá era esa mano invisible a la que siempre hace referencia Chávez.

Aquella que manejaba convenientemente su destino. Ahora el golpista fracasado contaba con una invitación, aparentemente informal, a Cuba.

El 15 de septiembre volvió a viajar. Esta vez a Panamá, donde sería entrevistado por varios medios. Se reunió con dirigentes locales y afianzó algunos vínculos. Posteriormente, el 20 de septiembre, va a Argentina. Es el mismo itinerario. Entrevistas y encuentros. En ese viaje conoce al reconocido sociólogo Norberto Ceresole. De Argentina va a Uruguay; y de ahí a Chile. Finalmente, y de regreso en Venezuela, se prepara para el más importante y fértil de sus viajes.

Asegura Hugo que su visita a La Habana era informal. Supuestamente solo iba a dar una charla sobre Bolívar. Sin embargo, no fue así. No se sabe si Chávez miente o tergiversa la historia por intereses particulares. La idea no es poner en duda todas sus afirmaciones. Al fin y al cabo, es uno de los protagonistas. Sin embargo, hay versiones en las que se hace urgente la necesidad de desconfiar. Chávez no fue a dar una charla y ya. Al final, el avión comercial que partió el 13 de diciembre de 1994 se detuvo en el terminal de protocolo, no en el de pasajeros.

Fidel Castro no suele recibir a cualquiera en el aeropuerto. De hecho, es totalmente infrecuente. El comandante cubano sabe que es un líder mundial y lo abriga el orgullo. Pero esta vez, el máximo adalid de la Revolución Cubana y la izquierda mundial se trasladó al Aeropuerto Internacional José Martí para darle la bienvenida a Hugo Chávez.

«Yo tenía un maletín en mano, se lo entregué a Isea, bajé aquella escalera, y bueno, aquel primer abrazo inolvidable… El "abrazo de la muerte", dijeron mis adversarios», cuenta el teniente coronel (Ramonet, 2000).

Hugo viste el liquiliqui verde oliva. Es de noche y Fidel está de pie, esperándolo. No se sabe qué fue lo primero que se dijeron. Del aeropuerto van al Palacio de la Revolución, donde tuvieron «las primeras conversaciones» (Ramonet, 2000). En la Academia Militar lo condecoran.

Al día siguiente Chávez almuerza con el líder revolucionario. No solo había sido un recibimiento, sino que estuvieron juntos todo el viaje. Se podría argumentar que el olfato político del cubano era agudísimo. Es lo más probable. Sabía bien en qué podía convertirse el fracasado golpista. Pero, ¿qué tan verosímil es? Al fin y al cabo, era eso, un fracasado golpista, que además se había rendido y sobre quien sus compañeros pensaban que era un cobarde. En Venezuela había otros dirigentes de la izquierda, más conocidos y con mayor prestigio, que también se rendían ante Castro; pero con Chávez fue diferente.

Después de la sobremesa en el Palacio Blanco, van al centro histórico de la Casa Bolívar. Ahí los esperan otros dirigentes. «Además de Daniel Ortega, estaban Carlos Lage y Ricardo Alarcón», añade Hugo (Ramonet, 2000). Apenas tenía un día en La Habana y ya había estrechado manos con la vedette de la izquierda mundial, con un expresidente, el secretario del Comité Ejecutivo del Consejo de Ministros de Cuba y un reconocido escritor, respectivamente.

La agenda en Cuba era apretada. A fin de cuentas, se estaba produciendo la verdadera consolidación de años de esfuerzos. Quizá no todos los que tuvieron alguna participación en el desarrollo de toda la historia lo percibieron en ese momento, pero las estrechadas de mano y los brindis que el 13, 14 y 15 de diciembre se estaban dando en La Habana eran, por fin, el resultado y el afianzamiento de una intrincada tarea que había iniciado 35 años atrás.

Al salir de la infructuosa y hostil reunión con Rómulo Betancourt en enero de 1959, Castro, según Simón Alberto Consalvi (Hernández, 2016), le «declaró la guerra a Venezuela». Fue una contienda extensa. Ardua y con diferentes etapas. Hubo bajas. Encontronazos físicos y diplomáticos. Pero ahora estaba llegando a su final. Tal vez si comparamos la guerra de Cuba contra Venezuela con la Segunda Guerra Mundial, ese encuentro con Hugo fue el Día D. La última y decisiva operación Overlord con la que Fidel iba a obtener el preciado y necesario triunfo. Y ahora, más que nunca, la victoria era imperiosa.

Castro recibió a Chávez como a un jefe de Estado, como si supiera bien quién era, de dónde venía y cuál sería su destino. Es difícil creer que fue solo olfato político, así como parece inverosímil la historia de que Chávez pensaba que solo iba a dar una charla en La Habana. En todo caso, fue engañado. No obstante, sí ofreció un discurso. Fue en el Aula Magna de la Universidad de La Habana, donde Castro solía vociferar frente a los militantes del Partido Comunista Cubano. Ahí se le ofreció un sublime homenaje al teniente coronel Hugo Chávez Frías.

«Señor comandante en jefe de la Revolución Cubana y presidente de la República», inicia Chávez el alegato. «Reciban en primer lugar un caluroso y sentido abrazo bolivariano (...) Anoche, en este viaje fugaz pero profundo a Cuba, una compatriota cubana me preguntaba en el avión que si era la primera vez que yo venía a Cuba. Le dije que sí. Pero al mismo tiempo le dije algo que quisiera repetir en este momento, tan emotivo y tan emocionante: primera vez que vengo físicamente, porque en sueños a Cuba vinimos muchas veces los jóvenes latinoamericanos».

Chávez tiene puesto un liquiliqui, pero esta vez negro. Está a su izquierda, como a unos quince metros, Fidel Castro, quien aplaude cada cierto tiempo. También están el rector de la Universidad y el presidente de la Federación de Estudiantes Universitarios. Frente a él tiene a miles de jóvenes cubanos. Es quizá su discurso más importante hasta el momento. Parece que improvisa, pero es impecable.

«En sueños a Cuba vinimos infinidad de veces, los soldados bolivarianos del Ejército venezolano, que desde hace años decidimos entregarle la vida a un proyecto revolucionario, a un proyecto transformador (...) les digo a ustedes, queridos compatriotas cubano-latinoamericanos, que algún día esperamos venir a Cuba en condiciones de extender los brazos y en condiciones de mutuamente alimentarnos en un proyecto revolucionario latinoamericano», asevera Chávez, mientras lo aplauden con euforia. Acaba de anunciar otra promesa, como lo hizo el 4 de febrero de 1992. Son palabras anunciadoras que acobardan. Es tajante. Frente al máximo líder de la izquierda mundial expone una inmensa elocuencia. Parece todo un orador. Fidel lo ve por el rabillo del ojo. Tiene los dedos entrelazados y solo desenreda las manos para aplaudir. La imagen dice mucho. Castro parece ver la materialización de un triunfo.

¡Tantas cosas que se agolpan en la mente, tantos recuerdos, tantas veces soñar con Cuba, estar en Cuba y al fin, estar aquí! (…) Recordaba, dentro de tanto cúmulo de cosas que me llega ahora en este momento, en esta Aula Magna de esta universidad de La Habana (…) haber leído en la cárcel, comandante Castro, presidente de Cuba, haber releído en primer lugar, en la cárcel de Yare, aquella encendida defensa, aquella encendida palabra suya: «La historia me absolverá» (…) Estamos empeñados en levantar una bandera ideológica pertinente y propicia a nuestra tierra venezolana, a nuestra tierra latinoamericana: la bandera bolivariana. Pero en ese trabajo ideológico de revisión de la historia y de las ideas que nacieron en Venezuela y en este continente hace 200 años, cuando se fue levantando el primer proyecto de nación, no solamente venezolana, sino latinoamericana, aquel proyecto que Francisco de Miranda llamó Colombeia y que Bolívar tomó después para llamar Colombia; lo que hoy conocemos como la Gran Colombia, el sueño bolivariano (…)».

Chávez coincide con Fidel. Exhibe, por primera vez y frente a los cubanos, que también tiene intenciones de trascender las fronteras con un proyecto político. Plantea que las naciones se deben unir. Que los lazos se deben concretar.

Finalmente, Hugo esgrime en su primer discurso en Cuba:

Venezuela tiene inmensos recursos energéticos, por ejemplo, ningún país del Caribe o latinoamericano, debería importarle combustible a Europa, porque si Latinoamérica tiene entre ellos a Venezuela, con inmensos recursos energéticos, por qué Venezuela va a seguir exportándole a los países desarrollados (...) Es un proyecto que nosotros hemos lanzado ya al mundo venezolano con el nombre de Proyecto Nacional Simón Bolívar, pero con los brazos extendidos al continente latinoamericano y caribeño, y al respecto hemos entrado ya en contacto con algunos centros de estudio de Panamá, de Colombia, de Ecuador, de Uruguay, de Argentina, de Chile, de Cuba; un proyecto en el cual no es aventurado pensar, desde el punto de vista político, en una asociación de Estados latinoamericanos.

¿Por qué no pensar en eso, que fue el sueño original de nuestros libertadores? ¿Por qué seguir fragmentados? Hasta allí, en el área política, llega la pretensión de este proyecto que no es nuestro ni es original, tiene 200 años, al menos.

¿Cuántas experiencias positivas en el área cultural, en el área económica —¡esta economía de guerra que vive Cuba prácticamente!—, en el área deportiva, en el área de salud, de la atención a la gente, de la atención al hambre, que es el primer objeto de la patria, el sujeto de la patria?

Así que en esa área o en esa tercera vertiente, en el proyecto político transformador de largo plazo, extendemos la mano a la experiencia, a los hombres y mujeres de Cuba que tienen años pensando y haciendo ese proyecto continental (...) El siglo que viene, para nosotros, es el siglo de la esperanza; es nuestro siglo, es el siglo de la resurrección del sueño bolivariano, del sueño de Martí, del sueño latinoamericano.

Queridos amigos, ustedes me han honrado con sentarse esta noche a oír estas ideas de un soldado, de un latinoamericano entregado de lleno y para siempre, a la causa de la Revolución de esta América nuestra. ¡Un inmenso abrazo bolivariano para todos! (Báez R. M., 2005).

Así concluye el discurso de Chávez en la isla. El teniente coronel no sabía que iba a Cuba a encontrarse con Fidel; pero termina presentando en el Aula Magna de la Universidad de La

Habana una serie de ideas que coinciden plenamente con los apostolados de Castro. Al final, en una sugestiva pero concisa oración, ofrece a Venezuela y sus recursos. En ese momento, Fidel ganó. Era el triunfo que buscaba desde 1959 y finalmente lo obtenía. Las palabras de Chávez en tarima fueron la capitulación de un país que agonizaba y que en unos años se iba a someter. Ya nadie podía evitarlo.

Su verbo fue aclamado con entusiasmo. Al terminar, el líder de la isla se levantó de su silla, aplaudió y le volvió a estrechar la mano. Le dio un abrazo y sonrió. Ahora le tocaba hablar a él:

Admirado teniente coronel Hugo Chávez. Aquí tenemos una cuestión acerca de cómo llamarlo, porque Leal lo llamaba comandante. Él contaba que allá en Panamá lo llamaron comandante y nadie lo ha degradado, nadie le ha quitado grados. Yo creo que han querido elevar de grado, porque ya no se están refiriendo a un grado militar, sino a un grado político, como pudiera considerarse comandante de una revolución.

Compañeras y compañeros, profesores y estudiantes: hay muchas cosas simbólicas en esta reunión de hoy. Cuando supimos que el comandante Hugo Chávez había aceptado la invitación de Eusebio Leal para visitar La Habana y no sabíamos, cuando se hizo, si podría venir o no dado su programa de actividades —la invitación era relativamente reciente— no había ninguna duda de que para una personalidad como Hugo Chávez la aceptación de esa invitación entrañaba un acto de valentía (…) Claro está que desde nuestro punto de vista, si pensáramos que una visita de Hugo Chávez podía perjudicarlo políticamente, nadie habría pensado en hacerle una invitación; pero nosotros partíamos de una convicción —que se ha comprobado plenamente—, de las características personales, de las características políticas, de las características morales de Hugo Chávez, de lo que representa, de lo que significa, de sus objetivos, y que el encuentro con nuestro pueblo sería útil para todos (…).

¿Dónde podemos organizarle un homenaje digno a nuestro valiente, por lo que él piensa, por lo que él significa, por lo que él es? Al recoger las banderas de las ideas bolivarianas; al visitar la patria de Martí, maestro de nuestros revolucionarios, discípulos de Bolívar; a un país donde se quiere tanto a Bolívar, donde se le conoce y admira tanto, ¿cuál será el mejor lugar para expresar un pensamiento político, para que allí se pueda transmitir a vez el sentimiento de nuestro pueblo hacia el visitante y hacia lo que sus seguidores significan? Pensamos que no había mejor lugar que la Universidad de La Habana.

Descuella la necesidad de continuar resaltando que Chávez había sido un golpista fracasado. Que fue el primero en rendirse y que eso había incomodado profundamente a sus compañeros. Puede que no todos tengan la misma percepción. Al final la sociedad venezolana, cautivada por el rebelde, no indagó mucho. Las que prevalecieron fueron sus palabras; y ese fue el momento que se eternizó. Sin embargo, no es probable que lo mismo haya ocurrido con Fidel, quien pudo haber sido uno de los líderes más brillantes y calculadores de la historia mundial. De hecho, en su mismo discurso señala que, luego de que Chávez irrumpiera en la escena política con las declaraciones, le siguió de cerca el rastro a él y a los otros comandantes. Y, a pesar de eso, se aventura a decir en su alegato que la hazaña del teniente coronel le recordaba a sus tiempos en la Sierra Maestra. Una aseveración excesiva. Pero probablemente medida con cautela.

Luego, el comandante de la Revolución Cubana dice:

> *Puede decirse que la historia de Venezuela comenzó a cambiar, porque muy importantes acontecimientos ulteriores se producen a partir de aquel intento. Lógicamente, nosotros, cuando llegamos a conocer con precisión los hechos, era imposible que no viésemos con simpatía y con admiración lo que habían hecho y, sobre todo, valorábamos de manera extraordinarias esas ideas bolivarianas que se habían recogido y que constituían las banderas esenciales de ese movimiento (...).*

Pero otro simbolismo es la respuesta de Chávez acerca de su llegada al país el día 13. Coincide con que acababa de tener lugar la famosa cumbre de Miami. Nadie lo planificó así, pero quiere el azar de nuevo que se produzca otra cosa simbólica, a 90 millas de Miami: el encuentro del pueblo de Cuba con el movimiento bolivariano revolucionario de Venezuela y de América Latina.

No se puede hablar de Bolívar sin pensar en todo un continente, sin pensar en toda la América Latina y en todo el Caribe, del cual somos parte nosotros y otros países de habla española, o de habla francesa, o de habla inglesa.

Es casi imposible que los discursos no generen pavor. Se está hablando del año 1994, y Fidel perfila a Hugo como la personificación del «movimiento bolivariano revolucionario de América Latina». Es el sentido más amplio de la oración, a la que hace referencia Castro. No habla del Movimiento Bolivariano Revolucionario-200. Vaticina algo mucho más trascendental. Exhibe plena confianza en sí mismo y en quien tiene a un lado. Es temerario para esgrimir sendas premisas. Pero lo hace. Castro no se equivoca y sabe que ha triunfado. Trata a Hugo como si estuviese orgulloso de sus logros y el desarrollo de su vida como conspirador. Finalmente, concluye en su encendida y estremecedora perorata:

Si aquí hablamos de la cubanía, con motivos de la presencia de Hugo Chávez podemos hablar de la «latinoamericanía», porque son las ideas y los principios que nos corresponde defender hoy más que nunca.

Y claro está que si se llevan consecuentemente las ideas de Bolívar y Martí, se concluirá siempre en el fin de la injusticia, en el fin de la explotación; se concluirá siempre en la necesidad desesperada de la justicia social que tienen nuestros pueblos; se concluirá siempre en que solo la revolución que ponga fin a todas esas injusticias, solo la revolución que ponga fin a esos sistemas, más tarde o temprano, será la que resuelva los problemas sociales de nuestros pueblos.

Cada cual lo llamará de una forma o de otra. Nosotros es bien sabido que lo llamamos socialismo; pero si me dicen: «Eso es bolivarianismo», diría: «¡Estoy totalmente de acuerdo!». Pero algo más, si me dicen: «Eso se llama cristianismo», yo diría: «¡Estoy totalmente de acuerdo!».

Nos sentimos muy honrados con su presencia esta noche, comandante y teniente coronel; comandante en jefe del Movimiento Bolivariano Revolucionario que nos habla de tales ideas (...) Esas son las ideas de esta época, ese es el antiimperialismo de esta época, y eso nos hace sentir la necesidad de Bolívar y de Martí más que nunca.

¡Vivan las ideas de Bolívar! ¡Vivan las ideas de Martí! (Báez R. M., 2005).

Al día siguiente están nuevamente Fidel y Hugo en el aeropuerto de La Habana. El teniente coronel debe volver a Venezuela a ganar, en cuatro años, unas elecciones. La escena es tan emblemática como la del primer encuentro. «Cuando me despedí de Fidel (...) delante del avión, me puse la boina roja y lo saludé a lo militar... Yo con mi liquiliqui verde y él con su legendario uniforme verde olivo. La escena se filmó, por ahí están las imágenes de ese saludo. Imágenes que causaron un tremendo revuelo en Caracas», relata Chávez (Ramonet, 2000).

Este es, tanto el final, como el inicio de una nueva etapa. Un drama en el que, después de todo, Castro sí triunfó sobre Venezuela. Las últimas palabras de Carlos Rangel en su obra son oportunas: «Pero Fidel mismo se ha salido con la suya. Ha ganado. Sigue con el poder, monarca absoluto de la isla de Cuba» (Rangel, 2005). Si ahora Castro le volviera a preguntar a su antiguo compañero, Camilo Cienfuegos: «¿Voy bien?», seguramente Camilo blandiría: «Vas bien, Fidel».

Se esbozan por fin los días en que, no solo una nación se sometería a la influencia de un régimen, sino que toda una región se rendiría ante Fidel Castro. Ya no solo ideológicamente; en cambio, poco a poco, y gracias al triunfo en Venezuela, toda una región cedería de la manera más humillante posible. Sería una victoria política sobre toda una sociedad. La capitulación y, al mismo tiempo, la vil imposición del autoritarismo, a través del chantaje y la seducción, sobre los ciudadanos. A pesar de todo nadie lo pudo evitar. Finalmente están a punto de empezar los días de sumisión.

REFERENCIAS

(IISS), T. I. (2011). The Farc Files: Venezuela, Ecuador and the Secret Archive of 'Raúl Reyes'. London: Arundel House 24, N. (4 de febrero de 2013). "Confianza y fe en la democracia": el 4F desde las palabras de Carlos Andrés Pérez.

Noticias 24.

Alcalá, C. (julio de 2017). Entrevista personal. (O. Avendaño, Entrevistador) Caracas.

Alexander, R. (1972). The Communist Party of Venezuela. Miami: Center for Latin American Studies at the University of Miami.

Álvarez, G. C. (1989). Camilo Cienfuegos. El hombre de mil anécdotas. La Habana: Política.

Amara, D. (Dirección). (2016). The Cuba Libre Story [Película].

Antich, F. O. (2007). Así se rindió Chávez: la historia del 4 de febrero. Caracas: El Nacional.

Análisis, C. (s.f.). Diccionario del castrismo cotidiano. Obtenido de Dubanálisis: BLIOTECA%20ON%20LINE/DICCIONARIO%20DEL%20 CASTRISMO%20COTIDIANO%20 ON%20LINE/E.htm

Aporrea. (23 de agosto de 2006). Realizarán en Barinas homenaje a J. E. Ruiz Guevara, maestro del presidente Hugo Chávez. Aporrea.

Archive, C. (s.f.). Base de datos de Cuba Archive (Búsqueda avanzada). Recuperado el agosto de 2017, de Cuba ced-search/

Arenas, R. (1996). Antes que anochezca. Madrid: Tusquets Editores.

Arendt, H. (2008). On Violence. Madrid: Alianza. Arendt, H. (2005). La condición humana. Madrid: Paidos Iberica.

Arendt, H. (1974). Los orígenes del totalitarismo. Madrid: Taurus.

Arria, D. (marzo de 2017). Entrevista personal. (O. Avendaño, Entrevistador) Nueva York.

Arria, D. (2012). La hora de la verdad. Caracas: La hoja del norte.

Arria, D. (20 de mayo de 2004). To free Cuba, support Venezuelan referendum. The Herald.

Bastenier, M. A. (5 de febrero de 1989). La 'coronación' de Carlos Andrés Pérez. El País.

Becerra, R. (16 de diciembre de 2015). Testimonio | Yo conocí al comandante Chávez. La diputada María León recuerda al ídolo, maestro y héroe. Obtenido de INPSASEL: http://www.inpsasel.gob.ve/moo_news/Prensa_1304. html

Benemelis, J. F. (2003). Las guerras secretas de Fidel Castro. Madrid: Hypermedia.

Betancourt, R. (1967). Hacia América Latina democrática e integrada. Caracas: Arte.

Betancourt, R. (25 de junio de 1960). Discurso Ró mulo Betancourt después del atentado. Obtenido de YouTube: r3gqW-v4&t=21s

Betancourt, R. (octubre de 1963). Discurso de Rómulo Betancourt sobre atentado al Tren de El Encanto. Obtenido de Fundación Rómulo Betancourt: https://fundacionromulobetancourt.com/?s=discurso

Betancourt, R. (9 de febrero de 1958). Discurso febrero 1958. Obtenido de Ganar La República Civil: https://ganarlarepublicacivil.blogspot.com/2010/04/discurso-deromulo-betancourt-su.html

Betancourt, D. R. (13 de febrero de 1959). Constitución web. Obtenido de https://constitucionweb.blogspot.com/2010/07/discurso-de-toma-de-posesion.html

Betancourt, F. R. (s.f.). Fundación Rómulo Betancourt. Obtenido de Fundación Rómulo Betancourt: cionromulobetancourt.com/?s=Fidel+Castro

Bravo, D. (29 de abril de 2017). Entrevista personal. (O. Avendaño, Entrevistador) Caracas.

Báez, R. M. (2005). El encuentro. La Habana: Consejo de Estado.

Báez, M. R. (2004). Chávez nuestro. La Habana: Casa editorial Abril.

Caldera, R. (11 de diciembre de 1968). En mis manos no se perderá la República. Obtenido de Rafael Caldera: se-perdera-la-republica/

Caldera, R. (11 de marzo de 1969). Discurso toma de posesión de Rafael Caldera. Obtenido de YouTube: https:// www.youtube.com/watch?v=Dtk_16VU56M

Caldera, R. (1974). Cinco años de cambio. Caracas: Biblioteca Rafael Caldera.

Caldera, R. (6 de marzo de 1974). Mensaje del presidente al Congreso. Caracas, Venezuela.

Caldera, R. (4 de febrero de 1992). Discurso Rafael Caldera sobre el golpe de Estado. Obtenido de Retóricas: dera-golpe-4-febrero.html

Calle, Á. L. (14 de marzo de 1979). "Recibo un país hipotecado", afirmó Herrera Campins ante Carlos Andrés Pérez. El País.

Campins, L. H. (12 de marzo de 1979). Luis Herrera Campins, toma de posesión. Obtenido de YouTube: https://www.youtube.com/watch?v=XdwvHJfTuuU

Castañeda, O. G. (s.f.). Segunda presidencia de Carlos Andrés Pérez. Obtenido de Monografías: http://www.monografias.com/trabajos88/segunda-presidencia-carlos-andres-perez-1989-1993/segunda-presidencia-carlos-andresperez-1989-1993.shtml

Castro, F. (22 de diciembre de 1961). Discurso Fidel Castro 22 de diciembre de 1961. Obtenido de Cuba: http:// www.cuba.cu/gobierno/discursos/1961/esp/f221261e. html

Castro, F. (25 de noviembre de 1994). Discurso pronunciado por el comandante Fidel Castro en la clausura del encuentro mundial de solidaridad con Cuba. Obtenido de Cuba: http://www.cuba.cu/gobierno/discursos/1994/ esp/f251194e.html

Castro, F. (18 de julio de 1985). Discurso pronuncia do por el comandante Fidel Castro durante la sesión de clausura del evento, "año del tercer congreso". Obtenido de Cuba: http:// www.cuba.cu/gobierno/discursos/1985/ esp/f180785e.html

Castro, F. (2 de diciembre de 1986). Discurso pronunciado por Fidel Castro en la clausura de la sesión diferida del tercer Congreso del Partido Comunista. Obtenido de Cuba: http:// www.cuba.cu/gobierno/discursos/1986/ esp/f021286e.html

Castro, F. (3 de septiembre de 1979). Discurso pronunciado por Fidel Castro en la sesión inaugurar de la VI Conferencia Cumbre del Movimiento de Países No Alineados. Obtenido de Cuba: cursos/1979/esp/f030979e.html

Castro, F. (9 de septiembre de 1979). Discurso pronunciado por Fidel Castro al clausuar la Sexta Conferencia Cumbre de los Países No Alineados. Obtenido de Cuba: http://www. cuba. cu/gobierno/discursos/1979/esp/f090979e.html

Castro, F. (26 de julio de 1966). Cuba. Obtenido de Discurso pronunciado por Fidel Castro en la conmemoración del XIII Aniversario del Asalto al Cuartel Moncada en la Plaza de la Revolución, el 26 de julio de 1966: http://www. cuba.cu/gobierno/ discursos/1966/esp/f260766e.html

Castro, F. (13 de marzo de 1967). Discurso pronunciado por Fidel Castro en la conmemoración del X aniversario del asalto al palacio presidencial. Obtenido de Cuba: http:// www.cuba. cu/gobierno/discursos/1967/esp/f130367e.html Castro, F. (15 de enero de 1966). Discurso pronunciado por Fidel Castro en el acto de clausura de la Primera Conferencia Tricontinental. Obtenido de Cuba: http://www.cuba.cu/gobierno/discursos/1966/esp/f150166e.html Castro, F. (4 de febrero de 1962). Segunda Declaración

de La Habana. Obtenido de Partido Comunista Cubano: da_declaracion_habana.pdf

Castro, F. (8 de enero de 1959). Discurso pronunciado por Fidel Castro. Obtenido de Cuba: http://www.cuba. cu/gobierno/discursos/1959/esp/f080159e.html

Castro, F. (5 de marzo de 1960). Discurso Fidel Castro en el Cementerio de Colón, 5 de marzo de 1960. Obtenido de Cuba: http://www.cuba.cu/gobierno/discursos/1960/ esp/f050360e.html

Castro, F. (23 de enero de 1959). Discurso 23 de enero 1959. Caracas, Venezuela.

Chaparro, R. (15 de marzo de 1969). Los objetivos de Caldera. Élite.

Chávez, H. (14 de junio de 2009). Aló presidente Número 333. Obtenido de YouTube: https://www.youtube. com/results?search_query=alo+presidente+333+

Chávez, H. (1992). Un brazalete tricolor. Caracas: Vadell Hermanos.

Chávez, H. (2013). El libro azul. Caracas: Obsequio. Chávez, H. (2012). Cuentos del arañero. Caracas: Vadell Hermanos.

Chávez, H. (2013). Cuentos del arañero. Caracas: Txalaparta.

Chávez, H. (27 de noviembre de 1992). Grabación desde la cárcel de Yare. Obtenido de YouTube: https://www. youtube.com/watch?v=upWYAHrrnVg

Comas, J. (30 de mayo de 1992). El ex guerrillero venezolano Douglas Bravo, detenido por un supuesto plan subversivo. El País.

Consalvi, S. A. (2004). El petróleo en Venezuela. Caracas: Fundación Bigott.

D'Paola, V. H. (2014). Una vida en la izquierda. Caracas. Edición del autor.

De La Pedraja, R. (2013). Wars of Latin America, 19481982. The Rise of the Guerrillas. North Carolina: McFarland & Company, Inc.

De-Sola, R. L. (30 de mayo de 2014). Jaime Lusinchi. Arte en la red.

Dubois, J. (1963). Operation America: Beyond Cuba The Inside Story of the Communist Plan to Subvert Latin America. New York.

Elizalde, R. M. (2012). Alí Rodríguez Araque: Antes de que se me olvide. La Habana: Política.

Encuentro, C. (19 de abril de 2006). Exoficial cubano revela la 'Operación Fantasma' de ayuda a la izquierda en Latinoamérica. Cubaencuentro.

Escohotado, A. (2018), El ropaje y la catadura: https:// www.libertaddigital.com/opinion/antonio-escohotado/ el-ropaje-y-la-catadura-84587/

Escohotado, A. (2016), "Tenemos un papa comunista": los/2016/12/11/papa-totalmente-comunista/895941.html Falcón, F. (noviembre de 2016). Entrevista personal. (O. Avendaño, Entrevistador). Caracas.

Foss, C. (2007). Fidel Castro. Madrid: Swing.

Gabaldón, "C.". (22 de noviembre de 2014). Volver a Argimiro. Aporrea.

Gabaldón, F. d. (2007). Historial del Partido de la Revolución Venezolana.

Gaither, E. (26 de enero de 1992). Percepción mandato Carlos Andrés Pérez. El Nacional.

García, A. S. (21 de febrero de 2014). El Foro de São Paulo: la izquierda real y la nueva izquierda. El Nacional.

García, J. C. (4 de junio de 2012). El cocal de los muertos. Obtenido de Aporrea: https://www.aporrea.org/actualidad/a144519.html

García, V. F. (28 de septiembre de 2013). Héctor Pérez Marcano: "Los cubanos son los artífices del fraude electoral en Venezuela". El País.

Garrido, A. (2007). Chávez con uniforme: antibiografía. Michigan: Ediciones del autor.

Garrido, A. (2002). Testimonios de la Revolución Bolivariana. Mérida: Edición del autor.

Gott, R. (1970). Guerrilla Movements in Latin America. Chicago: Seagul Books.

Gramcko, E. A. (febrero de 2017). Entrevista personal. (O. Avendaño, Entrevistador) Valencia.

Gutiérrez, L. C. (2014). La insurgencia en Venezuela (1960-1969): Roles e implicaciones del apoyo a Cuba y del Partido Comunista de Venezuela. Instituto Universitario "General Gutiérrez Mellado".

Hernández, R. (2016). Contra el olvido: conversaciones con Simón Alberto Consalvi. Caracas: Alfa.

Heydra, P. (2013). El Comandante Elías. Leyendas y realidades. Las mutaciones de la violencia revolucionaria. Caracas: Mage.

Información, L. (9 de marzo de 2013). Los libros preferidos de Hugo Chávez. La Información.

Izarra, W. (2001). El busca de la revolución. Texas: Universidad de Texas.

Izquierda. (1960). Izquierda.

Kennedy, J. F. (20 de enero de 1961). Discurso inaugural del presidente John F. Kennedy. Obtenido de John F. Kennedy Library: Speeches/Multilingual-Inaugural-Address/MultilingualInaugural-Address-in-Spanish.aspx

Kirchner, C. F. (28 de diciembre de 2012). Discurso de la presidente de Argentina, Cristina Fernández de Kirchner. Obtenido de YouTube: https://www.google.co.ve/ url?sa=t&rct=j&q=&esrc=s&source=web&cd=1&cad=rja &uact=8&ved=0ahUKEwjY0dONke3VAhUg24MKHRveD_IQtwIIJTAA&url=https%3A%2F%2Fwww.youtube. com%2Fwatch%3Fv%3DLBQbcbXAIms&usg=AFQjCNHq U4AWoBUGWF4GHj5FlDABbCYfhg

Krauze, E. (2008). El poder y el delirio. México: Tusquets.

Libre, P. (mayo de 1988). Militares intentan dar golpe de Estado. Prensa Libre.

Limón, R. R. (1971). El Partido Comunista de Venezuela. Sus tácticas políticas de 1964 a 1969. Foro Internacional. En línea, L. c. (3 de abril de 2010). Capítulo VII 13, Emboscada "La Gloria" 18 de noviembre de 1977. Obtenido de Los cinco de línea: https://loscincodelinea.blogspot.com/2010/04/ capitulo-vii-13-emboscada-la-gloria-18.html

Lucca, R. A. (1990). Teodoro Petkoff: "El comunismo soviético nunca fue una alternativa frente al capitalismo". Obtenido de Diálogo Político: https://dialogopolitico. net/2010/01/16/teodoro-petkoff-%E2%80%9Cel-comunismo-sovietico-nunca-fue-una-alternativa-frente-al-capitalismo-%E2%80%9D/

MNOAL. (9 de septiembre de 1979). VI Conferencia de Países No Alineados. Discursos de Tito y Fidel Castro. Declaración final. Obtenido de Nueva Sociedad: http://nuso. org/articulo/vi-conferencia-de-paises-no-alineados-discursos-de-tito-y-fidel-castro-declaracion-final/

Manifiesto de bienvenida a Fidel Castro. (1 y 3 de febrero de 1989). Obtenido de Venezuela Vetada: http://www. venezuelavetada.com/2011/04/manifiesto-de-bienvenida-fidel-castro.html

Marcano, P. (2015). El Caracazo: 26 años sin respuestas ni condena. Obtenido de La Razón: https://www.larazon.net/2015/02/el-caracazo-26-anos-sin-respuestas-ni-condenas/

Marcano, H. P. (2007). La invasión de Cuba a Venezuela. De Machurucuto a la Revolución Bolivariana. Caracas: CEC S.A.

Martín, A. (2013). La terrible década de los 60. Memorias II. 1969-1970. Caracas: Libros Marcados.

Martín, A. (2013). Memorias I. Caracas: Libros Marcados. Martínez, R. E. (2013). Conversaciones secretas. Los primeros intentos de Cuba para acabar con la democracia en

Venezuela. Caracas: Libros marcados.

Matthews, H. L. (4 de enero de 1959). Cuba: First Step to a New Era. The New York Times.

Mercedes Aguilar, H. R. (27 de noviembre de 2012). Hoy se cumplen 51 años de la Operación Livia Gouverneur. Corrreo del Orinoco.

Mesa-Lago, C. (1993). Efecto Económico en Cuba del derrumbe del socialismo en la Unión Soviética y Europa Oriental. Obtenido de Universidad de Chile: http:// le/15382/28490

Micett, D. I. (2011). Logias Militares Venezolanas y Conspiración, 1972-febrero de 1992. Argos.

Millán, P. R. (16 de enero de 2004). 18 de enero de 1975: La fuga del Cuartel San Carlos. Soberanía.

Moleiro, M. (1978). El partido del pueblo. Caracas: Vadell Hermanos.

Montaner, C. A. (26 de septiembre de 2016). Cuba, de alentar a la guerrilla colombiana a ser artífice de la paz.

¿Por qué lo hace? ¿Qué busca? CNN.

Muñoz, A. B. (2005). Habla Herma Marksman: Chávez me utilizó. Caracas: Cátedra Pío Tamayo.

Muñoz, A. B. (1998). Habla el comandante: Hugo Chávez Frías. Caracas: Fundación Pío Tamayo.

Méndez-Reyes, L. M.-B. (2010). Héctor Mujica: Apuntes para el debate del socialismo en Venezuela. Maracaibo: Universidad del Zulia.

Nacional, El (25 de junio de 1960). El Nacional. Nacional, El (13 de marzo de 1974). El Nacional.

Nacional, F. d. (4 de marzo de 1967). Declaraciones del comandante Elías Manuitt sobre el ajusticiamiento de Iribarren. Obtenido de Cedema: http://www.cedema.org/ver.php?id=2171

Peñaloza, C. J. (2014). El delfín de Fidel. Barquisimeto: Alexandría.

Peñalver, T. (2016). La conspiración de los 12 golpes. Caracas: La hoja del norte.

Peñalver, T. (28 de febrero de 2013). El paquetazo y el espontáneo Caracazo. Obtenido de El Universal: http:// el-espontaneo-caracazo

Piña, R. P. (15 de julio de 2014). El Flaco Prada, irreductible, luchar hasta vencer. Aporrea

Piñango, M. N. (1986). El caso Venezuela: una ilusión de armonía. Caracas: Servicios Educativos Alfa y Omega.

Pérez, C. A. (s.f.). El paquetazo económico en Venezuela de 1989. Obtenido de YouTube: https://www.youtube. com/watch?v=bp6_v5SJRWw

Pérez, C. A. (12 de marzo de 1974). Discurso del presidente Carlos Andrés Pérez (Parte 1). Obtenido de Ecopolítica: andres-perez-parte-1/

Ramonet, I. (2000). Hugo Chávez. Mi primera vida. Madrid: Debate.

Rangel, C. (2005). Del Buen Salvaje al Buen Revolucionario. Caracas: Criteria.

Rangel, D. A. (1971). Alzado contra todo (memorias y desmemorias). Valencia: Vadell Hermanos.

Riera, P. (1966). Servicio de Inteligencia de Cuba Comunista. Miami: Florida Typesetting of Miami.

Rivero, M. (2010). La rebelión de los náufragos. Caracas: Aldafil.

Rojo, El expediente (2007). 1959: La visita de Castro en Caracas. Obtenido de: https://elexpedienterojo.wordpress.com/2007/05/22/1959-castro-en-caracas/

Rosario, C. R. (2010). La verdadera historia de Maisanta. Obtenido de V Crisis: http://www.vcrisis.com/index. php?content=esp/200407161237

Runrun.es. (8 de agosto de 2011). Casi 20 años después Chávez confirma que el general Santeliz Ruiz conspiraba antes de 1992. Obtenido de Runrun.es: http://runrun.es/ runrunes-de-bocaranda/runrunes/23329/casi-20-anosdespues-chavez-confirma-que-el-general-santeliz-ruizconspiraba-antes-de-1992.html

Runrun.es (2013) Maduro se formó en Cuba desde 1986. Obtenido de http://runrun.es/runrunes-de-bocaranda/ runrunes/66462/maduro-se-formo-en-cuba-desde-1986. html

Salmerón, V. (2013). Petróleo y desmadre. Caracas: Alfadil.

Santangelo, P. (Dirección). (2010). Hugo Chávez: antes y después [Película].

Sierra, M. F. (21 de mayo de 2013). La operación caimán. Obtenido de Manuel Felipe Sierra: https://manuelfelipesierra. blogspot.com/2013/05/la-operacion-caiman-guillermogarcia. html

Socorro, M. (22 de diciembre de 2014). Ese hombre sí camina; por Milagros Socorro // #UnaFotoUnTexto. Prodavinci.

Socorro, M. (3 de julio de 2016). Orlando García Vásquez, el hombre de los lentes junto a Pérez. Prodavinci.

Socorro, M. (1 de marzo de 2016). El Caracazo: ¿conspiración de Hugo Chávez? Obtenido de Clímax: lo.com/climax/el-caracazo-conspiracion-de-hugo-chavez/

States, G. O. (1961). National Intelligence Estimate Numer 89-61: The Situation in Venezuela. LBJ Library.

Suniaga, F. (1 de julio de 2016). El atentado a Rómulo. Obtenido de ABC de la semana: http://www.abcdelasemana.com/2016/07/01/el-atentado-a-romulo-betancourt/

Sánchez, J. R. (2014). La vida oculta de Fidel Castro. Madrid: Planeta.

Tarre, A. (1 de enero de 2011). La rebelión de los náufragos. Obtenido de Alejandro Tarre: http://alejandrotarre. com/la-rebelion-de-los-naufragos/

Telesur. (26 de marzo de 2017). Así fue la salida de Hugo Chávez de la Cárcel de Yare en 1994. Telesur.

Telesur. (2015). 26 de marzo de 1994: ¡Chávez libre! Obtenido de YouTube: https://www.youtube.com/ watch?time_continue=2&v=T2jTm9e1M8s

Tocqueville, A. d. (2010). La Democracia en América. Madrid: Trotta.

Torres, A. T. (2014). La herencia de la tribu. Caracas: Alfa.
Tricás, J. (2016). Dignidad de la política. Caracas: UCAB.

Tyszka, C. M. (2012). Hugo Chávez sin uniforme. Una historia personal. Caracas: CISNE

Tánatos, C. D. (4 de noviembre de 2011). El asalto al tren de El Encanto (Crónica). Crónicas del Tánatos.

Tánatos, C. D. (2 de marzo de 2012). La fuga del cuartel San Carlos.

Valero, J. E. (2013). El proceso de pacificación del conflicto armado en Venezuela a través de la revista Élite. Revista Nuestro Sur, Caracas.

Valery, Y. (27 de febrero de 2009). A 20 años del Caracazo. Obtenido de BBC Mundo: http://news.bbc.co.uk/hi/ spanish/ latin_america/newsid_7914000/7914048.stm.

Vales, J. (19 de abril de 2003). La amante oculta de Chávez. El Universal.

Velásquez, R. J. (1993). Venezuela moderna. Caracas: Grijalbo.

Villapol, G. (28 de abril de 2015). «Nos corresponde darle el siguiente al Cuatro de Febrero», entrevista a Arias Cárdenas. Obtenido de PSUV: http://www.psuv.org.ve/temas/ noticias/%E2%80%9Cnos-corresponde-darle-dia-siguiente-al-cuatro-febrero%E2%80%9D/#.WZPxUNOGN-U

Villapol, G. (julio de 2015). Adan Chávez confiesa: "Siendo militar Chávez perteneció al comité central del PRV". Obtenido de Camino a Caral: https://caminoacaral.blogspot.com/2015/07/siendo-militar-chavez-pertenecio-al.html

Villasmil, M. (14 de mayo de 2015). Machurucuto: mucho más que playas. Obtenido de César Miguel Rondón: sucede/ machurucuto-mucho-mas-que-playas/

Vinogradoff, L. (1994). Carlos Andres Pérez, encarcelado por corrupción. El País.

Zea. (2 de abril de 2013).

Vivas, G. Á. (octubre de 2016). Entrevista personal. (O. Avendaño, Entrevistador) Caracas.

Werlau, M. C. (1 de enero de 2014). La exportación de sangre cubana: un negocio escandaloso. Obtenido de Cuba Archive: traction_Report_Spanish.pdf

Woods, A. (18 de april de 2005). A conversation of Alan Woods with Adan Chávez. In Defence of Marxism.

Zago, Á. (1992). La rebelión de los ángeles. Caracas: Fuentes Editores.

Zapata, J. C. (2000). Plomo más plomo es guerra: proceso a Chávez. Caracas: Alfadil.

Zolov, E. (2016). La Trincontinental y el mensaje del Che Guevara. Encrucijadas de una nueva izquierda. Santiago: Palimpseto. Universidad de Santiago de Chile.